心智障碍学生
高中教育高质量发展模式

曹 艳 ◎编著

XINZHI ZHANG'AI
XUESHENG
GAOZHONG JIAOYU
GAOZHILIANG FAZHAN MOSHI

南京师范大学出版社

图书在版编目(CIP)数据

心智障碍学生高中教育高质量发展模式／曹艳编著
．——南京：南京师范大学出版社，2023.12
ISBN 978－7－5651－6141－4

Ⅰ．①心… Ⅱ．①曹… Ⅲ．①智力落后－特殊教育－教育研究 Ⅳ．①G768

中国国家版本馆CIP数据核字(2023)第250505号

书　　名	心智障碍学生高中教育高质量发展模式
作　　者	曹　艳
策划编辑	彭　茜
责任编辑	孔令秋
出版发行	南京师范大学出版社
地　　址	江苏省南京市玄武区后宰门西村9号(邮编:210016)
电　　话	(025)83598919(总编办)　83598412(营销部)　83373872(邮购部)
网　　址	http://press.njnu.edu.cn
电子信箱	nspzbb@njnu.edu.cn
照　　排	南京凯建文化发展有限公司
印　　刷	江苏扬中印刷有限公司
开　　本	787毫米×1092毫米　1/16
印　　张	18.5
字　　数	352千
版　　次	2023年12月第1版
印　　次	2023年12月第1次印刷
书　　号	ISBN 978－7－5651－6141－4
定　　价	78.00元
出版人	张　鹏

南京师大版图书若有印装问题请与销售商调换
版权所有　侵犯必究

《心智障碍学生高中教育高质量发展模式》编委会

编　　著：曹　艳

编写人员：徐添喜　周　媛　曹思思　王崇高
　　　　　王修勇　邓景秀　徐　湘　曾纯静
　　　　　覃杨扬　张晓琼　刘　芳　黄　婕
　　　　　王可珂　肖函妤　岳浩文　宗清瑶
　　　　　施玮凌　梁雅惠　程知为　磨利园

前　言

　　党和国家高度重视特殊教育,特殊教育事业在蓬勃发展的同时,也面临许多新挑战。2022年1月,国务院办公厅转发教育部等部门《"十四五"特殊教育发展提升行动计划》,明确提出要"拓展学段服务,加快健全特殊教育体系","大力发展非义务教育阶段特殊教育","推动职业教育和特殊教育融合。支持特殊教育学校职教部(班)和职业学校特教部(班)开设适应残疾学生学习特点和市场需求的专业,积极探索设置面向智力残疾、多重残疾和孤独症等残疾学生的专业,同步促进残疾人的康复与职业技能提升,让残疾学生有一技之长,为将来就业创业奠定基础"。因此,全面推进新时代特殊教育高质量发展,构建特殊教育与普通教育协调发展的大格局,让特殊孩子的入学、升学不再是烦心事,并且在不同学段都能享受到优质适宜的教育,是每一位特教工作者的责任和使命。

　　当前,国内许多培智学校、综合类特殊教育学校出现了生源类型变化,视力障碍和听力障碍学生招收人数逐渐减少,中重度智力障碍、精神障碍和多重障碍残疾儿童少年逐渐增多等情况。面对这些新变化,转型中的学校均在探索如何满足学生学习需要、如何高质量发展等问题。

　　深圳元平特殊教育学校创办于1991年,是深圳市第一所公办特殊教育学校,是为听力障碍、视力障碍学生提供小学、初中、高中教育,为智力障碍等其他类型特殊学生提供中职阶段职业教育,并与高职院校合作开展中高职教育的综合性特殊教育学校,是深圳市特殊教育指导中心、深圳市特殊教育资源中心。学校于2002年11月经深圳市教育局批准,设立职业高中,坚持"以服务为宗旨,以就业为导向"的办学方针,打造"双师型"职业教育专业师资、6 000平方米职业教育基地、面向就业市场的现代化职业教育课程体系,努力构建"职业教育、就业培训、就业安置一体化"的"立交桥"模式。学校坚持创新校企合作机制,提出"三进三出"的校企合作新模式,实现教育基地立体式布局,形成了一校多企的合作局面。在广东省教育厅和深圳市教育局的重视与支持下,深圳元平特殊教育学校与深圳职业技术大学合作创办的中高职贯通培养"三二分段"中高职班于2022年9月正式开启招生。该合作模式打通了特殊学生的学业上升通道,学生在深圳元平特殊教育学校学习三年后,通过转段考试，合格者将被深圳职业技术大学录取。这一创举，是对中高职贯通人才培养的有益探索，也是对特殊学生的重大利好。

本书紧密结合国家特殊教育战略发展需求，依托特殊教育学校开展高中教育的实践，基于心智障碍学生生涯发展实际，梳理深圳元平特殊教育学校高中教育发展历程，提出了心智障碍学生高中教育发展模式。此模式主要是基于学生的生涯发展，通过立足评估、贯穿教学来开展教育探索的，涵盖培养路径、评估、课程、教学、组织管理、教师专业发展、发展成果等方面的内容，为推动我国心智障碍学生高中教育的发展与研究略尽绵薄之力。

本书是广东省曹艳名校长工作室的研究成果之一，在编写过程中，工作室的理论导师、华中师范大学教育学院副院长雷江华教授全程指导，华中师范大学特殊教育系主任徐添喜副教授协助策划。深圳元平特殊教育学校教师发展部主任周媛，课程发展部曹思思，职业教育教学一部主任王修勇，职业教育教学二部主任邓景秀，教师徐湘、曾纯静、覃杨扬、张晓琼、刘芳、黄婕；华中师范大学特殊教育系王崇高老师，以及王可珂、肖函妤、岳浩文、宗清瑶、施玮凌、梁雅惠、程知为、磨利园参与本书编写。同时，我们也得到了深圳元平特殊教育学校的大力支持和南京师范大学出版社的友情协助，在此表示由衷的感谢！

编　者

2023 年 6 月

目 录

第一章 心智障碍学生高中教育发展概述 ………………………………… 1
  第一节 发展背景 ……………………………………………………… 1
  第二节 现状分析 ……………………………………………………… 14
  第三节 理论基础 ……………………………………………………… 21
  第四节 职业高中教育发展历程 ……………………………………… 24

第二章 心智障碍学生高中教育生涯规划 ………………………………… 29
  第一节 基本原则 ……………………………………………………… 30
  第二节 发展模式 ……………………………………………………… 33
  第三节 成长设计 ……………………………………………………… 37

第三章 心智障碍学生高中教育培养路径 ………………………………… 44
  第一节 中高职培养路径 ……………………………………………… 44
  第二节 职业高中培养路径 …………………………………………… 53
  第三节 综合康复高中培养路径 ……………………………………… 59

第四章 心智障碍学生高中教育评估 ……………………………………… 65
  第一节 入学评估 ……………………………………………………… 65
  第二节 在校评估 ……………………………………………………… 79
  第三节 离校评估 ……………………………………………………… 89

第五章 心智障碍学生高中教育课程 ……………………………………… 101
  第一节 课程设计 ……………………………………………………… 101
  第二节 中高职教育课程 ……………………………………………… 106
  第三节 职业高中教育课程 …………………………………………… 121
  第四节 综合康复高中教育课程 ……………………………………… 149

第六章　心智障碍学生高中教育教学 160
第一节　教学设计 160
第二节　中高职的教学 169
第三节　职业高中的教学 177
第四节　综合康复高中的教学 183

第七章　心智障碍学生高中教育组织管理 200
第一节　管理体制 200
第二节　班级管理 207
第三节　校企协同管理 210

第八章　心智障碍学生高中教师专业发展 221
第一节　教师专业发展规划 221
第二节　教师团队建设 231
第三节　教师专业素养提升 246

第九章　心智障碍学生高中教育发展成果 259
第一节　学校高质量发展成果 259
第二节　学生适宜发展案例 273

主要参考文献 285

第一章　心智障碍学生高中教育发展概述

随着残疾儿童义务教育的普及，越来越多初中毕业的心智障碍学生不知该何去何从，心智障碍学生的高中教育日益受到社会的关注。高中阶段是心智障碍学生进一步发展、掌握一技之长的重要阶段，不仅能够帮助心智障碍学生将来更好地就业和适应社会生活，还为心智障碍学生未来接受高等教育做好准备。大力发展心智障碍学生高中教育，为心智障碍学生搭建升学、就业的"立交桥"，对完善特殊教育体系，提高心智障碍学生家庭的幸福感，促进社会和谐具有重要意义。

第一节　发展背景

高中阶段特殊教育是高中教育的重要组成部分，在特殊教育体系中起到了承上启下的作用。普及高中阶段特殊教育对促进特殊教育的发展和完善特殊教育体系具有不可替代的作用。本节先分析国内外有关心智障碍学生高中教育的发展背景，总结国内外有关心智障碍学生高中教育发展的研究现状，为我国心智障碍学生高中教育发展提供政策指引和发展要求；同时，结合有关心智障碍学生高中教育的发展趋势，为我们高质量发展心智障碍学生高中教育提供方向和思路。心智障碍者主要包括孤独症谱系障碍、唐氏综合征、智力发展迟缓和部分影响智力的脑瘫四类群体。由于生理、心理上的障碍，心智障碍人群在个人生活、教育、就业等方面面临着一系列的问题。心智障碍青少年与普通青少年一样是国家的未来和希望，他们的成长发展也应该受到国家的关注。心智障碍青少年面临的教育、就业等方面的问题亟须社会各界重视和帮助。心智障碍青少年虽然存在各方面的障碍，但是由于个体差异大，他们中的一部分是具备就业、升学能力的。由于缺乏升学途径、职业训练和适合就业的岗位，绝大部分心智障碍青少年在接受完初中阶段教育后因升学无门只能宅在家中，这无疑给每一个心智障碍青少年的家庭带来了困扰，增加了社会经济的负担。

一、国际背景

（一）心智障碍学生高中教育发展实践

美国法律规定,每一个孩子,都有享受免费且适当的公立教育的权利。美国的基础教育指幼儿园、小学、初中、高中 13 年的义务教育(统称 K-12 教育),这是美国特殊教育的基础。在美国,心智障碍学生可以在公立学校中接受从小学到高中 12 年的免费教育。美国公立学校进行特殊教育的方式大致分为三类,包括普通教育、融合式班级和特殊教育班级。除此之外,残疾人平等接受职业教育的权利在美国特殊教育立法中得到保护。美国《残疾人教育法》中明确规定:州政府应为全体 3~21 岁残疾人提供适合他们且免费的公共教育,无论这些孩子的残疾类型和严重程度如何。[①]

德国实行从小学到高中的 12 年义务教育,即德国心智障碍学生在初中毕业后需要接受中学二阶教育,主要包括双元职业教育和文理中学的高年级教育。实在有困难的心智障碍学生可以去专为残障儿童办的特殊教育学校就读。但是德国特殊教育学校较少,主要是通过融合教育解决特殊孩子的教育问题。德国有着非常成熟、先进的职业教育体系,包括对特殊人群的职业教育。德国拥有完善的职业教育法律法规,其中《联邦职业教育法》是德国职业教育领域的最高立法,该法确定了在德国采用"双元制"职业教育形式。[②] 德国特殊学生的职业教育也同样实行"双元制",心智障碍学生在普通中学或特殊教育学校初中毕业后,可与健全学生一样,在企业接受职业技能的实践训练,在职业学校学习职业相关的基础知识和专业知识。针对在职业教育中学习能力较弱或者毕业有困难的特殊学生采取强化职业定向辅导,意味着心智障碍学生能够在"双元制"职业教育过程中接受个性化的辅导和支持。

韩国现代特殊教育兴起于 19 世纪末期,经过一个多世纪的发展,在特殊教育领域取得了卓越成效。在 2005 年,韩国就已经制定了相对完善、专业的《特殊教育法》,并于 2008 年开始实施。该法明确定义了 10 类特殊教育对象,其中就包括心智障碍学生的主要群体。同时,韩国《特殊教育法》规定特殊学生无偿、义务接受特殊教育的年龄为 0 至 18 岁,即心智障碍学生接受高中阶段特殊教育属于义务教育。普及心智障碍学生高中阶段教育,为心智障碍学生的发展深造创造了条件。韩国的

[①] 陈瑞英,刘炜. 美国残疾人职业教育立法特点及其启示[J]. 实验室研究与探索,2019,38(1):207-209,246.

[②] 蔡跃. 德国特殊人群的双元制职业教育现状简析[J]. 中国职业技术教育,2010(6):33-35.

特殊学校包括盲校、聋校、智力障碍儿童学校、肢体残疾儿童学校和精神障碍儿童学校五大类[①]，能够为不同类型的心智障碍儿童提供适合的教育。

日本特殊教育起步较早，目前已经形成了较为完备的特殊教育体系。2009年，日本修改学校教育法，将盲校、聋哑学校、养护学校等学校统一改为特别支援学校，同时也进一步扩大了特殊教育对象的范围，将孤独症、学习障碍、注意力缺陷障碍等发展障碍的中小学生纳入特别支援教育的范畴。[②] 改革后的日本特殊教育的主要任务是大力推进融合教育的发展，构建满足所有学生需要的特殊教育体系。从横向来看，日本针对不同障碍儿童实施细化的分类教学，除了为聋、盲、智障儿童设置专门学校外，对其他类型的障碍儿童也形成了专门的教育部门。特别支援教育的形式多样，包括特别支援学校、普通中小学特别支援班级和普通班级的"通级指导"三种方式。从纵向来看，日本特别支援教育在学前、小学、初中、高中阶段都设立了特殊教育学校，能够为残障学生提供连续性的教育支援。可见，日本的心智障碍儿童高中教育已经纳入义务教育，且不同障碍类型的学生都能接受专业化和有针对性的教育，较好地保障了心智障碍儿童受教育权利的实现。

（二）心智障碍学生职业教育发展的研究现状

职业是提高个人经济独立性和社会地位的重要因素，它影响人的身心健康，决定人的整体生活质量。特别是对于残疾人来说，职业是增加其独立性和自尊并促进其社会融合的媒介。尽管大多数国家的政府都在努力雇用残疾人，但许多残疾人仍然无法克服就业障碍。这可能归因于他们缺乏社交、沟通和解决问题的能力以及存在健康问题。[③] 此外，第四次工业革命和新冠病毒感染疫情导致的就业变化引起了人们对残疾人失业的担忧。[④]

适当的就业服务，包括环境便利和个性化的支持与技能培训，对于帮助孤独症谱系障碍（ASD）患者加入劳动力市场是必要的。缺乏与就业相关的特定技能可能会阻止孤独症谱系障碍者获得就业机会。有研究总结，残疾人的现有就业选择包括庇护性就业、支持性就业和竞争性就业。庇护性就业中，就业单位雇用残疾人在隔离环境中以低于最低工资的方式和普通员工一起工作。支持性就业代表了一种综

[①] 吴春玉. 韩国特殊教育法的演变及特殊教育发展历程[J]. 中国特殊教育, 2014(12): 9-13.
[②] 金野. 中日两国残疾儿童教育模式的比较研究[J]. 长春大学学报, 2006(5): 75-78.
[③] FRANCESCO C D, MURAHARA F, MARTIN V, et al. The value of employment support services for adults on the autism spectrum and/or with intellectual disabilities: employee, employer, and job coach perspectives[J]. Journal of vocational rehabilitation, 2021, 55: 283-296.
[④] LEE S, LEE Y, Park E. Sustainable vocational preparation for adults with disabilities: a metaverse-based approach[J]. Sustainability, 2023, 15(15): 12000.

合就业模式,残疾工人在整个就业过程中得到帮助,并在社区环境中工作。竞争性就业是指残疾人以与非残疾人相同的形式工作,研究表明,6%到10%的ASD患者具有竞争力。尽管存在这些就业选择,但职位有限,通常主要针对高功能的个体。

孤独症谱系障碍者可获得的就业机会有限可能与自身的各种发展性障碍有关,与孤独症谱系障碍相关的社交功能障碍会影响其适应性功能的各个方面。由于这些缺陷,雇主使用的传统培训方法(例如进行冗长的口头指导或使用建模)通常对ASD患者适得其反,并可能对他们获得就业的能力产生负面影响。此外,大多数工作场所需要遵守社会规范并了解社会礼仪,这对ASD患者来说也可能是个问题。孤独症谱系障碍者也可能有身体健康问题、行为问题和各种并发症问题,这可能会使他们的就业面临更多挑战。他们的行为问题,如刻板的运动和发声,坚持保持常规或相同性动作,以及感觉困难都与ASD有关。

与没有残疾的成年人相比,患有孤独症谱系障碍的成年人失业率不成比例。已有文献总结了31项ASD职业干预研究的系统评价和分析的结果,包括287项主要干预研究。大多数初级研究都集中在教授低技能工作任务的策略上,相比之下,很少有初级研究检查干预措施,以形成更直接和有意义的就业衡量标准,如工作成就、工资、工作时间、福利和工作满意度。超过60%的初级研究评估了行为或技术干预,而且有关行为或技术干预的主要研究有大量重叠。很少有研究探讨其他方法,包括全面支持的策略以及教授求职的策略。干预效果总体上是积极的,然而许多综述的研究质量参差不齐且较低,限制了对研究结果的解释。大多数研究综述报告了不完整的主要研究受试者人口统计学信息,这使得在综述之外推广研究结果受到限制。有研究结果强调,需要更加关注表明实际就业的结果测量,评估更多种类的干预措施,以及评估全面支持。职业干预研究评价质量不高,强调了在评价职业干预研究时需要提高方法的严谨性。[①]

鉴于就业对生活质量的积极影响,孤独症谱系障碍者缺乏就业机会是急需解决的问题,这在典型的发展中国家中经常得到证明。研究表明,决定所有成年人生活质量的三个关键领域是住宅生活、就业和社会化。此外,在典型的发展中国家中,就业与各种其他重要结果有关。麦基(McKee)及其同事的一项荟萃分析表明,在52项研究中,就业者比失业者表现出更高的心理健康、生活满意度、婚姻或家庭满意度以及自我感知的身体健康。人们还认识到,工作是社会包容的重要手段,它为经常被排除在社会之外的个人(例如残疾人)提供了社交渠道和为社会做出贡献的机会。

---

① TINCANI M, JI H, UPTHEGROVE M, et al. Vocational interventions for individuals with ASD: umbrella review[J]. Review journal of autism and developmental disorders, 2023.

就业也是实现经济自给自足的必要条件,能够表现出社会更大的包容性。由于在许多领域就业都有相当大的好处,因此 ASD 患者有机会获得有意义或有竞争力的就业非常重要。

2004年,美国《残疾人教育促进法》(IDEA)确立了为包括孤独症在内的残疾青年提供特殊教育服务。此外,IDEA 还规定,应根据学生的兴趣和优势,将适当的高等教育目标(包括继续教育或就业)纳入其个别化教育计划(IEP),并且学生应获得实现这些目标所需的支持。然而,研究表明,实际上只有大约 25% 的 ASD 患者受雇。一项针对 169 名患有高功能 ASD 的成年人的研究发现,只有大约一半的参与者从事有偿工作(49%),许多人(36%)享受社会保障福利。①

已有研究采用了多种干预措施来成功地向严重残疾人士传授各种职业技能,但没有明确的迹象表明存在一种对提高工作技能最有效的干预措施。现有的措施对于支持长期就业的力度有限,尤其是基于社区的就业。此外,研究表明,尽管政策举措正在推动改善严重残疾人士难以就业的问题,但关注这一急需解决的问题的研究数量一直在减少。研究人员必须将注意力重新集中在对严重残疾人士的职业培训上,特别是在过渡规划过程(14~22 岁)和社区环境中。如果不重新关注,严重残疾人士的就业结果不太可能在不久的将来得到改善。②

职业和技术教育通过发展特定的职业道路,为弱势学生亚群提供了利用高中阶段教育为将来工作做准备的机会。然而,迄今为止,人们对职业技术教育和残疾人士教育的交叉点知之甚少。在对职业教育和职业准备文献进行了系统的文献综述后,我们发现大多数研究特别关注残疾学生中的智力残疾学生。结果显示,很少有研究根据残疾类型来区分项目研究,而在那些有残疾类型的研究中,智力残疾是多种残疾类型的代表类型之一。此外,大多数研究侧重于让残疾学生为低薪工作做好准备,很少有研究侧重于更复杂的职业道路和高等教育与培训。在注重大学深造和职业准备政策环境的研究中,缺乏以残疾人为重点的职业技术教育研究,这是非常迫切需要解决的问题,未来需要进行更有针对性的研究,为政策和实践提供信息。③

---

① WALSH L, LYDON S, HEALY O. Employment and vocational skills among individuals with autism spectrum disorder: predictors, impact, and interventions [J]. Review journal of autism and developmental disorders, 2014: 266-275.

② A review of research on teaching people with significant disabilities vocational skills.

③ Students with intellectual disabilities and career and technical education opportunities: a systematic literature review.

二、国内背景

（一）心智障碍学生高中教育发展实践

改革开放以来，我国社会经济高速发展，对残疾人的素质要求也越来越高。残疾人在物质水平提高的条件下，也更加渴望接受更高层次的教育。发展残疾人教育事业，保障残疾人的合法权益，是社会发展和文明进步的重要标志之一。近年来，国家加大对残疾人教育事业的投入力度，中国现代特殊教育体系得到了进一步完善。2022年1月，国务院办公厅转发教育部等部门《"十四五"特殊教育发展提升行动计划》，充分体现了党和国家对特殊教育事业的高度重视和对视力、听力、智力、言语、肢体、精神、多重残疾以及其他有特殊需要的儿童青少年的亲切关怀，同时，为持续推动特殊教育惠普融合、高质量发展提供了新动力，为我国特殊教育事业的改革发展提供了政策指引。

《"十四五"特殊教育发展提升行动计划》对"十四五"时期特殊教育发展进行了部署和安排，是新时期办好特殊教育的行动指南，开启了特殊教育高质量发展的新征程。它提出的总体目标是，"到2025年，初步建立高质量的特殊教育体系"，这一目标既是特殊教育高质量发展的内在要求，也是推动教育发展的内在要求，也是推动教育高质量发展、建设教育强国的客观需要。2022年11月教育部印发的《特殊教育办学质量评价指南》强调，"要认真贯彻党的二十大精神，以习近平新时代中国特色社会主义思想为指导"，"加快建立适宜融合为目标的特殊教育办学质量评价体系"。它的发布有助于推动建立特殊教育质量评价体系，明确区域特殊教育改革与发展的方向，促进特殊教育高质量发展。2023年8月教育部等联合印发的《关于实施新时代基础教育扩优提质行动计划的意见》提出八大重大行动，其中一项是"实施特殊教育学生关爱行动，强化优质融合发展"，提出"积极发展学前教育和高中阶段教育，鼓励有条件的地区建设从幼儿园到高中全学段衔接的十五年一贯制特殊教育学校"。加快特殊教育从义务教育向两头延伸，实现特殊学生基础教育全学段衔接，为终身学习奠定坚实基础。特殊教育的扩优提质是进一步推进教育公平、切实保障广大特殊儿童青少年受教育权利的需要，更是加快建设教育强国的需要。

目前，我国心智障碍学生高中阶段教育分为普通高中和职业高中两类，学生可通过特殊教育学校高中（部、班）和随班就读形式接受普通高中教育。心智障碍学生接受职业高中教育主要有三种形式：一是特殊教育学校增设职教部（班）和残疾人中等职业学校（班）；二是普通中等职业学校增设特教部（班），招收心智障碍学生开展职业教育；三是心智障碍学生与健全学生一起随班就读，在普通中等职业学校接受职业教育。我国大部分心智障碍学生在完成义务教育阶段的学习后主要接受的是第一种形式的职业教育。残疾人职业教育是提高心智障碍学生职业技能、培养其职业素养的重要途径,可以帮助学生掌握一技之长,缩小心智障碍学生与健全人在职业适应方面的差距,使其顺利回归社会,对于促进心智障碍群体平等、高质量地融入社会生活具有重要作用。

2022年全国共有特殊教育普通高中(部、班)118个,包括盲高中、聋高中及其他高中,在校生11 431人,其中聋生6 506人,盲生1 736人、其他3 189人。残疾人中等职业学校(班)184个,在校生19 014人。在一系列政策的帮扶下,我国心智障碍学生高中阶段特殊教育,特别是心智障碍学生职业教育发展迅速,整体呈现出以下发展特点。

1. 办学规模逐渐扩大

我国近几年的残疾人事业发展统计公报的数据显示,我国开办的特殊教育普通高中(部、班)、残疾人中等职业学校(班)的总数呈上升趋势,高中阶段特殊教育学校发展规模逐渐扩大,高中阶段特殊教育普及水平不断提高。其中,残疾人中等职业学校(班)的数量逐年增多,已经超过特殊教育普通高中(部、班)数量。培智学校、综合类特殊教育学校出现生源类型变化,视力障碍和听力障碍学生招收人数逐渐减少,中重度智力障碍、精神障碍和多重障碍的残疾儿童少年逐渐变多。

为深入贯彻党中央和国务院关于办好特殊教育的要求,《"十四五"特殊教育发展提升行动计划》提出"着力发展以职业教育为主的高中阶段特殊教育",各地积极推动普通高中学校和中等职业学校通过随班就读、开设特教班(部)等形式,逐步扩大招收特殊学生的数量。鼓励有条件的地区办好残疾人中等职业学校,推动特殊教育学校设置职教班(部)。目前已有部分省市的特殊教育学校开设职教部(班),职业教育学校设置特教部(班),比如广州市多所中职开设中职启能班,招收符合职业训练条件、具备基本生活自理能力的智力障碍、孤独症初中毕业生就读,旨在培养心智障碍学生的基本职业技能和生活技能。由此可见,"十四五"期间,高中阶段特殊教育的招生规模不断扩大,更多心智障碍学生能够进入高中阶段特殊教育学校学习。

2. 办学条件明显改善

近年来,心智障碍学生的高中阶段教育越来越受到重视,各级政府和残疾人组织给予心智障碍学生高中阶段教育更多的资金扶持,使得许多特殊教育学校和残疾人职业教育学校在教学场所、师资队伍、教学科研等软硬件上都得到大幅改善,特殊教育保障能力不断得到提升。

经费保障使得对特殊教育学校基础能力建设的支持力度得到加大,相关学校充分考虑各类残障学生的特殊性,依据无障碍设计理念,在校园整体环境上进行无障碍设施建设和改造,凸显特殊教育建筑特色。逐步按照《残疾人中等职业学校设置标准》中的要求,建设职业教育实习实训基地,添置教学与实训设备,逐步完善特殊教育学校和残疾人中等职业学校与企业的合作制度,深化校企合作,包括生产实训、顶岗实习、提供就业机会等方面。加强教师队伍建设,注重从专业领域选取人才,吸引更多专业人士从事特殊教育行业,引进既有专业知识、特教知识,又有丰富实操经验的"双师型"教师,制定落实更加有效的奖惩和激励政策,提高特殊教育教师待遇。创建素质优良、结构合理的师资队伍,提高心智障碍学生高中阶段特殊教育教学质量,激发办学活力。

3. 专业设置日趋丰富

全国各地积极支持特殊教育学校职教部(班)和中等职业学校特教部(班)开设适应残疾学生学习特点和市场需求的专业。心智障碍学生因为存在生理障碍,能够从事的职业具有一定的局限性,各特殊教育学校和中等职业学校开展职业教育时要提高专业设置的科学性和合理性,积极探索设置面向智力障碍、多重残疾和孤独症等残疾学生的专业,促进学生的康复与职业技能提升,让心智障碍学生拥有一技之长,为将来就业奠定基础。

目前,我国高中阶段特殊职业教育已经形成了较为科学的专业设置,普遍开设的专业有烹饪(中式烹饪、西式烘焙)、客房服务、洗车、酒店、家政、园艺、洗衣等。除此之外,部分特殊教育学校职教部(班)和中等职业学校特教部(班)紧扣地方传统产业优势和当地文化、经济发展情况设置相关特色专业,扩大就读专业的选择机会,如摄影、传统工艺食品、茶艺、瓯塑、瓯绣、泥金彩漆、植物养护、编织等。

4. 课程体系适宜构建

心智障碍学生群体类型较多,重度、多重障碍学生的比例不断攀升,障碍类型更加复杂,如何设置符合不同障碍类型学生的特点、满足不同障碍类型学生发展需求的课程是开展高中阶段特殊教育面临的迫切问题,也给特殊教育职业高中带来了新的挑战。目前,国内特殊教育职业高中针对心智障碍学生的培养基本上按照毕业后安置方式进行课程设置,大体上分为文化基础课程(与九年义务教育衔接)、高职院校对口专业课程与职业技能课程(为升学和就业做准备)、康复课程或个别化课程(为社区融合打基础)。

特殊学校的职业教育与普通职业教育在办学目标上是相通的,以服务为宗旨,以就业为导向,满足学生的就业需求。轻度障碍学生可以通过职业教育训练获得一技之长,为将来就业做准备,因此,针对这部分心智障碍学生的课程设置以就业为导向、以能力为本位、以学生为主体,尊重心智障碍学生的身心、认知特点,强化技能教学,一般包括职业道德、适应、劳动等公共基础课,以及不同专业的专业基础课和技能课。中重度、多重残障学生由于障碍程度限制,他们很难进行相应的职业训练,更无法通过考试晋升。为了使中重度、多重残障学生高中三年毕业后能更好地回归家庭、适应社会生活,针对该部分学生的高中阶段教育的课程设置以心理调适、生活自理、居家生活等为目标,课程内容更强调学生成为好帮手、好家人,一般设有穿珠、手工制作、劳动等课程。对于课程课时设置,不同学校的计划安排略有不同,课程教学实施时根据学情进行分班教学或走班教学。

为帮助心智障碍学生提前做好就业规划,提升专业技术能力与职业转衔能力,部分特殊教育学校高中部积极探索职业转衔服务,建设职业转衔教育课程。目前,个别化职业转衔服务模式运作比较成熟的有上海市长宁区特殊职业技术学校,其个别化职业转衔服务主要是通过职业转衔三阶段——职业转衔准备期、职业转衔关键期与职业转衔稳定期进行积极支持。除此之外,部分特殊教育职业高中发挥学校作为就业指导中心、终身教育服务指导中心的作用,同时联合各类学校、社会机构,支持特殊学生生涯发展,开设丰富的生涯教育课程与活动,如上海市长宁区特殊职业技术学校、上海市聋哑青年技术学校均开设丰富的生涯教育课程与活动。基于上海"全员导师制"的政策要求,上海市长宁区特殊职业技术学校建有以"生涯导师"为主的多学科教师团队,每个教师都是支持教师,为学生提供"生涯支持",从入校开始为每一位学生提供生涯支持,包括课程选择、就业方向等,直至学生进入社会就业安置。

5. 学生发展多元路径

心智障碍学生接受高中教育后的毕业安置大体上分为三种,分别是升学、就业、社区融合。具体的培养途径有以下几种。

(1) 与当地高职院校联合办学。

根据学生发展的需要和学校的职能发展,与高职院校联合办学,成立特殊教育大专,采取请专业教师来校指导学生和教师、将学生送出去学习的方式,扩大残疾人高等教育的途径。

(2) 自主招生对接。

对接自主招生的高职院校,为高考升学方向的培智学生提供生涯发展新通道,在校内对应开设招生专业系列课程。如北京市健翔学校对接北京市自主招生的高职院校,目前与北京网络职业学院(广播影视节目制作专业)、北京经济管理职业学院(宝玉石鉴定与加工专业,玉雕大师班)、北京农业职业学院(法律文秘专业,速录班)三所高职院校开展合作,在校内对应开设计算机模块、工艺美术模块、速录模块系列课程。

(3) 与社区大学合作。

与社区业余大学合作办学,签订协议,设立职业教育专业大专班,学生参加普通成人高考,通过降低分数线、加试等措施帮助更多学生进入业余大学。如上海市长宁特职与上海市长宁区业余大学合作办学,签订协议,设立酒店管理专业大专班。

(4)对接中职院校课程。

设置大专课程方案,由本校教师上专业课,学生到业余大学学习公共基础课。毕业学生参加成人高考,获得大专录取,开辟智力障碍学生高等教育的求学之路。

(5)与残联合作。

设立心智障碍人士实训基地,基地在入学转衔方面为将入学的学生提前规划职业发展;在毕业追踪方面,学生毕业后可以回到学校再学习,学成后再次走向社会。

(6)产教结合,校企合作。

推进产教深度融合,积极打造校企共同体。产教融合方面,围绕技术服务和人才培养,与企业深度合作,打造产教结合型教育、科研平台。校企共同合作开发课程,打破学科壁垒,创新学科布局与专业设置,找寻新思路,形成新风格,提高智障学生的职业适应能力和职业技能,帮助学生顺利就业。

(7)社区融合教学。

与社区合作,利用社区资源,为学生融入社区、参与社区生活提供持续性支持。如上海市每一个社区都设有阳光之家,安排社工等帮助特殊人士融入社区生活。推动社区融合教学,带领学生走进社区,进入社康中心、超市、快递点等,帮助学生掌握必要的生活技能,帮助特殊学生打通由学校走向社会和融入社会的通道。

(8)联合社区党群服务中心和社会公益组织实行"喘息计划"。

选择符合条件的志愿者和社工,经过学校培训和与家长沟通,在社区里用半天的时间来一对一陪伴特殊儿童,给家长几个小时让他们自由活动,也让特殊儿童接触到外界陪护,让社区生活和特殊儿童的家庭更和谐。

(9)探索创新职业融合教育安置方式。

常熟市知行家残疾人服务社是由市特殊教育指导中心、市特殊教育学校发起,在市财政局、市住建局、市监督局等部门关心支持下,会同市融合教育协会社会爱心人士成立,在市民政局注册并接受市残联监督的非营利性民营公益组织。服务社同时也是融合中心、残障学生就业创业支持中心,开展残障学生烘焙西点制作、饮品制作、手工艺品制作及爱心义卖活动。在此基础上,引导全社会尊重、关心、关爱特殊学生和残疾人,推动融合教育从学校向社会延伸,给有特殊需要的学生、残疾人提供适切的技能培训并为他们创造就业机会。

(二)心智障碍学生职业教育发展的研究现状

在传统智力观下,智障学生的学习能力被低估,他们接受高中阶段教育几无可能。人工智能的发展,促使人们对智能重新认识。在多元智能视角下,智障学生同样具有自身的优势,接受中职教育不再遥不可及。2017年上海市在中职学校开设智障学生特殊教育试点班,正是顺应特殊教育发展、突破传统智力观念束缚的有益探索。举办中职特殊教育试点班,要根据智障学生的特点,从入学标准、专业选择、课程设置、无障碍环境、师资队伍、校园文化等方面做好顶层设计,根本宗旨是促进他们社会融合能力的发展。[①]

加强教师队伍建设是提升残疾人中等职业学校办学质量的重要保证。有研究者对全国11所残疾人中等职业学校教师的结构、专业素养和职后培训进行调查分析,结果显示:① 残疾人中等职业学校教师总体结构合理,但总量偏少;② 主要管理人员与教师专业素养较好,但特殊教育背景知识缺乏,所学专业与教授课程匹配性不高;③ 职后培训特殊教育与职业教育并重,但覆盖面不足,针对性不强。[②]

我们在生活质量理念、支持性教育理念的指导下,以就业安置为目标,构建培智学校职业教育校本课程体系。通过近四年的校本研究,我们初步构建了智力残疾人职业高中课程体系,并对智力残疾人的专业训练、支持性就业等问题进行了重点研究,取得了较好的效果。[③]

21世纪初,我国残疾人高等教育有了较快发展,但是学科型的高等教育不适合残疾人教育的特点,高等职业教育应用型人才的培养模式符合残疾人教育的特殊需要。有必要探讨高职教育如何确立以提高残疾人大学生的就业能力与创业能力为根本的人才培养目标,拓宽培养途径,改进培养手段和方法,从而提高我国残疾人高等教育的质量,使残疾人更好地融入社会。[④]

有学者通过中国学术期刊网"全文数据库",检索了1990年至2009年初的相关文献,对中国大陆地区智力残疾学生的职业教育研究现状进行了分析,发现智力残疾学生的职业教育研究存在两个问题:研究的不均衡问题以及研究的科学性与系统性问题。[⑤]

有研究者采用问卷调查和访谈法,以城市地区的1所智力残疾人初级职业培训学校和4所设有智力残疾人职教部或职高部的培智学校为对象,通过对5位学校管理人员和67位教师的调查,从职业教育专业及课程设置、师资、经费、毕业生就业状

[①] 董奇,国卉男,沈立.多元智能视角下智障学生中职融合教育新途径[J].教育理论与实践,2018,38(18):29-31.
[②] 陈蓓琴,连福鑫,王辉.关于我国残疾人中等职业学校教师队伍现状的调查[J].中国特殊教育,2011(11):60-65.
[③] 杨华云.智力残疾人职业高中课程体系建设的实践研究[J].中国特殊教育,2011(11):38-43.
[④] 梁辉,曲学利.残疾人高等职业教育的人才培养研究[J].中国职业技术教育,2010(31):65-69.
[⑤] 赵小红.近20年中国智力残疾学生职业教育研究进展[J].中国特殊教育,2009(8):27-34.

况和阻碍学校职业教育培训工作进一步开展的原因等方面报告了5所学校智力残疾学生初级职业教育的现状,以及管理者和教师对智力残疾学生初级职业教育发展的建议。①

有研究者围绕"谁学习—学什么—怎么学"的框架,深入探索了智障学生职业教育模式的运作规律与途径:① 分析学生现状,了解从业方式;② 尊重学生为先,开发教学项目;③ 调试课程设置,重组专业资源;④ 优化课程实施,创新训练策略。通过深入研究,学校的职业教育课程设置进一步得到完善,智障学生的生活能力、职业技能和品质、就业能力获得提高,专业型职业教育教师团队日渐形成。②

有学校以综合性、直观性、差异性和针对性为原则,基于实践,对智力障碍学生初级职业学校烹饪专业课校本教材进行了进一步开发与完善,并以烹饪校本教材中的理论篇为例展开了实践与反思,为智障学生学习烹饪专业提供了支持与保障。③

残疾人高等职业教育是"普九"后残疾人教育的重要形式和方向。与残疾人普通高等教育相比,其办学定位、培养目标和模式等方面都存在显著的特殊性,有必要对其进行专门化、系统化的研究。残疾人高等职业教育发展取得一定成就的同时还存在一些问题,为解决这些问题应该完善相关法律法规,加强理论研究,并根据中国国情建立中国特色的残疾人高等职业教育体系。

有研究者对浙江省部分聋校和当时正在筹建的浙江特殊教育职业学院的听力障碍学生及部分骨干教师进行调查,了解浙江省听力障碍学生中高等职业教育的衔接状况。结果表明,浙江省听力障碍学生中高等职业教育缺乏有效衔接,具体表现为:① 培养目标定位不清,影响了专业及课程设置的合理性;② 教学内容重复与断档现象并存,影响了教学质量;③ 教学方法雷同,实践教学重视程度参差不齐,影响了听力障碍学生的学习兴趣和效果。④

三、发展趋势

根据国内外有关心智障碍学生高中教育的发展实践和研究现状,结合当前我国关于残疾人高中教育的政策文件,我们可以发现,我国大力发展以职业教育为主的高中阶段特殊教育,有关心智障碍学生职业教育发展趋势呈现以下特点。

---

① 赵小红.城市智力残疾学生初级职业教育培训现状调查报告[J].中国特殊教育,2011,(1):25-32.
② 北京市宣武区培智中心学校课题组,黄英.智障学生职业教育深化研究[J].中国特殊教育,2010(10):32-38.
③ 全桂红,苏晓平,郭天旻.智障学生初级职业教育学校烹饪专业课校本教材开发的实践研究[J].中国特殊教育,2012(11):25-29,35.
④ 许保生,陈瑞英,蔺洪杰,等.浙江听力障碍学生中高等职业教育衔接状况调查[J].中国特殊教育,2011(6):32-36,71.

（一）通过立法加大对残疾人职业教育的政策保障力度

残疾人职业教育的发展需要得到法律的保障，法律政策的支持和完善对于实践层面推进残疾人职业教育具有积极的指导和引领意义，特别是，法律政策背后体现的职业教育理念与价值导向也会影响实践的改革与探索方向。对于承办残疾人职业教育的机构而言，创办、推动和发展残疾人职业教育并没有一个固定的国家课程大纲或办学模式的规定，更多时候，残疾人职业学校的课程开发与建设、资源搭建与整合等都需要跨越不同的部门，并且和市场产生紧密连接。而教育机构的权利和义务对残疾人的职业教育支持有限，因此需要在政策和法律层面对残疾人职业教育培养方案、就业转衔服务和就业跟踪支持提供包容性或引导性的建议或规定，从而保证残疾人个体从职业技能学习到职业适应全过程都有法律政策层面的保障。

（二）培养残疾人群体就业发展所需的功能适应性技能

教育的目的在于培养个体适应社会生活的能力，职业教育作为心智障碍学生未来社会生活的保障，培养学生具备适应社会和工作所需的技能，是其能够幸福和有尊严生活的根基。然而，就文献和实践反映的情况来看，心智障碍学生在中职和高职阶段进行的学习似乎还未能完全培养他们具备适应未来社会生活和工作的技能，如沟通与交流技能、遵守规则技能、求助意识与技能、情绪与行为管理技能等等。这些技能的习得应当成为心智障碍学生早期职业教育的基础，当心智障碍学生具备了这些基础技能后，即使随后其在不同的具体领域或行业中进行深入学习，也可以根据具体的职业教育领域进行技能适应性学习和调整，从而建立成熟的职业技能并满足用人单位的工作要求。

（三）立足社会融合开展残疾人职业教育培训和干预

残疾人职业教育的目的在于培养个体独立自主的生活和工作能力，这就要求从事残疾人职业教育的职能机构在对残疾人进行职业教育时，保证就业前课程所学内容和技能与就业时所要求的工作知识和技能具有一致性和连贯性，而不是存在脱节或学无所用、用无所学。因此，对残疾人的职业教育培训趋向于市场导向的技能教育，并将教育教学环境延伸到企业内部或者将企业或职业工作场景搬到教育场所，从而实现教育内容和教育环境在职前培养与职后就业学习与适应层面的一致性。特别是对于发展和探索中的残疾人职业教育，一些学校通过充分利用社会和企业资源，对学校职业教育课程进行改革，通过改革职业教育课程检验一些专业或课程对残疾个体学习与发展的影响程度,从而决定是否要持续或长久将探索的课程作为职业课程进行深化。

(四)探索多元化的残疾人群体就业成长与合作模式

职业教育的发展为心智障碍学生的发展和社会融合提供了保障和巨大潜力,然而,反观国内外对心智障碍学生的职业教育培养模式可以发现,不同国家甚至同一国家的不同地区心智障碍学生的职业教育模式也不一样。整体而言,心智障碍学生的职业教育模式正在朝着多元化的就业成长与合作方向发展。由于心智障碍学生职业教育的发展与学校所在城市等级、产业结构、政策支持程度、经济发展水平等密切相关,这些因素的不同组合和作用导致了心智障碍学生职业教育的发展在实践中面临不同的挑战和机遇。各个学校在发展过程中,为了解决问题和把握发展机遇,根据各地的产业特色、职业教育发展支持程度等,与当地的产业结合,探索不同的职业课程和心智障碍学生的就业方向。

第二节　现状分析

通过分析国内外心智障碍学生高中教育的发展背景和发展趋势,我们发现,目前我国心智障碍学生高中教育在招生规模、办学条件和教学质量等方面取得了一定成绩,但同时也存在一些严峻的问题。面对现实状况,我国心智障碍学生高中教育的发展必须从国情出发,采取具有中国特色的发展策略。本节分析当前我国心智障碍学生职业教育发展过程中存在的问题,并进行原因分析,提出相关对策建议,为我国进一步完善心智障碍学生高中教育相关立法,健全特殊教育体系提供支持与帮助,以期促进心智障碍学生高中教育的高质量发展。

一、现有问题

我国特殊教育虽然已经有了较大的发展,但是同国外相比,当前存在的问题也非常明显,特殊教育事业仍任重而道远。国外发达国家发展特殊教育的经验值得我们学习和参考,对完善我国特殊教育体系极具现实借鉴意义。总体上看,心智障碍学生的高中教育有了较快的发展,办学规模不断扩大,教育质量稳步提升,普及水平不断提高,为提高心智障碍学生的素质,推进特殊教育发展和改革,实现普及高中阶段特殊教育的目标奠定了良好基础。但心智障碍学生高中阶段教育也存在发展进程缓慢、区域与结构发展不平衡、职业教育模式的有效实践探索相对较少、职业技能习得与职业适应结果差异大等问题，面临着全面普及的严峻挑战。部分心智障碍学生在高中毕业后虽然能够就业，但仍然面临着就业率低、工作稳定性差等诸多困难。

（一）心智障碍职业教育发展进程缓慢

尽管我国建立了较为体系化的针对心智障碍学生的义务教育体系，但是如何建立职业教育体系以保障心智障碍学生的发展还处于探索之中，尽管在一些学校也建立了职业高中，但是整体而言，针对心智障碍学生的职业教育发展进程和规模推进缓慢。国外已建立较为完备的残疾人教育法，构建了较为完备的特殊教育体系，残疾人平等受教育的权利得到了较为充分的保护。法律法规的制定和完善是高质量发展心智障碍学生高中教育，构建心智障碍学生高中教育体系的前提。目前，我国还没有设立专门的残疾人教育法，现有的专门规定残疾人教育的《残疾人教育条例》立法层次较低。虽然2017年我国新修订了《残疾人教育条例》，但是还有很多的拓展空间，对于残疾人教育的很多领域还没有非常详细的规定。应完善现有《职业教育法》《残疾人保障法》等法律法规，或者建立专门的残疾人职业教育法，加快建立健全特殊教育法律体系，从而进一步保障心智障碍青少年接受高中教育的权利。同时，出台更多激励措施，鼓励企业、社会团体参与残疾人职业教育，这对心智障碍青少年的职业技能提升起着重要作用，可以为未来心智障碍青少年平等地参与社会生活提供更多良好的平台。

（二）心智障碍职业教育发展不平衡

心智障碍职业教育发展不平衡主要体现在三个方面。第一，学校数量少，规模偏小。特殊教育体系中，义务教育相对健全，与义务教育阶段特殊教育学校相比，高中阶段特殊教育学校总量较少，大大低于义务教育阶段特殊教育学校的数量。虽然国家大力发展以职业教育为主的高中阶段特殊教育，但是目前特殊教育学校高中部的办学规模偏小，招生人数不多，无法满足心智障碍学生接受义务教育阶段教育后升入高中阶段的需求，初中毕业的心智障碍学生的上学问题还没有得到很好的解决。第二，区域发展不平衡，地区结构不平衡。全国各地重视发展高中阶段特殊教育，为残疾学生接受高中阶段特殊教育创造良好的条件。近年来，尽管中西部地区的残疾人职业教育有了较快的发展，但是从我国区域划分来看，各区域的学校数量存在着不平衡，差距依然十分明显，尤其是西部地区与东部发达地区相比更是如此，东部地区不仅拥有更多的特殊教育高中班(部)、残疾人中等职业学校，残疾人就读职业学校的比例也比较高，完成义务阶段教育又有接受职业教育意愿的心智障碍学生有更多的机会接受高质量的职业教育。第三,高中阶段教育资源不足。目前,心智障碍学生主要是在特殊教育普通高中和残疾人中等职业学校接受高中教育,这种相对隔离式的教育让学生在学习过程中与社会的主流群体隔绝,缺乏与社会其他群体的互动,这阻碍了心智障碍学生提升社会适应能力。[①] 虽然近年来普通中等职业学校特教班有所增加,但是数量依然偏少,普通职业学校和普通高中接收随班就读的心智障碍学生较少,从而影响心智障碍学生高中教育的可持续发展。《"十四五"特殊教育发展提升行动计划》提出"普通教育和特殊教育融合","推动职业教育和特殊教育融合",推动特殊教育学校和中等职业学校联合办学,鼓励普通高中和中等职业学校扩大招收残障学生随班就读的规模,让心智障碍学生与健全学生共同接受高中阶段教育。融合教育是完善心智障碍学生高中教育结构,促进心智障碍学生高中教育发展,提升特殊教育高中教育质量,保障残障学生接受高中教育的重要途径。"高水平的融合"将成为特殊教育事业发展的重要标志,培养、提升残障人士融入社会的能力将再上新台阶。

(三) 心智障碍职业教育模式的有效实践探索相对较少

在已有关于心智障碍职业教育发展的研究中,多数研究停留在思辨层面,如有研究者对近30年残疾人职业教育进行研究,发现存在以下特点:注重感悟思辨及经验总结等定性研究,且研究方法比较单一,多元化及跨学科的方法尚未得到应有的重视。[②] 已有研究主要是从理论或政策层面论证或分析我国职业教育中存在的问题或者是发展方向,相关研究结论虽具有启发性,但是对实践的指导意见有待检验。虽然也有部分研究通过问卷和访谈进行了调查研究,但是依然缺乏证据证明相关意见或建议能够对心智障碍职业教育的有效发展提供帮助。现有研究已经具有大量理论层面的论证,未来应当加大对心智障碍学生职业教育有效模式的探索和干预。

(四) 心智障碍学生职业技能习得与职业适应结果差异大

心智障碍学生职业教育的专业设置,既要考虑学生个体的实际发展需要,也要考虑市场经济发展需求。目前,我国大部分特殊教育学校职教部开设的专业数量相对较少,部分专业课程的设置不是根据学生的能力及兴趣爱好,反而是根据老师的专业特长,导致很多进入职高部的学生学习同一个专业,未能做到因材施

[①] 尤兴琴,郭文斌. 我国残疾人职业教育发展的困境及出路[J]. 山东高等教育,2018,6(6):7-12.
[②] 赵小红,孙颖,王红霞. 中国残疾人职业教育研究进展[J]. 中国特殊教育,2016(6):8-16.

教。① 专业设置较少、专业课程结构单一,学生无法进行选择,只能服从学校的专业安排,不利于发展不同残障类型及不同障碍程度学生的能力,远远不能满足不同心智障碍学生的实际就业需求。心智障碍学生职业教育的专业设置要以地方特色和学校实际情况为基础进行探索开发,充分考虑学生的兴趣特长及市场经济的需要,不断完善专业目录。

二、原因分析

基于目前心智障碍学生高中教育发展存在的问题,结合我国的实际情况,分析问题背后的原因,我们发现,阻碍心智障碍学生高中教育进一步发展的因素包括政策法律保障因素、职业教育主体因素、专业支持因素、市场因素等。

(一) 政策法律保障因素

尽管我国在多部法律中都呼吁或提倡重视对残疾人的职业教育,甚至在一些法律中对于办学模式、课程开发路径等进行了规定或引导,但已有法律和政策层面关于残疾人职业教育的规定缺少配套的职能支持部门,缺少具体的办学发展过程中问题处理的应对机制及职能诉求对象。残疾人职业教育的发展需要企业、学校、政府和其他机构团队的参与,倘若其中任何一方缺席或不能发挥本身的职能作用,那么残疾人职业教育的发展将举步维艰。

(二) 职业教育主体因素

来自教育层面的困境是职业教育发展缓慢的另一个原因,这主要体现在以下方面。首先是职业教育学校缺乏专门的能够面对心智障碍学生进行职业教育的专业教师。对心智障碍学生进行教学既需要教师具备特殊教育的基本知识,包括心智障碍儿童身心发展特点、心智障碍学生教育教学方法等,同时,也需要教师储备职业教育方面的具体知识,包括职业教育道德规范、职业技能知识等。而当前在特殊教育学校从事职业教育的教师往往只具备特殊教育方面的相关知识,而缺乏职业教育方面的素养和技能,这就使得教师在对心智障碍学生进行职业教育时会面临教学效果不佳等情况。其次是学校的教育课程或者教育目标没有培养学生需要的社会性或功能性技能,由于社会性或功能性技能的缺乏,导致学生在职业适应和工作的过程中,不能满足用人单位的用人要求,最终表现为就业的失败。

---

① 孙雨滋,安建良. 开放系统视角下残疾人职业教育的现实问题与应然路径[J]. 教育与职业,2023(17):107-112.

（三）专业支持因素

由于很多职业教育主体单位并没有雄厚的资金和市场资源,相对而言,寻求专业机构的支持,对于残疾人职业教育处于起始阶段的学校或主体单位,是一种可靠有保障的发展依赖因素,因此,残疾人职业教育离不开高校和科研单位的专业支持。特别是对于处于探索和建设中的职业教育主体,如何帮助残疾学生找到适合其发展的职业道路,提高教师的职业课堂教育教学水平和能力,这需要体系化或专业化的评估与教研支持。然而,当前国内开展残疾人职业教育的学校大部分都缺乏高校和科研单位的支持,由于缺乏专业的支持,导致一些学校在对残疾人进行职业教育时针对性和准确性不够,甚至出现了时间、精力和资金的浪费。因此,为了更好地提升残疾人职业教育主体单位的建设效果,需要相关单位与大学或科研机构建立合作伙伴关系,以助力职业教育的发展。

（四）市场因素

残疾人职业教育的建设与发展离不开市场因素的参与,市场因素如果不能纳入残疾人职业教育建设和发展过程中,残疾人职业教育无疑将举步维艰。市场因素主要体现为来自企业的人员、财力和设备支持,以及是否能够提供这方面的岗位需求。就当前我国残疾人职业教育发展的规模和成效来看,在政府和法律层面的保障与支持力度不到位的情况下,市场因素成了各地方残疾人职业教育发展的主要依靠力量。然而,很多主体机构不能打造和集聚市场资源为本机构的残疾人职业教育发展提供支持,特别是在一些地方,企业只是将残疾人视为"公益"的对象,只是在过节或者企业进行团建的时候,将其作为一种关照对象,送一些慰问品,而不能从根本上满足残疾人生活和学习中的需求。因此,如何挖掘和吸纳企业的力量为残疾人职业教育发展提供支持,是管理者在推进建设过程中应当考虑的主要问题。

三、对策思考

基于以上原因分析,为突破心智障碍学生高中教育发展的困境,进一步普及心智障碍学生高中教育,促进心智障碍学生高中教育又好又快发展,我们提出以下相关建议。

（一）优化和深化残疾人职业教育法律政策体系

首先,进一步完善政策结构体系,提高政策的实际性、整合性和衔接性。在政策体系构建中,必须用统一的指导思想和原则进行整合,从而形成一个科学合理的体系。其次,要立足国情,制定统一政策。我国残疾人职业教育政策需要与普通职业教育政策相衔接。残疾人职业教育也是职业教育的组成部分,因此,在制定残疾人职业教育政策时,必须以国家职业教育政策为依据,形成既遵循国家职业教育的基本方针,又具有残疾人职业教育自身特色的政策体系。明晰残疾人职业教育政策的执行主体,是确保政策有效执行和目标实现的前提。相对于其他人群,残疾人由于身心障碍导致其处于社会弱势地位,他们的教育利益获得主要依赖政府的公共供给。重视政府在残疾人职业教育中的职能,明晰政府作为政策的执行主体,是实现残疾人职业教育发展的现实要求。只有政府的干预和保护,才能改变和防止他们进一步被边缘化和弱势化。在政府作为政策执行主体的过程中,可以把残疾人职业教育作为一个社会合作的体系、一个利益共享的系统,根据不同部门和组织的功能和优势,健全与完善各方参与的制度安排,合理设置并优化残疾人职业教育的内容和机制,建立由政府主导和执行,各方参与的残疾人职业教育的支持结构。优化残疾人职业教育支持服务的管理模式。首先,各级政府和部门之间需要加强沟通和协作意识,建立信息共享和协同合作的工作机制,逐步形成战略协同、政策协同、组织协同、知识协同、资源协同、节点协同的新局面。其次,在各部门协同合作的同时,必须明确职责分工。要建立各部门协同推进的工作机制,明确教育、财政、民政、残联等部门的职责范围,如此才能在残疾人职业教育的改革发展实践中形成合力、共同推进。最后,根据我国特殊教育和职业教育的管理体制,我国残疾人职业教育应积极探寻在政府统筹下,多部门参与,特殊教育学校和职业教育学校共同实施的管理体制[①],打造联动机制,规定各方权责,形成良性发展机制。

(二) 明确职业教育主体对残疾人的培养目标,提高职业教育的针对性

首先,职业教育主体机构应当加大对师资队伍的素养建设,搭建校内校外发展平台,为教师提供培训机会,提高职业教育教师的专业素养,对特殊教育专业背景的教师加强职业技能的培训,对职业教育背景的教师加强特殊教育专业知识的培训,提高教师对残疾学生职业教育的能力和水平。其次,学校的教育课程或者教育目标应当培养学生需要的社会性或功能性技能,开发校本课程,开发具有针对性的、能够培养学生社会性技能的课程,从而保障在普遍意义的教学上能够促进学生技能的习得。同时,教师在教学过程中,应当将课程目标与个人的个别化教学计划结合起来,

---

① 孙会,张金福.政策过程视域下我国残疾人职业教育支持服务体系的建构、困境与优化[J].职业技术教育,2020,41(19):46-51.

针对学生的独特技能发展需求,通过多种多样的方式开展深入持续的教学活动,从而保证学生的个别化成长需求也得到一定的满足,从教学课程与内容的学习层面,促进残疾学生职业技能的习得,提高他们在就业过程中需要具备的基本的社会生活和工作技能。

(三)加强与高校或科研单位合作,打造专业支持与合作机制

开展残疾人职业教育的职能主体应当加大与专业机构和科研单位的合作空间,残疾人职业教育需要从学校管理、学生发展、教师培训和家长培训等多个方面开展工作,而每个方面的开展都离不开高校或科研单位的专业力量支持。就教师队伍人才培养与发展而言,高等特殊教育师范院校应当优化人才培养模式,培养既具有特殊教育知识又具有职业教育知识的"双师型"教师,从而满足市场的需求,通过定向培养师资,为残疾人中等职业学校提供大批量专业水平高、技能性强、了解特殊教育的高素质、高技能专业人才。另一方面,可以根据专业设置和应用型人才培养的需要,有针对性地从社会聘请各类专业技术人员、高技能人才担任兼职教师,以充实专业教师队伍。除了师资队伍建设需要专业支持以外,在对学生的教育教学过程中,同样也需要专业力量的支持,如可以借助专业力量对残疾学生的能力水平和兴趣爱好等进行评估,确定残疾学生在职业发展过程中的特长和需要提高的方面,根据学生特点进行教育分流或不同的教育安置等。最后,通过加强与高校的联系与合作,在推进残疾人职业教育过程中,也可以满足对家长培训的需求。

(四)探索校企合作办校路径与方法,推动职业教育高质量发展

加强产教结合,加大研究的支持与改革力度。在残疾学生职业教育支持体系中,不同的支持主体发挥着不同的功能。政府是推进残疾人职业教育公平的责任主体,主要发挥政策保障功能,同时兼有宏观调控、组织协调与督导功能;学校主要发挥职业教育主体和就业支持功能,同时承担各支持系统资源整合的功能;家庭主要发挥家庭教育与就业支持功能;社区主要发挥社区教育和就业支持功能;企业主要发挥职业教育支持与就业支持功能。五个子系统共同作用,才能推动残疾学生职业教育不断发展。进一步建立与完善"政府—学校—家庭—社区—企业"五位一体的残疾学生职业高中教育支持体系,在充分发挥政府主体责任的同时,以学校为纽带,调动各方资源,更好发挥家庭、社区和企业的支持作用。

第三节 理论基础

理论源于实践,又用来指导实践,科学的理论揭示了事物发展的客观规律,因此能对事物未来的发展趋势和演变走向做出预测,从而指导人们的实践。心智障碍学生高中教育的高质量发展需要理论来指导和支撑教育教学实践,科学的理论能够为心智障碍学生高中教育的高质量发展指明方向。中等职业教育是发展心智障碍学生高中阶段教育的重要路径,涉及心智障碍学生的全面发展,直接关系到学生的就业,关乎他们人生价值的实现。同时,心智障碍学生是一个特殊的群体,要促进他们的发展离不开一系列特殊教育理论。因此,心智障碍学生高中阶段教育的高质量发展既与职业教育相关理论息息相关,也离不开特殊教育相关理论。应在坚实理论支持和指导下,提升心智障碍学生高中阶段教育的发展质量,为学生全面发展、实现人生价值及高质量地参与社会生活提供有力的保障。

一、全面质量管理理论

全面质量管理理论最早由阿曼德·费根堡姆提出,是一种全员参与、以各种科学方法改进组织的管理与服务,通过高质量和不断改进的产品和服务,以获取顾客满意为目的的管理理念、制度和方法。全面质量管理理论强调全面管理、全程管理、全员管理,让顾客、职员以及社会都能从中受益,从而达到管理的长期成功。[1] 它最早盛行于西方的企业管理,随后逐渐在各个领域中实施应用,20世纪80年代在教育领域成为热点。目前,已经被许多西方国家引入到教育实践与管理中,并且取得了良好的教育效果。

学校的根本任务是培养人才,教学工作是学校的中心工作。学校培养人才质量的高低取决于教学质量的高低,想要培养高质量的人才就必须提升教学质量。随着社会经济的不断发展,新时代也对各行各业的人才提出了更高的要求。心智障碍学生由于生理、心理上的缺陷,自身能力受限。提升心智障碍学生人才培养质量,最大限度缩小心智障碍学生与健全人的差距,具有现实的紧迫性和必要性。结合心智障碍学生高中教育的现实状况,在心智障碍学生高中教育教学中引入全面质量管理,强化管理者、教师的质量意识,对教学过程进行高效控制和管理,完善质量评价体系,对探索提升心智障碍学生高中教育教学质量具有十分重要的意义。

---

[1] 郑小伟.以全面质量管理为导向 提升高等学校教学质量[J].中国轻工教育,2010(2):50-52.

二、生涯发展理论

生涯发展是个体与社会互动过程中,在不同阶段不同场合扮演相应的角色并履行其义务,在成长规程中不断学习的过程。关于个体的生涯发展,很多学者有着不同的思考和理解,形成了丰富的生涯发展理论,其中应用广泛且影响力较大的舒伯(Super)生涯发展理论将人生发展大致分为成长阶段(0~14岁)、探索阶段(15~24岁)、建立阶段(25~44岁)、维持阶段(45~64岁)、衰退阶段(65岁以上)。青少年正处于探索阶段,主要通过学校学习进行自我考察、角色鉴定和职业探索,完成择业及初步就业。

心智障碍青少年虽然有自身的独特性,但是其生涯发展也符合一般生涯发展规律。由于身体、心理等方面的原因,心智障碍青少年在就业时往往处于劣势,面临着就业选择受限、稳定性差、职场歧视等问题。大部分心智障碍青少年在离开学校之后未能成功就业,长期处于失业状态。因此,他们未来的生存问题成为家长的最大担忧。部分心智障碍青少年本身具备就业的能力,但是由于自身自我决策能力不足,就业意识不强,同时缺乏引导,导致他们不能主动就业。[1] 对于处于探索阶段的心智障碍青少年,工作是该阶段的重要活动之一,合理选择并运用生涯发展理论,帮助心智障碍青少年增强职业意识,提升职业适应能力,做好个人能力与工作岗位的匹配,对于提高心智障碍青少年就业率,减少家庭和社会的负担,提升心智障碍青少年个人生活品质具有重要意义。

三、人力资本理论

人力资本指凝结在个体身上的,后天获得的,具有经济价值的体力、健康、知识、技能和能力。现代人力资本理论是美国著名经济学家舒尔茨提出的,他在其《人力资本投资》研究中提到,人的知识和技能应该被看作资本的形式,教育是一种能给社会和个人发展带来经济效益的投资行为。心智障碍学生在生理、心理等方面存在一定程度的障碍,导致其在个人生活和社会生活中受到限制,在社会中长期处于劣势。心智障碍学生能力受限,但是并不代表没有能力,我们一样要重视他们的创造性和生产力,尊重他们的价值创造。心智障碍学生和普通学生一样接受教育,心智障碍学生的人力资本也应纳入一般的人力资本中。

教育是提升人力资本的重要途径,对于心智障碍学生来说,给他们提供职业教育,帮助他们掌握生产劳动需要的知识和技能,是提升心智障碍学生人力资本,提高

---

[1] 蒲云欢.生涯发展理论视角下:心智障碍青少年的职业康复[J].贵州工程应用技术学院学报,2021,39(5):146-153.

心智障碍学生综合素质的有效途径。与普通职业教育不同,心智障碍学生的职业教育是复杂艰巨的,因为它在培养学生职业能力的同时,还要注重他们的职业康复。[①] 应通过综合全面评定,了解学生职业发展的可能性,为学生制订个性化的职业康复和发展计划。心智障碍学生虽然某些能力受损或受限,但他们中的许多人能够通过功能代偿去达到工作岗位的要求,而且有些代偿功能的发挥有助于他们更好地去完成工作。在开展心智障碍学生职业教育过程中,要根据学生身心发展的需要扬长避短,使学生潜能得到充分开发。心智障碍学生接受职业康复与职业技能相结合的职业教育后同样具有劳动就业能力,能够在贡献社会的过程中实现个人价值。通过职业教育努力提升心智障碍学生的特殊比较优势人力资本,最大限度促进其就业,这样能带来个人发展和社会的双赢。

四、多元智能理论

传统的智能理论仅仅以言语和数理逻辑智能为依据来审视学生,这与我们推行的素质教育的理念完全背离,不能覆盖全体学生。美国哈佛大学著名心理学家、教育学家霍华德·加德纳提出了多元智能理论,认为每个人都拥有7种同等重要的基本智能,包括逻辑数学智能、语言智能、音乐智能、空间智能、身体运动智能、人际关系智能、内省智能。多元智能理论主张评价学生应该从多元的角度,鼓励人们从多个维度看待人的发展和教育问题,这对特殊教育的发展具有重要的作用。在多元智能理论视野中,每个学生身上都体现出多种智能的有机组合,并且不同个体所拥有的智能的表现方式和表现程度均不相同。心智障碍学生虽然有着某些特有的缺陷,但是一定具有其他方面的智能。在开展心智障碍学生职业教育过程中,要积极发现学生的优势智能,设置个性化的特色职业教育课程,因材施教,促进学生长处的发展。

五、人职匹配理论

人职匹配理论,也被称为特质因素理论,由美国波士顿大学的教授弗兰克·帕森斯提出,是最早的职业辅导理论。因此,弗兰克·帕森斯也被称为"职业指导之父"。该理论主要强调人的特质与相关职业的关联、适配,强调个体职业选择的精准性、可预测性。帕森斯认为每个人都有自己独特的人格模式,每种人格模式都有其相适应的职业类型。

[①] 张金福.人力资本视角下残疾学生职业能力培养路径研究[J].菏泽学院学报,2018,40(1):106-109.

与普通职业教育相比,由于心智障碍学生不同残障类型导致的先天个体缺陷和能力限制,他们的职业教育更加复杂艰巨。心智障碍学生的职业教育更应该构建人职匹配的个性化课程体系,不断缩小心智障碍学生职业能力与市场需求的差距,帮助他们更加充分高质量地就业。首先,通过对特定职业群进行岗位分析,筛选出适宜心智障碍学生学习的专业知识与职业技能,构建符合市场需求的课程。其次,利用职业测评了解学生的职业发展的可能性和职业发展方向,结合学生兴趣特长,利用学生自身的功能代偿,拓宽职业选择,让每位心智障碍学生能受到与之相匹配的职业教育,进而帮助心智障碍学生找到合适的工作岗位。

第四节 职业高中教育发展历程

国外心智障碍学生高中教育发展实践为我国心智障碍学生高中教育发展提供了多元化借鉴视角,国内有关心智障碍学生高中教育的政策法规为我国发展心智障碍学生高中教育提供了政策导向。在国内外发展背景和发展趋势的基础上,结合现状分析,根据相关理论基础,本节透视深圳元平特殊教育学校(以下简称"元平特校")心智障碍学生职业高中教育发展状况,对其经历的几个阶段做简单介绍。

一、探索起步(2002—2009年)

残疾人职业教育是我国职业教育体系的重要构成部分,对于提高残疾人综合素质和就业能力具有重要作用。元平特校创办于1991年,是深圳市第一所专门招收残疾孩子的特殊教育学校。建校伊始,学校就非常重视职业教育,在义务教育阶段渗透职业教育,对心智障碍学生进行职业启蒙。经过30多年的探索与摸索,目前元平特校已发展成为专门为听力障碍、视力障碍学生提供小学、初中、高中教育,为各类心智障碍学生提供高中阶段职业教育的综合性特殊教育学校。学校自2002年正式开办职业高中以来,不断寻求职业教育的发展,着力于解决心智障碍学生就业和适应社会生活的问题。

2001年国务院残疾人工作协调委员会制定并发布了《中国残疾人事业"十五"计划纲要(2001年—2005年)》,明确了"十五"期间我国残疾人事业发展的主要目标和任务,提出了相应措施。其中,"'十五'计划纲要的各项任务和主要措施"中提到"适应劳动力市场需求,大力开展残疾人职业教育"。元平特校结合深圳市和学校实际,按照《中华人民共和国国民经济和社会发展第十个五年计划纲要》关于"加强残疾人事业,帮助残疾人康复、就学和就业,创造残疾人平等参与社会生活的条件"的精神,于 2002 年 11 月经深圳市教育局正式批准,成立了职业教育高中部。学校充分利用现有教育资源,稳步发展以职业教育为主的高中阶段教育,为心智障碍学生开辟新的成才之路。

根据国家教育委员会《关于制订职业高级中学(三年制)教学计划的意见》的精神,结合本校办学模式及社会经济发展对人才的要求,坚持学历教育与职业培训并重,实行灵活的办学模式和学习制度,为深圳地区各类心智障碍青少年提供以"双证"(高中毕业证和劳动技能等级证)为主要内容的中等职业课程。2003 年,元平特校职业教育高中部正式开始招生,设有 1 个教学班,共 13 名心智障碍学生,首个专业为中国结艺专业。随后开设客房服务专业,增加中式铺床、客房及公共区域清洁等专业课程。除校内专业课程外,学校定期邀请校外专家对师生进行集中培训。经过校内外的职业训练,客房服务专业学生毕业时考取了由国家劳动和社会保障部颁发的"客房服务员(初级)"职业资格证书。2009 年,职业教育高中部有 5 个教学班,共 52 名学生,增设中餐烹饪、西式面点、行政事务助理、洗衣服务等专业。2010 年增设插花与园艺专业。中餐烹饪、西式面点专业的学生在毕业时分别考取了中式烹调师(初级)、初级面点师(初级)的职业资格证书。

元平特校从心智障碍学生身心特点出发,开展适合市场经济和社会发展需要的职业教育,各类心智障碍学生的职业素养得到提高,就业能力和社会适应能力明显增强,取得了良好的教育效果。学校强调坚持"以服务为宗旨、以就业为导向"的办学方针,贯彻落实"以人为本,育残成才"办学理念,努力探索"职业教育、就业培训、就业安置一体化"的"立交桥"式职业教育模式,逐步成为全国特殊教育领域的新兴名校。

二、高速发展(2010—2019 年)

2010 年,学校单独成立职业教育教学部,将职业教育的发展摆在了学校教育发展的核心地位。职业高中教育教学部当时开设西式面点、中餐烹饪、客房服务、插花艺术、中国结艺、洗衣服务、办公文员等 7 个专业,开创了"三年三选"走班制专业课学习制度。学生根据能力水平、兴趣爱好、专业水平等情况,每学年可选择调换一次专业。

2011 年,学校总结多年探索职业教育的实践经验,构建了"职业教育、就业培训、就业安置一体化"的"立交桥"教育模式,搭建了高质量的特殊职业教育课程体系。学校职业教育科研成果——《智障学生职业教育模式》一书先后被全国 10 余所高等院校特殊教育专业作为精品教材使用，并获得教育部第五届全国教育科学研究优秀成果三等奖，是全国基层特殊教育学校唯一获奖的科研成果。

经过多年的发展，职业教育教学部的专业和课程形成了自己独特的体系，办学规模不断扩大，越来越多不同障碍类型的学生在这里接受职业高中教育。为满足不同学生的学习需要，促进心智障碍学生多元发展，2015年职业教育教学部根据学生的高中入学评估，将12个教学班分为职业训练、综合康复2个教学组。不同教学组学生的教学方式和课程安排有所不同，职业训练教学组学生的课程以专业知识和职业技能为主，综合康复教学组学生的课程以机能康复为主，设置了康复训练、劳动技能、手工制作等课程。

随着职业高中心智障碍学生数量的不断增加，学生障碍类型的多样化、障碍程度的差异化使学校职业教育面临着种种挑战与机遇，2018年职业高中教育教学部规模达到17个教学班。根据学生的高中入学评估，增设职业康复教学组，形成职业训练、职业康复、综合康复3个教学组，并增设工艺美术专业。职业康复教学组学生的课程在综合康复教学组学生课程的基础上，减少部分康复训练的课程，增加专业基础课程，为学生提供更加细化、个别化的职业高中教育。

同时，元平特校坚持走校企合作的道路，采取多样化、灵活化的合作培养模式，形成了一校对多企的合作局面，不断激发学校职业教育的发展活力。学校与百胜餐饮集团、深圳香格里拉大酒店、深圳湾万丽酒店等多家大型企业签署校外实习就业基地协议；与北京珐琅厂、衡水一壶斋两家国家级非遗项目企业签署了合作建立实习培训基地协议；与观澜湖集团、深圳湾安达仕酒店、深圳四季酒店等多家企业保持长期合作关系。基于"三进三出"的校企合作模式，学校不断创新产教融合协同育人途径，深化校企多渠道、多层次、全方位长效合作机制。2019年在第五届深圳教育改革创新论坛上，学校荣获"年度产教融合典范职业学校"奖项。

元平特校"教育、康复、就业一体化"办学模式的实践取得初步成效，得到党和政府及社会各界的高度评价，形成了具有深圳特色的"特殊学生职业教育和培训"模式，成为国内特殊教育领域具有影响力的特色品牌之一，成功完成了从特教新兴名校到全国特教强校的跨越。

三、开创未来（2020年至今）

2020年，学校将职业教育教学部划分为职业教育教学一部和职业教育教学二部。职业教育教学一部主要负责原职业训练教学组、职业康复教学组学生的教育教学，开展以提升职业技能为目标、以高质量就业为导向的职业高中教育；职业教学二部负责原综合康复教学组学生的教育教学,开展以提高生活技能、高质量融入社区为导向的综合康复高中教育。

职业教育教学二部成立后,紧紧围绕"生存""自理""生活"3个理念,坚持"教育—康复—训练"这一主线,结合中重度学生特点,加强教学研究,更新教学观念,不断探寻适合中重度学生发展的新思路。积极探索"职业+生活"的职业教育,根据学生特点以及未来居家生活需要,目前设有家政服务、园林绿化和工艺美术3个专业。综合康复高中教育教学注重学校与家庭、社区的合作,形成家校协同发展模式,开展多种形式的家校、家社、校社之间的教育康复活动,为学生毕业后社区康复提供帮助,从而使其高质量适应社区生活。

职业教育教学一部在已有专业和课程的基础上,立足于心智障碍学生优势,兼顾市场需求和学生兴趣,不断完善专业目录,建设实训基地,为学生实训创造良好条件。2020年职业教育教学一部增设邮政快递运营、市场营销专业,2021年增设电子商务专业,2022年增设汽车装潢与美容专业,2023年增设餐饮服务专业。目前职业教育教学一部共设有中西面点、中餐烹饪、高星级饭店运营与管理、行政事务助理、工艺美术等14个中职专业,为心智障碍学生提供适配其能力水平的专业化教学,注重培养学生的就业创业与职业适应、社会适应能力。职业教育教学一部先后输送了200多名心智障碍学生到企业就业,深受企业好评。

2022年《广东省"十四五"特殊教育发展提升行动计划》提出,"鼓励高职院校与特殊教育中等职业学校(或中职部)探索'三二分段'培养模式"。中等职业教育已经不能满足各类心智障碍学生日益增长的教育需求,他们渴望继续深造,不仅要掌握一技之长,更要提升学历,提高自身的核心竞争力。在广东省教育厅和深圳市教育局的重视与支持下,学校与深圳职业技术大学合作开展中高职贯通培养"三二分段"(以下简称"中高职")招生,打通心智障碍学生的职业上升通道,拓宽心智障碍学生的升学路径,让更多的心智障碍学生得到继续深造的机会。2022年,职业教育教学一部首次开设中高职班,招收1个班,班额10人,专业为高星级饭店运营与管理。2023年,职业教育教学一部招收2个中高职班,班额10人,专业分别为高星级饭店运营与管理和工艺美术。元平特校与深圳职业技术大学一起,联合行业企业,共同实施五年一体化人才培养,这是元平特校对中高职贯通人才培养的有益探索,也是深圳市的一大创举,是对深圳特殊孩子的重大利好。

为帮助特殊学生高质量地融入社会和就业,学校坚持深化校企合作,搭建产教融合平台,吸引希尔顿集团、万豪国际集团等优质企业主动参与校企合作,进一步提升校企合作、产教融合的广度和深度。2021年10月,学校与万豪国际集团旗下深圳区酒店签订校企合作协议;2022年6月,学校与深圳东海朗廷酒店签订校企合作协议,共建人才培养基地;2023年6月,学校与希尔顿集团深圳区7家酒店签订校企合作协议……产教融合激发学校职业教育高质量发展的内生动力,形成人才培养与产业需求同频共振的良性循环,拓宽了心智障碍学生职业发展之路,帮助学生实现高质量就业。

未来,元平特校职业高中教育教学将坚持全面贯彻党和国家的教育方针,不断提升职业高中教育质量,培养心智障碍学生掌握一技之长,提高综合素质,提升职业技能,增强就业能力和社会适应能力,为其平等参与社会生活、高质量融入社会创造条件。

第二章　心智障碍学生高中教育生涯规划

在《"十四五"特殊教育发展提升行动计划》的指导下,心智障碍学生高中教育的生涯规划需要"全面贯彻党的教育方针,落实立德树人根本任务,遵循特殊教育规律,以适宜融合为目标",实现"促进残疾儿童青少年自尊、自信、自强、自立,实现最大限度的发展,切实增强残疾儿童青少年家庭福祉,努力使残疾儿童青少年成长为国家有用之才"的特殊教育目标。[①] 新时代对特殊教育高质量发展提出了新的要求,其突破口则在于全面推动特殊教育融合发展,鉴于此,心智障碍学生的生涯规划也应在普通教育和特殊教育的融合、职业教育和特殊教育的融合下开展。

在研究视域下的"生涯"一词可以追溯到20世纪中后期,生涯发展论的代表性学者唐纳德 E. 舒伯(Donald E. Super)提出了生涯(career)的概念,并被广泛接受。他认为生涯是人生中各种事件的演进方向及历程的总和,将个体一生所承担的各种职业以及所扮演的生活角色统整于其中,表现出具有个别性的发展模态。[②③] 生涯规划,通常指职业生涯规划,但对于高中阶段的心智障碍学生而言,还应以系统的视角观照其人生全程的生涯发展。本书所述的生涯规划涵括了职业乃至人生的图景、计划及方案。国内外对生涯规划的研究均起源于职业指导的实践及其产生的需求,可以说,生涯规划是根据个体兴趣、特长及能力,对照职业的社会需求,制定个人的学业、专业和职业发展目标、路径并予以落实。高中阶段是普通教育领域内学生人生观、世界观、价值观形成的重要时期,而对心智障碍学生而言,尽管存在智力与适应性行为方面的滞后或缺陷,但高中阶段依然是他们个性形成、人格发展的关键期。高中阶段心智障碍学生需要生涯规划与教育,以促进障碍康复与职业技能的同步提高,使职业选择更具针对性,职业转衔更具灵活性,职业参与更具适应性,实现更广泛、更深入的高质量融合。

[①] 国务院办公厅关于转发教育部等部门"十四五"特殊教育发展提升行动计划的通知[EB/OL].(2022-01-25)[2023-01-21].https://www.gov.cn/zhengce/content/2022-01/25/content_5670341.htm.
[②] 张洪烈.舒伯生涯发展论的评析及应用[J].云南财经大学学报,2010,26(4):154-160.
[③] 陈中兰.舒伯生涯发展理论视角下中职学生职业生涯规划现状及对策研究[D].天津:天津职业技术师范大学,2020.

第一节 基本原则

生涯规划是对个体职业发展以及人生生涯开展的持续性、全面性的计划。对心智障碍学生开展生涯规划教育,能帮助其明确职业定位、选择合理职业路径,从而获得更适宜的发展机会,满足其物质、精神等需要,提升其生活质量,增强其个体福祉。如何针对心智障碍学生的特征开展合适且能促进其发展的生涯规划,首先需要树立正确的残疾观、发展观,运用系统论的方法,对心智障碍学生生涯规划的理念进行原则性的审视与界定。心智障碍学生的生涯规划应当坚持辩证分析的科学方法论,既有其普遍性,又具备特殊性,主要依据生活质量原则、全生命周期理论、全人发展三大理念。

一、生活质量原则

生活质量(Quality of Life,简称QOL)在20世纪80年代被提出后,日益成为特殊教育、保健、社会服务和家庭等领域的研究焦点,在发展过程中逐渐概念化,其结构也逐渐明朗。

生活质量领域指的是构成个人生活幸福的一系列影响因素,主要包括八大核心:人际关系、社会包容、个人发展、身体健康、自我决定、物质生活水平、情感健康和权利。在探索如何对智力与发展性障碍者提供适宜的支持服务的过程中,"生活质量"一词起初作为新生概念诞生于对智力与发展性障碍人群的支持,随着对其测量、评价体系的完善,生活质量上升为评估支持服务效果的原则性概念,并建构起支持体系的维度框架。[1] 而在本土化的应用探索过程中,有学者发现我国智力障碍者的生活质量的核心指标可归纳为7个,分别为情绪状态、人际关系、物质条件、个人成长、健康状况、社会融合、权益[2],与国际研究结果基本一致。

生活质量原则最初由夏洛克(Schalock)教授提出,他认为:① 生活质量是多维度的,并受个人因素、环境因素以及个人与环境交互因素的影响;② 对所有人而言,生活质量的构成要素相同;③ 生活质量包括主观和客观两个方面;④ 生活质量可以通过对生活中自我决策能力培养、资源提供、生活目标确定以及归属感改善而

---

[1] 罗伯特·L. 夏洛克,王勉,许家成,等.生活质量的跨文化属性研究[J].残疾人研究,2017(2):7-13.
[2] 向友余,许家成,王勉.中国智力障碍者生活质量核心指标的再研究[J].中国特殊教育,2007(11):41-48.

提升[1]。由此可以概括,生活质量是关于人生价值的体验,是对一个人成功和幸福的主观评价,是一个由核心价值组成的多元现象,包括个人发展、自我决策、人际关系、社会融合、权利、情绪福祉、身体福祉和物质福祉。

马克思主义中人的"类特性"从哲学的角度确认了人的生活需要,而生活质量原则作为一种鲜明的价值追求,是对人的"类生活"的实现构想。对心智障碍学生生活质量的关照首先是对心智障碍学生作为"完整、平等的人"的确证,以正确的残疾观念折射出深刻的人文思想光芒,也是满足心智障碍学生美好生活需要的重要抓手。为保障心智障碍学生获得良好的主观生活体验,客观上提升其生活品质,需要统筹考量学生个体的兴趣、优势、缺陷、环境、资源等,进行合理的生涯规划,从而使其在满足物质需要的基础上获得精神与情感的慰藉,获得价值实现的满足感,经历自主决策的主动性体验。

二、全生命周期理论

生命周期理论的产生具有跨学科研究的意义。20世纪30年代,希尔和汉森综合多学科的背景提出生命周期理论(life-cycle approach),最初被广泛应用于经济学领域,是用于评估产品或服务相关的环境因素及其整个生命周期环境影响的工具。其后应用范围逐渐扩大,无论在政治、经济还是在环境、社会等各个领域都有关于它的独特定义,如产品生命周期理论、企业生命周期理论、管理生命周期理论、需求生命周期理论以及领导生命周期理论等。作为一种交易理念和理论,它是以市场为主、源于社会需求而产生的。

20世纪50年代,生命周期理论正式运用于教育学、心理学领域,主要是指人的生命周期,也即从人的出生、成长、衰老、生病到死亡的一系列过程,或即人一生所经历的幼年、童年、青年、中年、老年等阶段,将其看作一个完整的生命周期。在这个周期中,每个阶段对应着不同的成长和发展角色,面临不同的成长计划和发展任务,阶段间联系紧密,前一阶段的发展变化会对后一阶段造成影响。生命周期理论呼唤对生命的整体价值的关注,与阿尔贝特·施韦泽(Albert Schweitzer)提出的"敬畏生命"的理念和劳拉·E.伯克(Laura E. Berk)的毕生发展心理学也有一定联系。

学者将全生命周期理论应用于教育领域,依然基于人类个体生命的全过程,把学生个体的生命和伴随生命发生的成长看作一个完整的、循环的周期,其核心思想是促进学生的全周期发展,侧重于教育促进人的发展的过程性、阶段性、整体性和个

---

[1] SCHALOCK R L. The concept of quality of life: what we know and do not know[J]. Journal of intellectual disability research, 2004, 48(3): 203-216.

体性。第一,学生并不是单纯的、抽象的学习者,而是一个有着复杂个性的个体,全生命周期教育是尊重生命规律、促进学生天性自由发展的教育。第二,在教育活动中,学生是完整的人、发展中的人,拥有多元的智能与人格特性,为促进学生的全面发展,需要让学生体验和参与全部的教育生活。第三,每个学生都是一个独立的个体,是一个复杂的生命体,其生命的独特性决定了教育发展的个体性。

在全生命进程之中,高中阶段心智障碍学生的发展和其他阶段之间有着紧密联系,不仅延续了义务教育阶段的发展成果,更为青年时期乃至未来更久远时间范围内的职业生活阶段奠定能力基础。心智障碍学生能否在高中阶段获得适宜且优质的全面教育发展,会成为一次牵一发而动全身的人生"振动"。此外,对心智障碍学生而言,其社会适应能力往往显著较低,难以高效、优质地实现对身份、环境等方面转变的调适。全生命周期的系统性要求分解后的各个生命阶段之间具备平稳、有效的滑动与连接,由此对高质量的转衔服务亦提出了要求。

三、全人发展

全人教育思潮(Holistic Education)是人本主义思想于20世纪70年代末产生的一个分支与发展。20世纪80年代中后期,隆·米勒(Ron Miller)和约翰·米勒(John P. Miller)分别在独著中正式提出了"全人教育"的概念。全人发展(Holistic Development)生发于全人教育思潮,更聚焦于全人教育的结果,即促进人的全面发展。全人发展理念拥有较为复杂的哲学、心理学以及社会学基础,映射出古希腊和谐教育、自由教育等人文思想的光辉。

在第二届全人教育国际会议上,全人教育家们对全人教育基本立场做出了界定[1],他们认为:① 教育的目的是培育人类发展的内在潜能;② 教育要追求对人的内在精神性(spiritual)的滋养,这种精神性(或称"灵性""神性")可以被解释为"人的创造性、无限发展潜能",鼓励个体生命力量的自我表达与开发;③ 教育与生活密切相关,应当在生活的各种形式中产生教育;④ 学习者具有无限的学习能力;⑤ 教育是经验学习的过程,个体通过调动多感官参与到和外界的互动之中;⑥ 教育过程应当具备完整性,每个学科都是对整体生活现象的一个独特视角;⑦ 学习是有机、自然的过程,注重学习者的主动建构[2]。

亚伯拉罕·哈洛德·马斯洛(Abraham Harold Maslow)突破了传统人类发展结

---

[1] 张东海.全人教育思潮与高等教育实践研究[D].上海:华东师范大学,2007.
[2] GATE. EDUCATION 2000: A Holistic Perspective[EB/OL]. (1991) [2020-01-10]. https://www.ties-edu.org/wp-content/uploads/2017/09/Education2000en.pdf.

构的局限,他认为人的发展不仅包括知识和智力,而且包括情感、志向、态度、价值观、创造力、人际关系等方面,由此他提出教育应当促进人的全面发展。卡兰·兰塞姆·罗杰斯(Carl Ransom Rogers)作为人本主义教学的代表人物,发展了"全人"理念,把知情融为一体的人称为"全人"或"功能完善者",明确提出教育要培养的"全人"即为"躯体、心智、情感、精神、心灵力量融为一体的人",学生也需要"学会如何学习和如何适应变化"。

全人发展理念在我国的传播、研究与发展体现出文化、思想上的本土特征。在文化关联上,全人发展中的和谐性、精神性等追求与中国传统文化中的仁爱、"道"、和而不同等思想不谋而合。有学者亦辨析了全人发展理念与马克思"人的全面发展"理论的异同,认为两者都以追求人的全面、全方位综合发展为终极目标[1]。

总体来说,全人发展理念以一种整全的世界观为核心,以系统的视角考量个体内部的发展、个体与自然界之间的互动,重视人类发展过程中的联结与转化。全人发展理念强调学习过程的整体性、培养方面的多元性,着眼于"人性"的培养,不仅仅是满足社会生产和消费的物质需要,还在工业化社会存在的大浪潮中试图召回对个体精神存在的重视,倡导以人为本,重视对个体和谐、平静、诚实、正义、爱等精神特质的培养。同时重视学习者的经验学习与自主建构,充分尊重与发挥人在发展过程中的主体性,强调个体的主动学习,而经验是认识的开端,是机动的、成长的,绝非一成不变的信息,学生通过对经验的体会,自然地完成认识过程。[2]

目前,全人发展理念已然成为一种跨文化的国际教育观,其人文关怀体现出一定的普世价值。围绕这一追求,全人发展思想可以在新时代中国特色社会主义的人的全面发展观之中找到适应本土的中国化表现。人的全面发展并不追求均等发展的"一刀切"结果,而是关注人的自由特性,按照个体天赋、兴趣、爱好、需要等自主地选择发展方向,发挥独特的潜能。在中国特色的心智障碍学生高质量生涯规划中,亦将实现心智障碍学生全面发展作为根本价值目标,在职业体验、选择、实现路径等各个环节尊重学生的自我决定,在教育中以全面综合发展为目标,并依托评估进行动态化的质量监测与提升。

第二节　发展模式

学生在自我成熟与学习过程中,通过个体与所处环境相互作用,会形成特定的

---

[1] 李佳.约翰·米勒全人课程思想研究[D].重庆:西南大学,2020.
[2] 舒川.全人发展视野下学龄前残疾儿童运动康复课程理论与实践[D].福州:福建师范大学,2017.

发展形态,该形态因人而异,体现出显著的个别性,在心智障碍学生群体中表现尤甚,但依然可以透过各类发展形态背后的共同特性,从目的、动力、结构、体系、路径、方式等方面整合、总结出可供借鉴的发展模式。在元平特校的教学实践中,心智障碍学生的生涯规划已经逐渐形成了较为稳定的机制,以下将对元平特校高中教育高质量发展模式的构建与内涵以及运行机制进行具体阐释。

一、模式的构建

在领会《第二期特殊教育提升计划(2017—2020年)》文件精神后,深圳市随即结合本地实际出台了《深圳市第二期特殊教育提升计划(2018—2020年)》(以下简称"计划")文件,提出要"加快发展以职业教育为主的残疾人高中阶段教育","充分发挥元平特校的示范引领作用"[①]。计划提出后,为实现非义务教育阶段的学生也能"有书可读"的目标,职业教育阶段的特殊教育规模开始显著扩大。面对生源数量的骤增,如何让每一位学生"读好书",实现个体高质量的职业教育发展,成为元平特校实践探索的重要任务。

经过多年的残疾人职业教育实践,元平特校认识到心智障碍学生的职业生涯选择是全生命进程中一个重要节点,要实现高中阶段心智障碍学生的高质量发展,首先需要把握好其生涯规划的适宜性。职业生态场域是心智障碍者和社会生活接轨的重要阵地,工作能够让他们获得物质财富,开展人际交往,建立社会联系,实现社会价值,得到精神满足。可以说,适宜的职业选择、良好的职业生活是影响心智障碍者生活质量的重要因素。在高中阶段,心智障碍学生正处于职业技能和职业素养培养的关键时期,即将面临职业选择的分岔路口,而其生涯选择与规划又会在较长一段生命历程内影响他们的生活品质。

鉴于生涯发展在残疾人职业教育阶段不可或缺的地位,元平特校在文件精神的指引下,总结在职业教育、学生培养、课程建设、课程教学、教育评估等方面的有效实践经验,结合本地、本校实际,基于评估与生涯规划理念,构建元平特校高中教育高质量发展模式,以期"元平经验"能够为其他地区特殊教育实践提供参考,协同促进特殊教育办学能力的整体提升。(图2-1)

---

① 深圳市第二期特殊教育提升计划(2018—2020年)[EB/OL].(2018-08-16)[2023-02-12]. http://szeb.sz.gov.cn/home/xxgk/flzy/zcfgjjd/zcfg/content/post_2954950.html.

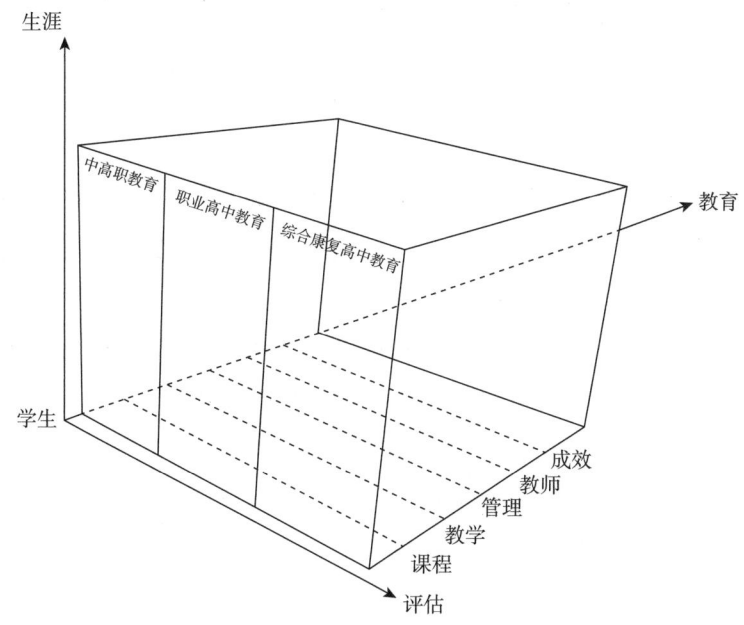

图 2-1 基于评估的生涯教育模式

二、模式的阐释

以学生为原点,以教育、评估、生涯为三大影响指标,构建学生为中心的立体三维坐标图。其中,x 轴指向评估,y 轴指向教育,z 轴指向生涯。由评估和教育构成的 xOy 面作为个体人生的基础,从课程、教学、管理、教师、成效 5 个方面具体开展,发展性地描绘着个体基本能力、素养的图景,奠定了人生的广度;在评估和生涯构成的 xOz 面上,学生作为坐标系中的任意一点,依据所受教育(y 值)不同,投射为中高职教育、职业高中教育、综合康复高中教育 3 种培养类型;由教育和生涯构成的 yOz 面是学生人生的展现窗口,在评估的持续性支持下,开展适宜的教育培养,描绘出形态个别化的生涯山峰。

(一)模式构成

作为横轴的评估贯穿于学生发展的始终。评估首先要秉持育人的价值取向和基本原则,对学生发展进程中各活动的目标、计划、执行与结果进行全过程评估,最终指向教育实践的改进,形成循环、动态的闭环,持续提高教学育人的有效性,从而使评估基于目标而高于目标。在该模式中,评估作为一种质量检测手段,广泛应用于课程建设、教学实施、教育管理、教师专业发展等教育的基本方面,对学生发展状态进行持续性的跟踪记录,依托高质量的评估支撑教育质量的改进,稳步托起学生人生。

作为纵轴的教育主导着学生的终身发展。课程、教学、管理、教师、评估、成效作为高中教育中的六大要素，协同配合、系统推进对学生的培养。"为谁培养人、培养什么人、怎样培养人"始终是教育的根本问题，对心智障碍学生的高中教育也围绕培养学生这一核心任务展开；课程与教学涵括了教育内容、教育过程、教育手段、教育方法等教育活动的基本构成要素，是高中阶段心智障碍学生接受教育的主要载体；教师作为心智障碍学生的教育者和支持者也扮演着非常重要的角色，高素质、专业化的教师是促进心智障碍学生实现高质量发展的中坚力量；教育管理制度的建设与运行从宏观层面开展协调与把控，动态调整资源利用，高效率、高质量地提高教育成效；教育成效是对教育活动实施质量的体现，通常通过教育评估手段，能够为心智障碍学生的高质量教育提供动态性、发展性的指导。针对不同类型特点的学生，教育也体现出个别化的特征。以元平特校为例，六大要素的排列组合异化，上升为3条不同的教育发展路径。

作为竖轴的生涯决定着学生人生的高度。依据舒伯的生涯彩虹图，在职业教育背景下，学生即将面临角色的转变，工作者角色将占据大部分生活空间，职业生活成为学生进行社会融合、促进全面发展、获得人生价值的重要场域，因此前期的职业生涯规划对该阶段个体人生的发展起到决定性作用，学生的立体成长轨迹正是一个生涯发展的过程，如何实现心智障碍学生的高质量生涯发展是一个核心命题。

（二）模式运行

该模式以学生为核心，基于学生个体发展水平与潜能，以结果为导向，为社会工作生活延伸铺垫，同时向义务教育阶段渗透，在学生全生命周期内贯彻发展，以期实现学生生活质量提升的目的。在具体运行过程中，实施者以评估为基础，基于制定生涯规划，并围绕生涯目标为心智障碍学生提供多层支持与多元培养形式（中高职教育、职业高中教育、综合康复高中教育），从而促进心智障碍学生的认知、学习、全面发展与提升，实现与个体兴趣、现有能力水平及其潜能最匹配的优质发展，达臻个体、家庭的预期目标。

作为模式运行的实施主体，教师队伍的建设亦是重要一环，需要对相关教师的素质、责任做出界定与要求。元平特校建设以"生涯导师"为主的多学科教师团队，坚持"每个教师都是生涯导师与支持教师"的原则，为学生提供高质量生涯支持。其主要职责包括：从入校前就开始为每一位学生提供生涯支持，进行成长设计，包括职业启蒙、学业规划、专业规划、职业规划等，发掘多渠道学生康复和就业出口，直至学生进入社会就业安置。

第三节　成　长　设　计

基于评估的生涯教育模式对不同年龄、阶段的特殊儿童总体上具有一定的普适性。以元平特校为例，义务教育和高中教育阶段的特殊学生均按照此模式开展生涯发展的规划。依据舒伯的职业生涯发展阶段理论，人的职业生涯可划分为成长、探索、确立、维持和衰退共 5 个主要阶段。义务教育阶段的学生正处于职业成长期，在生涯成长中进行职业感受、启蒙，其自我概念正处于形成过程中；而高中教育阶段的学生已然步入职业生涯发展的探索阶段，通过学校教育、休闲活动和顶岗实习等认识世界的途径积累起对个人兴趣、技能、能力的认知，且自我决策意识及能力均得到较大提高，能够试图根据个人特质以及对职业的了解等主客观条件，匹配出个体职业选择。因此，高中阶段的学生即将面临职业生涯的确立，步入工作生命周期中的核心阶段，高中教育中的职业生涯规划显得更为紧迫。结合元平特校办学实际和学生情况，本节将以高中教育为关键切入口，阐释元平特校如何利用该模式设计学生成长路径。

一、学业成长

生涯规划贯彻于全生命进程之中，应当使心智障碍学生树立终身发展和学习的理念，掌握学习方法，既注重通用基础知识与技能的学习，也注重实践能力和综合素养的提升，适应未来社会的发展需要，为全生命周期奠定生活质量基础，实现全人发展。针对不同学生的发展情况与需求，元平特校主要设计了 3 条不同的学业发展路径，并制定了相应的培养目标，具体如下。

（一）中高职路径培养目标

中高职路径培养目标根据心智障碍学生发展规律，分中职、高职两阶段开展培养教育。在中职阶段，要求学生具有较高的职业素养，能较为全面且深入地掌握所学专业知识，掌握较为扎实的专业技能；在高职阶段则要求学生有一定创业能力，成为高素质技能型人才。通过分期阶段培养，夯实专业基础，拔高专业素质，努力使学生成为能够服务中华民族伟大复兴事业的可用之才。

（二）职业高中路径培养目标

职业高中路径培养目标要求学生具有良好职业素养，掌握所学专业知识与技能,提高适应能力。具体以培养"四大关键能力"为主,即居家生活能力、社会适应能力、职业适应能力和自我决定能力,强调职业道德培养、职业体能锻炼、职业技能形成、职业智慧发掘、职业形象塑造、职业心态养成,不仅能实现优质社会融合,更能作为国家人才服务社会发展,实现人生价值。

(三)综合康复高中路径培养目标

综合康复高中路径培养目标主要面向中重度心智障碍学生,以生活适应能力培养为主,要求学生能够熟练内化社会生活技能,适应当前和未来生活的需求,提高生活质量,为能够高质量回归主流社会做好前期准备。此外也有个别化的设计,可根据不同能力水平要求学生掌握其能力范围内的职业技能。

二、专业成长

在全面发展的整体性视角下,专业成长与学业成长紧密相连,三类学业成长路径的心智障碍学生亦设置相应的专业。中高职教育,与深圳职业技术学院(现更名为"深圳职业技术大学")合作,开设高星级饭店运营与管理(高职阶段专业名称为"酒店管理与数字化运营")、工艺美术(高职阶段专业名称为"工艺美术品设计")专业,通过既定专业学习,旨在培养高素质技能型人才;职业教育教学一部根据轻中度心智障碍学生的特点以及市场需求,以就业为导向,设置了中西面点、中餐烹饪、邮政快递运营、电子商务、工艺美术(绘画与手工方向)、汽车装潢与美容、园林绿化(插花艺术方向)、高星级饭店运营与管理(客房服务方向)等15个专业;职业高中教育教学二部根据中重度心智障碍学生的身心特点与实际需求,开设的专业课包括现代家政服务与管理、园林绿化、工艺美术。

在生涯导师的引导下,每位心智障碍学生根据自己的兴趣、爱好、特点与能力优势,结合就业市场需要、未来生活需要等,选择适合自己的专业课程,开发自身潜能,促进自身专业技能和专业素养成长与提升,为职业规划和个人成长打好基础。根据每位心智障碍学生能力评估与未来需求,元平特校规划了以下3种专业成长导向。

(一)生活导向专业成长

生活导向专业成长侧重于提高心智障碍学生独立生活能力或自我服务能力,如现代家政服务与管理专业(职业教育教学二部开设)、中餐烹饪专业(职业教育教学一部开设)等。例如职业教育教学二部开设的家政服务与管理专业,结合学生实际发展能力及需求,参照《中等职业学校家政服务与管理专业教学标准》,在《培智学校义务教育课程设置实验方案》的延伸基础上进行课程设计,课程内容涵括收纳、厨艺、饮食、卫生、简单理财等与学生生活密切相关的领域,旨在培养学生日后居家生活能力和家庭服务能力等。

（二）就业导向专业成长

就业导向专业成长侧重于心智障碍学生职业能力的发展,结合市场需求、自身优势与喜好选择适合自己的专业。比如,未来想从事超市理货员岗位工作,可选择市场营销专业(职业教育教学一部开设);平时喜欢清洁整理,精细动作与体能较好,想在酒店行业工作的学生,可以选择高星级饭店运营与管理专业客房服务方向或洗衣服务方向(职业教育教学一部开设);喜欢并擅长制作糕点或西饼的学生,可选择中西面点(职业教育教学一部开设)。

（三）优势导向个性成长

优势导向个性成长侧重于心智障碍学生个性化的多元发展,在开发其潜能优势的同时,提高生活审美追求与休闲娱乐品质,如可以选择工艺美术专业、园林绿化专业。这两个专业职业教育教学一部和职业教育教学二部均有开设。以园林绿化(插花艺术方向)为例,心智障碍学生学习该专业课程,不仅有利于其劳动技能的培养,还可帮助其培养兴趣爱好,提高审美情趣,丰富业余生活,为学生毕业后在优势能力有关的岗位就业或居家休闲生活创造更多选择。

需要说明的是,元平特校开设的任何专业课程,都能满足心智障碍学生至少两个导向的专业成长需要,教师在教学中采用"双师制"授课模式,多模块、个性化、灵活地进行分层指导,以满足不同能力需要的心智障碍学生个性化发展。如职业教育教学一部开设的中餐烹饪专业,主要以就业为导向,达到培养要求的学生,未来可在酒店或餐饮公司厨师岗位见习、实习或就业;即使个别学生的能力未能达到就业要求,也能在教师的个别化指导下,提高专业技能和自我服务能力,达成独立生活导向成长目标。工艺美术专业的学习既可满足部分学生就业导向专业成长,也可满足选择该专业其他学生的优势导向个性成长。

职业教育教学一部的心智障碍学生还可以根据自身实际以及发展目标,参照生涯导师和家长的指引,对3种导向专业成长进行选择整合,如高一生活导向选择,高二、高三就业导向选择;或高一生活导向选择,高二就业导向选择,高三优势导向个性成长。每年一次的专业选择机会,可以更好地满足学生多样化的个性需求,丰富学生的成长,还可扩大学生的交往范围,磨炼学生的社交技能。

三、职业成长

职业选择对个人和社会都具有重要意义。对心智障碍学生而言,一方面,职业活动是其个人价值实现的途径,也是融入社会的重要组成部分,职业选择是否适当,更加关乎其未来生活质量与幸福程度;另一方面,心智障碍学生的适应能力、调适能力本身存在一定程度的削弱,频繁的职业变化对其生活稳定性并不理想。因此,生涯导师非常重视每位心智障碍学生对未来职业生涯的认识、规划、准备和发展,对其实施生涯教育,明晰自己想成为一个什么样的人,帮助其分析适合自己从事的工作,同时对外部环境进行评估,帮助其进行职业规划和职业选择[①],促进人职匹配与职业适应。

元平特校通过设置生涯教育课程与活动,培养心智障碍学生的生涯能力,逐步引导学生学会自我引导、自我决定和自我完善。职业生涯教育包括以下 5 个阶段。

(一)职业认知与导向阶段

义务教育阶段的学生尚处于认识职业的萌芽阶段,亟须正确、合理地引导其"扣好第一颗扣子"。元平特校将生涯规划理念渗透到义务教育初中阶段,通过高质量视频《身边的榜样》(元平特校就业榜样)引导,促进初中阶段心智障碍学生的职业意识启蒙与发展,认识各种行业,使学生对自己的兴趣、能力有所了解,开始意识到工作之于个人的重要意义,为将来的职业选择做好准备。这样做不仅能够实现义务教育初中阶段与职业教育高中阶段的有效衔接,还能够保持个体发展的纵向连续性和一致性。

(二)职业试探阶段

职业高中阶段初期,学生可以利用家庭、学校、社区等环境提供的各种资源和机会,探寻一些自己感兴趣的工作,以便真正了解自己的兴趣和能力,感知自身适合哪些工作。同时,在学校层面,元平特校与合作企业开展协同育人,为心智障碍学生提供多元职业探索机会,通过企业参观、职业体验、见习等形式,共促学生对职业性向的了解。

(三)职业生涯规划阶段

经历前两个阶段之后,心智障碍学生可以根据对自己兴趣、能力的了解以及对工作或职业的认识,再辅以生涯导师以及其他职业人员的咨询、辅导,逐步学会自我

---

① 何侃.中国残疾人职业教育与就业服务(上册)[M].南京:南京师范大学出版社,2017:174.

引导、自我决定,结合自身实际制订职业生涯计划,作为将来职业发展的依据。同时在职业生涯规划过程中,学生本人和家长都作为规划的主体参与其中,能够让心智障碍学生及其家长改变固有观念,认识到该群体生涯发展的多种可能前景,从主观意识上予以更为积极的心理暗示和信心。

(四) 职业准备阶段

在前期规划的个人职业生涯计划基础上,心智障碍学生可以选择适当的教育和训练机构来习得相应的职业技能。元平特校充分发挥学校力量,为学生提供丰富的职业准备资源。第一,坚持职业培训与学历教育并重,为深圳地区各类残疾青少年提供以"双证"(高中毕业证和劳动技能等级证)为主要内容的中等职业技术教育;第二,积极与残联、职业技能培训机构联系,合作开展了一系列职业技能中短期培训班,取得了良好的社会效果;第三,与合作企业协同育人,通过多种校企互动、实践形式,提升心智障碍学生综合就业能力(职业技能、职业素养、职业体能与职业适应等),帮助其做好职业准备。

此外,如果学生想从事的工作须接受职业学校或专科学校的教育,则应参加升学考试,进入高职或专科学校进行职业准备;如果学生感兴趣的工作要求具备学士或更高的学位,须进入大学或更高的教育机构进行职业准备。①

(五) 就业安置与职业发展阶段

心智障碍学生在完成职业准备阶段之后,学校及有关职业辅导机构将对其开展就业辅导,助力其获得适当的职业。②元平特校与合作企业融合共建就业支持团队,共同探讨制订个性化方案,包括心智障碍学生培训与管理方法、开发适合他们的岗位任务标准与流程等;共同开展个别化就业支持工作,提供一系列就业转衔服务,帮助学生解决其就业初期乃至更长时间里所面临的职业适应问题,并在就业之后持续跟踪其工作状况,随时提供各种支持,以顺应技术的变化、职务的升迁、职业的转换,帮助学生实现顺利、长期、稳定就业。

四、人生发展

学业、专业与职业的规划,为心智障碍学生今后高质量生活和人生发展奠定良好的基础。元平特校将特殊学生职业教育的功能延伸,发挥学校作为就业指导中心、终身教育服务指导中心的作用,同时联合各类学校、社会机构,支持特殊学生生

---

①② 何侃.中国残疾人职业教育与就业服务(上册)[M].南京:南京师范大学出版社,2017:171.

涯发展。入学评估时,生涯导师与家长、学生共同确定未来在升学、就业、社区康复三条路径上的选择。

（一）以升入高职为导向的中高职教育规划

在深圳市教育局的大力支持下,元平特校首开中高职"三二分段"先河,与深圳职业技术学院（现更名为"深圳职业技术大学"）携手发展,并联合行业企业,精诚合作,探索"三二分段"培养模式,共同实施五年一体化人才培养计划,培养高素质技能型人才。目前开设了两个专业:高星级饭店运营与管理专业和工艺美术专业。高星级饭店运营与管理专业毕业生主要面向高星级酒店、旅游企业、企事业单位接待中心、酒店管理公司等,从事客房服务、前厅管理、餐饮管理、客房管理等工作;工艺美术专业主要面向工艺美术各类产品生产企业,培养从事现代工艺美术品设计与制作的实用型工艺美术人员,为高职阶段输送合格的毕业生。此外,针对渴望升入高等院校、向往高等学府的心智障碍学生,元平特校还开设了以继续深造为导向的高考文化班,以帮助学生顺利通过春季高考,达成升学目标。

（二）以就业为导向的职业高中教育规划

特殊职业教育的成效是否显著,很大程度上取决于心智障碍学生能否实现就业,因此特殊职业教育在发展过程中非常强调心智障碍学生职业技能与职业素养的形成与发展,以实现在修完职业教育课程或从职业高中毕业后能顺利就业。元平特校通过校企合作、家校合作、校社合作多渠道促进学生就业,适应社会职业生活。元平特校组织就业支持小组为所有毕业就业学生提供就业跟踪指导服务,同时,为就业企业提供关于心智障碍青少年性格和工作特点的宣讲会,帮助企业更好地管理心智障碍职员,形成毕业生持续就业的长效机制。

（三）以社区康复为导向的综合康复教育规划

鉴于中重度心智障碍学生自理、社交等能力的主客观状况,其未来发展以社区康复为导向。元平特校注重与家庭、社区合作,形成家校社协同发展模式,开展家校、家社、校社和家庭多主体间、多种形式的教育康复活动。元平特校从家庭活动出发,以生活技能为着眼点,先建立学生和家庭成员的良好关系,在此基础上进一步促进学生与小区、其他家庭等形式多样的社会群体之间发生互动,从而形成"学校—家庭—小区—社会—个体"的全面、系统的支持体系,为学生毕业后的社区康复提供帮助,使其提高自我健康管理能力,在家庭中做一名更好的成员,同时高质量适应社区生活,提升个人与家庭的福祉。

以终为始，通过建立在评估基础上的三条路径的选择，元平特校从全生命发展的整体观统领发展，为心智障碍学生提供适宜的生涯规划与教育，帮助每位学生在其能力范围内实现最优发展，为未来成人生活做好准备，奠定其生活质量基础，努力使其获得高品质生活，满足其生活自理、身心健康、学习认知、休闲娱乐、情绪情感、审美体验、自我实现等的全面需求，助其实现全人发展与终身发展。

第三章 心智障碍学生高中教育培养路径

人才培养是一个多阶段、多主体、长期性的系统工程。要将残疾学生培养为专业型人才,有赖于培养目标的统一指引、各个环节的紧密相扣和多方主体的全程支持,最终形成人才培养的良性循环机制。在加快发展残疾人职业教育的进程中,我国以就业为导向,以中等职业教育为重点,基本形成"义务教育段—中职教育段—社会就业段"三段一体的职业教育残疾人才培养路径。但总体来看,残疾人职业教育的现有规模、层次与质量有待提升,继续深造的上升路径狭窄,难以满足广大心智障碍群体接受普通职业教育乃至高等教育的需求。随着人本主义思潮的逐渐兴起,生涯发展导向成为未来职业教育人才培养改革的重要价值取向。[①] 职业教育的目的决定了其必须要与社会经济发展和市场需求相契合,同时也有责任促进心智障碍人士个人生涯的可持续发展,使其实现生命价值。元平特校基于残疾人职业教育高质量发展的现存困境,结合已有研究与实践经验,发展了心智障碍学生职业高中教育的三条路径:指向高层次深造的中高职培养路径、面向广泛就业需求的中职培养路径以及针对中重度障碍学生的综合康复培养路径。

第一节 中高职培养路径

随着高等教育的普及和社会对人才要求的提高,中等职业教育日渐无法满足心智障碍学生进一步发展的需求,而残疾人高等职业教育却仍处于"精英化"阶段,中高等职业教育的衔接存在教育体制缺乏统筹性、培养目标缺乏层次性、专业设置缺乏延续性、课程内容缺乏连贯性等问题。[②] 这不仅会影响残疾人职业教育体系的发展,不利于心智障碍学生积极接受教育、开发潜能和竞争就业,还会影响用人单位的人才质量和生产效率,降低国家教育投入应取得的社会效益。为推进我国残疾人中

---

① 郝天聪.指向一体化的高质量职业教育人才培养路径探析[J].中国职业技术教育,2022(7):18-22.
② 范莉莉,刁春好.残疾人中高等职业教育衔接的发展现状与路径选择[J].职教论坛,2015(34):22-26.

等和高等职业教育进一步衔接,促使职业教育从"终结性教育"转向"发展式教育",《关于深化现代职业教育体系建设改革的意见》特别指出要"支持优质中等职业学校与高等职业学校联合开展五年一贯制办学"①,进一步增强高等职业院校对残疾人的吸纳能力。2022年,元平特校与深圳职业技术大学实现联合办学,探索中高职培养路径,共同实施五年一贯制人才培养,拓宽了心智障碍学生的上升通道,让更多心智障碍学生能够获得继续深造的机会。

一、培养目标

人才的贯通式培养需要构建兼具整体性与阶段性的培养目标体系。换言之,在人才培养的过程中,应一以贯之地坚持以人的全面发展为目标指向,同时明晰各阶段、各专业的定位、特点和要求。元平特校中高职培养路径基于生涯发展理论与人职匹配理论,结合学生特点与市场需求,设置高星级饭店运营与管理专业和工艺美术专业,培养能够胜任就业岗位的"优秀的人才"。"优秀的人才",即高素质技能型人才,他们通常具有较高的职业素养,包括良好的职业道德和精神、服务意识和礼仪素养、沟通和合作能力、身心素质和形象气质等;能较为全面且深入地掌握本专业知识,包括基本知识与理论,相关方针政策与法规,专业发展动态、趋势与前景等;能掌握较为扎实的专业技能,包括完成专业基本操作与流程的能力、处理常规及一般非常规问题的能力、学习与创新的能力等。"优秀的人才"应兼具软技能(如职业态度、自我决定、灵活变通等)和硬技能(即专业知识与技能)。参照我国中等职业学校专业教学标准,职业教育培养人才规格由职业素养、专业知识和专业技能三方面的要求组成。

(一)职业素养

职业素养是职业所需的必要行为规范和内在要求,具有职业性、稳定性和内在性特征。② 职业素养涵盖以下四个维度。

(1)思想道德素质:热爱祖国,拥护中国共产党的领导,具有科学的世界观、人生观和价值观;具有责任心和社会责任感;具有法治意识,自觉遵纪守法;热爱本专业,注重职业道德修养;具有诚信意识和团队精神。

(2)文化素质:具有一定的人文艺术修养和现代意识,具有一定的国际视野和

---

① 中共中央办公厅 国务院办公厅印发《关于深化现代职业教育体系建设改革的意见》[J]. 中华人民共和国教育部公报,2023(Z1):2-5.
② 刘春光,谢剑虹. 职业本科院校学生职业素养评价指标体系的探索与构建[J]. 当代教育论坛,2023(2):68-76.

跨文化交流、竞争与合作能力。

（3）身心素质：具有较好的身体素质和心理素质，能够适应工作环境与任务强度，能够抵抗挫折、合理控制和疏导情绪。

（4）专业素质：掌握科学思维方法和研究方法；具备求实创新意识和严谨的科学素养；了解与本专业相关的法律法规和方针政策，具有一定的质量意识、效益意识、环保意识和安全意识；具有较强的职业操守和服务意识；具有较强的跨文化交流与沟通意识。

职业素养目标具有跨阶段、跨专业性，可概括为以下几点：

(1) 具有良好的职业道德，能自觉遵守行业法规、规范和企业规章制度；
(2) 具备主动、热情、周到、甘于奉献的服务意识；
(3) 具有诚实守信、忠于职守、爱岗敬业的职业精神；
(4) 具有健康的体魄、良好的心理承受能力和抗挫折能力；
(5) 乐于与人交往，具有人际交流沟通能力和团队协作精神；
(6) 具有良好的礼仪素养、优雅的形象气质；
(7) 具有节约资源、倡导绿色消费的意识；
(8) 具备适应行业变化、在职业道路上自我提升的潜质。

（二）专业知识与专业技能

1. 专业知识

职业教育涉及的专业知识包括工具性知识、通识性知识、专业基础知识、专业核心知识及专业拓展知识。工具性知识和通识性知识处于知识结构中的底层，包括英语、计算机基础、法律等，适用范围广，应用情境多，具有迁移性，是成为现代职业者的基本要求；专业基础知识、专业核心知识及专业拓展知识与职业岗位的结合度更加紧密，例如高星级饭店运营与管理专业所需的专业基础知识包括国际接待礼仪、国际美食知识、中外酒水介绍，专业核心知识包括客房与公共区域服务、餐饮服务、烹饪技术，专业拓展知识包括咖啡知识、茶艺知识等。这些具有明确职业指向，兼具专业性和职业性双重特征的知识处于知识结构的上层，是特定职业领域就业需要的必备知识。

上述知识结构在元平特校中高职培养目标上可概括为以下几点：

(1) 掌握专业基本知识与基础理论；
(2) 熟悉专业方向的相关方针、政策与法规；
(3) 了解专业发展动态、趋势与前景。

2. 专业技能

职业教育涉及的能力分为基本能力和专业能力。基本能力指适应生活需要和社会发展的终身学习能力、表达和沟通能力、团队合作能力、创新意识和思维以及信息技术应用能力。专业能力又分为操作能力与管理能力。操作能力即能够完成服务标准、服务流程、服务美学等所要求工作任务的能力。管理能力即能够进行大型重要事务的规划设计、组织指挥与统筹协调工作的能力。基本能力是专业能力发展的基点,也是贯穿不同岗位的核心能力。

上述能力结构在中高职培养目标上可概括为:

(1) 完成专业基本操作与流程的能力;

(2) 处理常规问题及一般非常规问题、应对突发状况的能力;

(3) 对新知识、新技能的学习与创新能力。

尽管不同专业对专业知识与技能的要求基本遵循上述几个维度,但专业知识与技能具体内容和标准仍然存在区别,制定时尤其要考虑专业特点与岗位要求。中高职工艺美术专业培养目标见表3-1。

表3-1 中高职工艺美术专业培养目标

学段	类别	培养目标
中职	知识结构及要求	(1) 掌握美术、工艺美术的基础理论和工艺史知识; (2) 掌握基本的构图原理; (3) 了解陶瓷手工技术制作原理; (4) 掌握计算机美术设计的基础知识; (5) 熟悉工艺美术方向的相关方针、政策和法规; (6) 了解相关工艺美术产品的应用前景、需求和发展动态
中职	能力结构及要求	(1) 具备工艺美术品设计和制作的基本能力; (2) 具备适当的艺术审美和美术鉴赏能力; (3) 掌握基本的工艺美术设计方法和技术; (4) 具有绘制设计图和效果图的基础能力; (5) 具有制作实样或模型的基础能力; (6) 具备对新知识、新技能的学习和创新能力; (7) 具有熟练使用计算机设计软件的能力
高职	知识结构要求	(1) 掌握实用英语、文献检索、计算机基础、应用文写作等基础应用型知识; (2) 了解文学、哲学、法律、思想道德、职业道德、心理健康、艺术、科学等方面的基本知识; (3) 掌握装饰图案、创意设计与表达、工艺制图的专业基础知识; (4) 掌握工艺品专题设计、陶瓷工艺设计基础、陶瓷艺术设计与创作、工作室专项设计实践、工艺品专题设计的专业核心知识; (5) 熟悉二、三维设计软件应用,装饰绘画等专业拓展知识

续表

学段	类别	培养目标
高职	能力结构要求	（1）具备手绘、工艺制图、装饰图案设计能力； （2）具备使用 Photoshop 等相关设计软件的能力； （3）具备绘画、图形处理、设计色彩、工艺美术理论及工艺实践应用能力； （4）具备一定的审美及熟练运用工艺技能进行二维、三维造型设计的能力； （5）掌握基本信息收集与资料分析整合方法； （6）具有良好的表达能力、沟通能力及团队合作能力； （7）具备一定的市场和设计趋势洞察能力与商业敏感性； （8）具备一定的创新设计以及自主创业的意识和勇于实践的能力； （9）具备适应社会发展及终身学习的意识和能力

总体而言，中职段与高职段培养目标既有共性，也表现出差异。中职段着重培养学生的基础能力和综合素质，为后续深造奠定基础；高职段培养目标则更注重学生专业方面的成长，要求学生知识面更宽、掌握程度更深、更富有创新精神和创业能力。此外，不同工作、岗位对人员软技能的要求基本共通，对硬技能的要求则具有较大的异质性，不同学段对学生能力的要求也兼具同一性和层次性。因此，在培养目标上应注重中高职人才培养层次内涵上的一致性和差异性，参照各专业的工作内容、流程、标准等进行拟定，并根据心智障碍学生的身心特点和能力水平、企事业单位岗位的要求对人才培养的目标和层次进行调整，从而形成紧密衔接的人才培养路径。

二、培养方案

在实行一体化培养的过程中，中高职院校应制定深入沟通机制，统筹人才培养方案的制订与落实。在专业设置和课程开发上应具有专业延续性和连贯性，就课程结构、内容、评价等方面进行串联与整合，以达到知识与技能的良好衔接。元平特校"三二分段"高星级饭店运营与管理专业对口深圳职业技术大学酒店管理与数字化运营专业，"三二分段"工艺美术专业对口深圳职业技术大学工艺美术品设计专业。

（一）课程结构

课程是中高等职业教育统筹发展的出发点与落脚点。中高职的课程应该做好学段衔接，统筹课程体系建设，促进心智障碍学生职业素养与专业技能的协调发展。根据元平特校中高职人才培养目标，中职阶段设置公共基础课和专业技能课两大类（图3-1）。公共基础课占比约30%，涵盖思想建设、生涯规划、心理健康、社会适应、基础学科及康复艺体6个方面,专业技能课占比近70%,包括专业基础与专业技能拓展2类课程。另外,实习实训也是专业技能课程的重要组成部分,含校内外综合实训和顶岗实习等多种形式,利用真实工作情境、个别化训练内容、针对性转衔支持,促使学生在做中学、在学中做,将理论知识与实践经验整合、内化为一体。心智障碍学生对直观化、体验性的知识更容易接受和吸收。实习实训过程中,他们在真实的情境中接触实际问题,并应用所学知识解决问题,此过程能够锻炼心智障碍学生的实践能力,促进其对知识的理解、记忆和迁移,提升其专业化水平。在中职课程体系的基础上,高职阶段增设专业核心课,与专业基础课同为必修课,专业技能拓展课为选修课。课程体系更加细化,内容覆盖更加广泛,学生选择更加灵活,能力培养更加综合,能够为心智障碍学生生涯发展积累更多竞争优势(图3-2)。

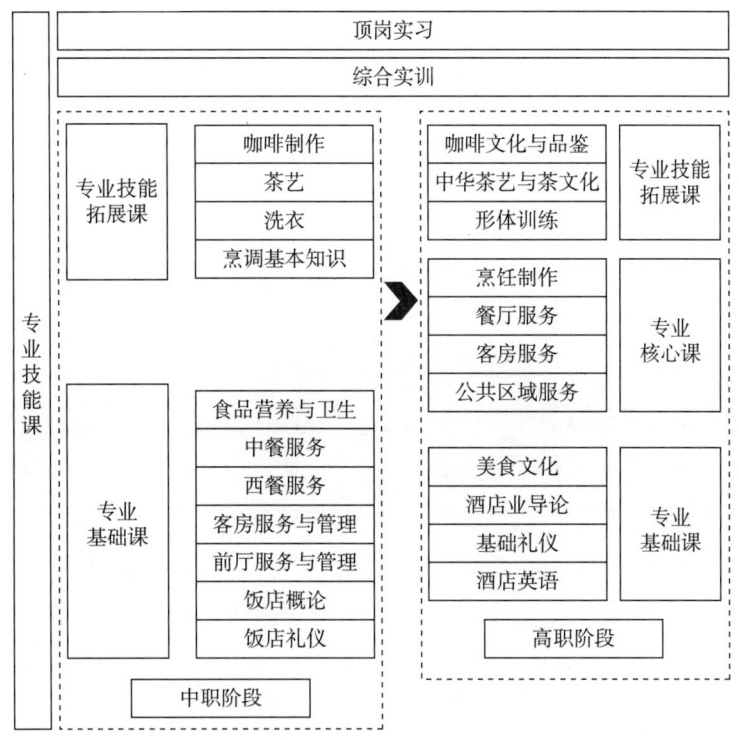

图3-1 中高职高星级饭店运营与管理专业课程结构图

根据布鲁纳的课程结构理论,职业教育不同学段各门学科的内容和要求应当按知识难易程度划分为不同的层次,根据学生各阶段的能力需求选择、组织、呈现知识内容,使课程在递进的过程中又会有螺旋交叉的内容出现。[①] 中高职一体化人才培

---

① 吴波虹,庄小将.基于布鲁纳结构课程理论下中高职专业课程衔接策略研究[J].职教论坛,2017(5):83-86.

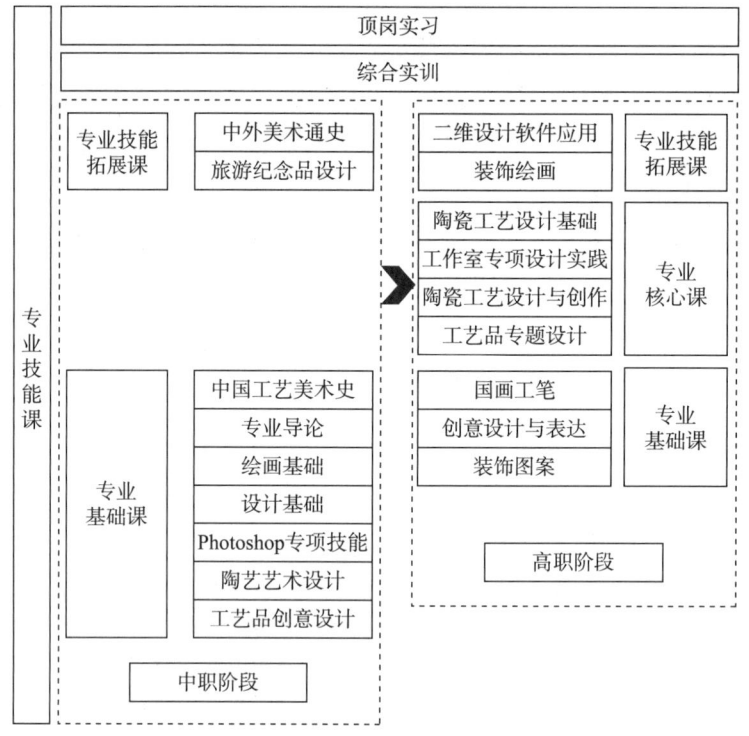

图 3-2 中高职工艺美术专业课程结构图

养的特点在课程上表现为学段间课程的相互渗透与衔接,使课程既具有连续性,又体现发展性。以高星级饭店运营与管理专业下"饭店概论"专业课为例,在中职段以饭店的概念、作用、组织架构、部门服务及企业文化为主要内容,使学生对饭店管理的基本原理和架构形成初步的系统性认识。在高职段,课程衔接为"酒店业导论",课程内容在中职段基础上进行深化拓展,将管理工作细化到饭店服务质量、饭店人力资源、饭店业务管理、饭店营销等方面,以培养学生综合运用管理学知识分析、解决问题的能力,做到既懂管理,又能管理。"酒店业导论"这一门专业基础课又为该学段"餐厅服务""客房服务""公共区域服务"等专业核心课打下坚实基础,使课程教学内容始终处于心智障碍学生的最近发展区内,夯实学生专业知识与能力基础,逐步提升学生的服务管理意识,服务于学生的生涯发展。

(二)考核评价

考核评价是课程体系中的关键一环,具有导向、诊断和调控等作用,有助于客观评估课程教学质量,科学考量教师的教学成果,并促进课程的调整与改进以及心智障碍学生的全方面、个性化发展。评价方式应多元化,改进结果评价,强化过程评价。

1. 课程评价

课程学习是心智障碍学生获取知识与技能、养成职业素养的主要途径,这个自我实现的过程离不开课程评价的观察、鉴定和改进。课程评价需要兼顾总结性评价和形成性评价。总结性评价指在课程实施一段时间后,对课程的设计、实施、效果等做出总体判断的过程。泰勒认为,课程评价就是评价实际的课程方案在何种程度上达成了教育目标。在这种理论观点的指导下,泰勒提出了课程目标评价模式。[①] 该模式包括以下步骤和方法:① 建立广泛的目的和目标;② 对目标进行分类;③ 用行为术语界定目标;④ 寻找评价的情境和条件;⑤ 发展或选择评价的方法;⑥ 收集学生表现的资料;⑦ 将学生的表现与目标做比较,确定达成程度。该模式要求教师制定明确、合理的目标,包括学生对知识的掌握情况、操作能力、情意态度、创新能力等方面,并采用多样化的方式进行评价,包括观察、量表、谈话、作品收集等。泰勒模式主要评价课程实施的结果,主要发挥总结性评价的功能,但忽略了对整个教学过程的观测,教师在实施评价时也常陷入重结果而轻过程的评价误区。事实上,形成性评价,即在教学的过程中对学生的表现、获得的成果做出评价和反馈,对于学生的发展发挥着至关重要的作用。心智障碍学生个体间差异大,在课程学习中,不同学生对知识的接受能力及在学习过程中遇到的困难都不尽相同。教师通过了解学生在学习上的进展和困难,可以有针对性地给学生提供指导和支持,调整教学计划、改进教学方法,从而提高心智障碍学生学习的成效。

2. 实习实训评价

实习实训是职业教育实践教学的重要环节之一。现实的工作流程、内容、节奏与课堂的教学和练习可能有所不同,实习实训使得心智障碍学生可以提前适应高强度、复杂化的工作内容并协助其应对挑战,从而推动其完成从学习者到工作者的角色转换。不同于校内模拟练习,实习实训的时间通常不超过 3 个月,需要在较短时间内考察心智障碍学生职业适应和专业发展的情况。因此,实习实训评价更加注重全过程的评价。实训过程中,教师密切关注学生的学习状态与进度并适时进行教学调整,提供相应帮助,以评促教,以教促学,形成教学评一体化的良好循环。在不同的教学阶段,教师可通过职业体验记录表、照片视频、用人单位反馈等途径获知学生的学习效果,检查预设目标的达成情况,以指导后续教学训练的调整,从而促进心智障碍学生最大限度地发展。

---

① 钟启泉.课程论[M].北京:教育科学出版社,2007:309.

三、培养过程

针对初中毕业的心智障碍学生,中职院校通常遵循"高中入学评估—班级分流安置—教育教学—毕业转衔安置"的培养过程。元平特校结合学校办学理念和心智障碍学生身心发展的特点,形成了以下中高职培养路径的人才培养全过程。

(一)高中入学评估

在学生入学前,元平特校成立高中入学评估工作小组,小组成员由特殊教育专家、医学专家、心理教师、特殊教育专业教师等共同组成,对义务教育阶段随班就读和特殊教育学校初中毕业的心智障碍学生进行科学、精准的评估,形成以诊断、安置为目的的高中入学评估。报考学校中高职招生专业的心智障碍学生在入学前要进行相应入学评估,评估内容以普通学校义务教育阶段课程标准为依据,在学生参加初中学业水平测试的基础上,降低文化课的要求,以笔试与面试相结合的方式进行自主招生。通过笔试和面试的学生才能进入中高职进行学习。

(二)班级分流安置

结合评估结果、心智障碍学生及其家长的发展规划与意愿,元平特校将学生发展路径分为中高职、职业高中和综合康复高中三类,并以此进行教育教学和班级管理。不同发展路径对学生教育管理及毕业后的安置有所不同。

(三)教育教学

根据中高职心智障碍学生的特点,元平特校以培养学生适应职业岗位的能力为导向构建"三二分段"模式,该模式在中职学段分为以下三阶段:第一阶段是中职第一年的校内学习,以公共基础课和专业基础课学习为主,重点培养基本职业素养和基础技能;第二阶段是中职第二年的校内学习,通过专业核心课及专业技能拓展课的学习,有效提升学生的职业素养和专业技能;第三阶段是中职第三年的校外学习,通过综合实训和顶岗实习,培养学生岗位适应能力。在此过程中,学校将为每位从中职到高职转衔的心智障碍学生提供个别化支持,开展相应的个别化训练。学校加强院校沟通,结合企业需求,做好中高职衔接,保障中高职教育贯通培养的和谐可持续发展,提升心智障碍学生职业教育的人才培养质量。

(四)毕业转衔安置

选择中高职培养路径的心智障碍学生在完成三年中等职业教育后,参加由高职院校组织命题的中高职转段考核,被录取学生参加高职阶段学习,并颁发中职毕业证书,未被录取的学生经由元平特校考核合格后颁发中职毕业证书。转段考核实行教考分离,由深圳职业技术大学(高职院校)牵头组织命题,采取笔试、认定、实操、面试等多种形式开展,范围包括文化基础课程和专业课程。每门课程考核及格(不低于满分值的60%)才具有进入高职院校学习的资格。学生进入高等职业院校后,将补充学习相关的理论知识,深化技能的应用,向高技能人才发展。

四、培养质量

(一)技能达标

接受中高职一贯制培养的学生,在完成三年中等职业教育后,基本能达到中职院校毕业标准并通过转段考核进入高等职业院校,向既有职业技能又有理论知识的复合型高级技能人才发展。经过五年的个性化、专业性培养,心智障碍学生的社会适应、职业适应能力相对更强,发展重心能够从"学会生存"逐步转向"学会生活",有助于提高生活质量,实现个人价值。

(二)实现就业

中高职培养路径以"优秀的人才"为培养目标,帮助毕业生能够凭借良好的综合能力、扎实的专业知识与技能、丰富的实践经验在就业市场中取得较大的竞争优势。心智障碍学生发展重心从"获得就业机会"逐步转向"维持就业机会""发展就业机会",争取职业生涯的进一步发展。

第二节 职业高中培养路径

职业高中是心智障碍学生接受高中教育的主要途径之一,对于提高学生职业素养,提升职业技能有着重要意义。通过职业高中教育,心智障碍学生能够获得平等就业的能力和机会,进而融入社会,实现自我价值。元平特校立足于心智障碍学生的身心特点和市场需求,结合当地特色与现有资源,不断优化职业高中的专业设置,拓展专业发展资源。通过剖析目标工作岗位的职业能力,元平特校将专业课程教学内容与实际岗位的工作内容相匹配,统筹职业教育教学资源,帮助心智障碍学生习得一技之长,支持其进入就业市场,获得稳定就业,从而改善其生存与发展境况,促进心智障碍学生融入社会生活并共享社会发展文明成果。

一、培养目标

职业高中教育主要面向轻、中度心智障碍学生，以全面素质为基础，以能力为本位，培养与社会发展需求相适应，德智体美全面发展，掌握基本科学文化知识、必要专业知识和熟练职业技能，具有良好的职业道德和职业适应能力，能够在生产、服务、技术和管理第一线工作的初级技能型人才。

职业高中以"可靠的员工"为培养目标，相较于中高职培养路径的纵向专精式发展，职业高中培养路径指向个人能力的横向通用式发展。职业高中教育围绕"四大关键能力"，即居家生活能力、社会适应能力、职业适应能力和自我决定能力设置课程教学内容，注重职业道德培养、职业体能锻炼、职业技能形成、职业智慧发掘、职业形象塑造和职业心态养成。经过三年的课程学习与职业体验，相比起专业技能上的精进或突破，学生在基础性、普适性能力上得到全方位提升更加重要，学生能够明确个人的特点、需求和工作偏好，在就业时能够较快适应不同岗位的基础工作，从而拓宽职业的选择面、提高就业的成功率。

（一）职业素养

职业素养是专业知识和技能得以发展的基础，它更加抽象，更加稳定，是心智障碍学生实现就业的底层能力。职业高中职业素养的培养从思想道德素质、身心素质及专业素质三个维度出发，促进学生的全人发展。

职业高中对职业素养的定位分为两层。首先是培养"好帮手"，在这一层面上学生主要承担辅助者的角色，即能够听从指令完成力所能及的任务，在此过程中锻炼其注意、记忆、精细动作、粗大动作等基础能力，建立日常规范，逐渐形成工作意识，并能实现家校社跨区域的能力迁移。其次是培养"好员工"，在这一层面上学生由辅助者转为执事者，化被动为主动，能够遵照流程和要求独立完成一连串动作，在此过程中提升动作的连贯性，建立任务完成的逻辑性，强化耐力与抗挫力，并能实现跨专业的能力迁移。元平特校职业高中对职业素养的两层目标可整合为以下几点：

（1）具有良好的职业道德，能自觉遵守行业法规、规范和企业规章制度；

（2）具备较强的卫生意识和服务意识；

（3）具有诚实守信、吃苦耐劳、爱岗敬业的职业精神；

（4）具有健康的体魄、良好的心理承受能力和抗挫折能力；

（5）具有人际交流沟通能力和团队协作精神；

（6）具有良好的礼仪素养。

（二）专业知识与技能

职业高中在专业知识与技能方面的目标设定与中高职相似,知识结构包括通识性知识、专业基础知识、专业核心知识及专业拓展知识,能力结构包含基本能力和专业能力。但由于培养目标、培养层次的差异,职业高中对心智障碍学生专业知识与技能方面的要求相对基础,更多是注重通过不同的职业课程促进"四大关键能力"的发展。因此,在设置目标时,职业高中除了要关照不同专业的特点、不同岗位的特性,还要一以贯之地坚持核心知识的传授和关键能力的塑造。以市场营销专业培养目标为例,详见表3-2。

表3-2 市场营销专业培养目标

类别	培养目标
知识结构	(1) 了解商品知识的基本概念和基本理论; (2) 了解商品经营理念与经营决策; (3) 掌握简单商品分类与编码、商品质量、商品标准、商品检验、商品包装、商品养护等业务知识; (4) 掌握基本超市收银服务、商品导购、货架整理、超市清洁、商品养护等门店服务的技巧
能力结构	(1) 具有从事超市收银服务的能力; (2) 具有从事商品导购业务的能力; (3) 具有从事货架整理工作的能力; (4) 具有从事超市清洁工作的能力; (5) 能初步进行商品经营成果的分析与评价

二、培养方案

（一）课程结构

元平特校根据市场经济的发展和学生发展需求,面向职业高中心智障碍学生开设电子商务、行政事务助理、市场营销、汽车装潢与美容、工艺美术、高星级饭店运营与管理、中西面点、中餐烹饪、园林绿化、邮政快递运营等14个专业(方向)。各专业课程体系以核心素养培养为本位,以就业为导向,通过市场调研分析专业岗位工作任务和职业能力需求,确定课程的目标和内容。每个专业的课程采取宽基础、活模块的集群式模块课程结构,将高中课程组合成专业课程模块、基础课程模块和社团课程模块,突出以能力为主线,宝塔式分类推进的课程理念与目标(图3-3)。

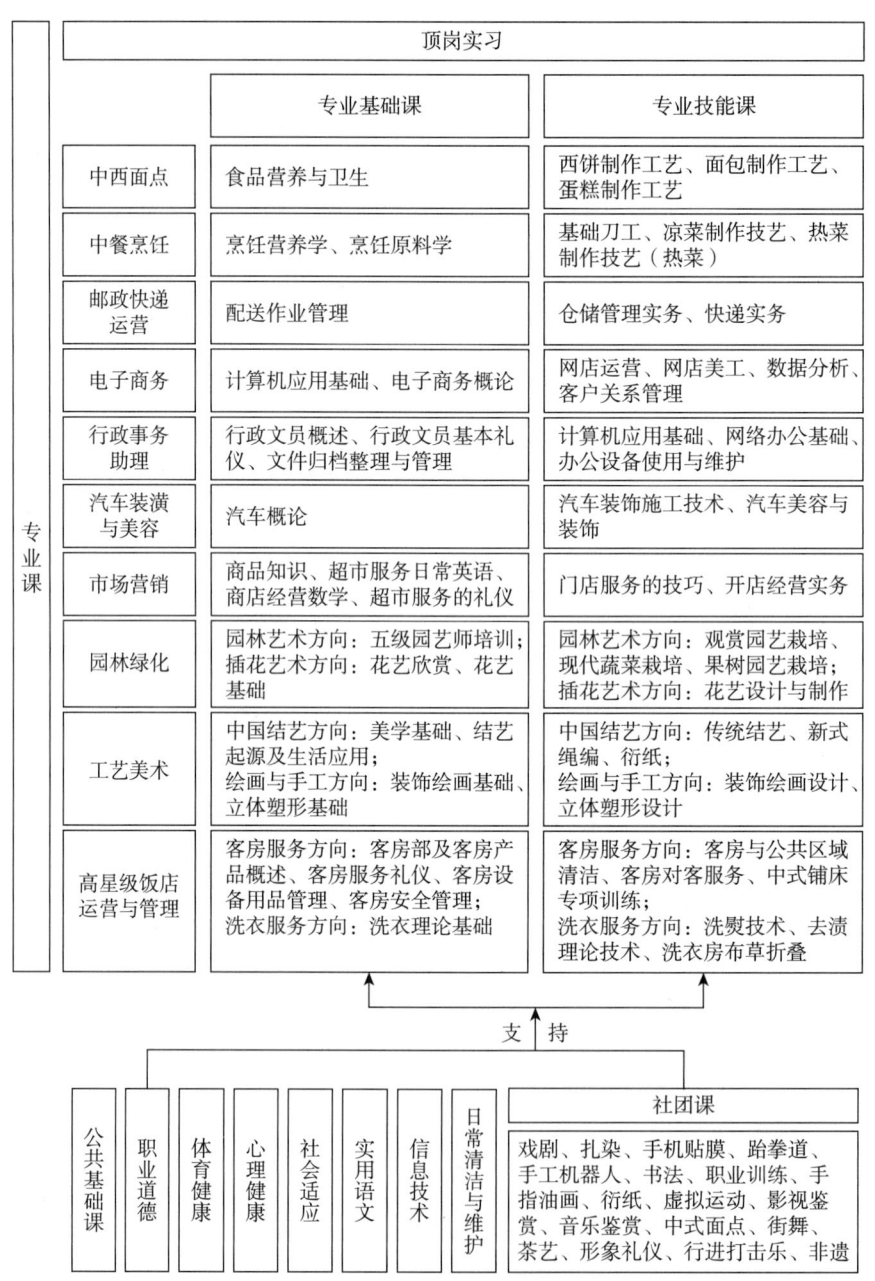

图 3-3 职业高中课程结构图

公共基础课涵盖思想道德、社会适应、基础学科、心理健康等方面,为学生终身发展打好基础。社团课包括衍纸、手工机器人、手机贴膜、茶艺、形象礼仪、戏剧、跆拳道、扎染、行进打击乐、手指油画、书法等,让学生在社团活动中探索职业意趣,发掘个人特长,丰富能力结构。专业课包括专业理论课、专业实操课和校外实训三大类课程,每一专业(方向)一般包含3~4门课程,在职业高中课程中占比最大。学生在课程学习过程中将理论学习和实践体验相互补充,实现学以致用、用以促学、学用相长。三类课程相互补充,互为支撑,促进学生从"辅助者"转变为"执事者",使其能够成为独当一面的"可靠的员工"。

(二)考核评价

1. 形成性评价

在课程教学和实习实训过程中,教师应合理运用、充分发挥评估评价的导向和激励作用。在方式方法上,可以采用教师评价、个人自评、学生互评等方式引导心智障碍学生对任务的完成情况进行评价。在此过程中,学生不仅能加深对知识的理解和记忆,认识到自己的进步与不足,还能学会发掘他人的优点,并以此树立榜样和目标,或在后续为他人提供帮助,这些都需要教师采用适切的手段和技巧进行引导。在评价时机上,教师可以在课前对上节课的课后作业进行批阅讲评,了解学生的学习进度和掌握情况,以此调整本节课的教学目标和任务安排;可以在课中学生取得进步或遇到困难时给予肯定、点拨与鼓励,为学生的进一步发展提供支架和激励;可以在课堂任务完成或课程尾声时进行总结评述,再次强调教学的重点、难点,对学生的课堂表现进行强化反馈。

2. 总结性评价

每学期末,各专业、学科都将进行评价考核,并根据考核结果给予学生学科评级与评语。考核由过程考评和期末考评组成。考核方式包括教师观察、实操测验、纸笔测验、作品评价等。部分专业需要考取专业相关证书,例如:中餐烹饪专业学生需要考取中式烹调师证书;中西面点专业学生需要考取初级面点师证书;行政事务助理专业学生需要考取全国计算机等级考试一级合格证书;等等。

三、培养过程

(一)高中入学评估

心智障碍学生报考学校职业高中后,首先需要进行高中入学评估。该评估以培智学校义务教育阶段课程标准为依据设置笔试、面试、实践操作三部分,评估内容主要包括运动能力、感知能力、语言能力、认知能力、生活自理能力、适应能力等方面。通过多维度的评估,学校给予学生精确的评价,为后续的教育教学打下良好基础。

（二）班级分流安置

针对通过职业高中入学评估的学生，学校根据每个学生的评估情况和自身实际状况对学生进行编班，为心智障碍学生顺利进入职业高中学习打下良好基础。不同班级学生的障碍类型和障碍程度不同，配备的老师也有所不同。

（三）教育教学

基于学生的身心发展特点和课程设置特点，职业高中实行"三年三选"走班制专业课学习制度。进入职业高中的学生可以根据自己的能力水平、兴趣爱好、优势特长等情况，每年进行一次专业和社团选择。学生可以进行专业调整，学习不同专业的专业知识与技能，也可确定某一专业进行深入学习，社团课程也是如此。在专业、社团课程选择的过程中，教师、家长进行深入沟通，结合心智障碍学生的自身优势，帮助学生选择适合的专业与社团课程。每一学年确定专业、社团选择后，学生在传统编班中学习公共基础课。专业课程及社团课程授课时，学生则需要走班进入所选专业或社团的功能教室上课。为增强心智障碍学生实际动手能力，提高动作精细度，进而提升实训效果和学生职业技能，各专业都做好实训专题和项目规划，推动专业理论和实践课程一体化。除在校专业课程的学习外，学生还有校外实训课程，如职业体验、跟岗学习等。校外实训课程，让心智障碍学生进入企业进行岗位体验、实习，帮助他们进一步提升职业技能，不断提高自身的社交能力与职业适应能力。

（四）毕业转衔安置

心智障碍学生从职业高中毕业后，面临从"受教育者"到"工作者"的角色转换。新的阶段通常对个体具有新的、更高的要求，因此，在转衔的过程中，心智障碍学生容易面临来源于自身及外部的各种挑战，学校及教师需要及时给学生提供适当的支持，从而帮助学生成功实现不同阶段的过渡。有鉴于此，元平特校建立心智障碍学生就业支持小组，不断深化校企合作，对接就业平台，签约企业，积极开拓适合心智障碍学生身心特点的就业岗位，推动心智障碍学生进入人力资源市场，为心智障碍学生走向工作岗位和融入社会搭桥筑路。针对有就业能力的心智障碍学生，制订心智障碍学生个别化就业支持计划，帮助更多的心智障碍学生实现支持性就业，从学校适应顺利过渡到社会适应。企业实习、就业机会将由学生公平竞争，优先考虑高三毕业生，特别优秀的高一、高二学生也有机会参与。就业支持团队给予学生面试指导、岗前培训及现场支持等，帮助其解决实习和就业过程中甚至就业一年及更长时间里面临的职业适应问题，使其能够保持稳定长期就业；针对不能实现独立就业的学生,就业支持团队在实习过程中尽可能帮助他们提升生活自理和社会适应能力,为将来走上工作岗位打下坚实基础。经过一系列转衔支持服务,心智障碍学生能够得到妥善的安置,并有机会选择契合自身目标和方向的发展道路,迈入人生的新阶段。

四、培养质量

(一) 技能达标

心智障碍学生在接受三年职业高中教育后,能够掌握至少一个专业的专业知识与技能,最大限度缩小与正常人在自我认知、社会认知和职业认知等方面的差距,具备基本人际交往和职业适应能力;能真正掌握一门谋生的技能,努力走上职业岗位,为未来平等、充分地参与社会,适应社会生活,实现人生价值,打下良好基础。

(二) 实现就业

与正常人相比,心智障碍学生受限于自身心理条件和生理条件,在就业市场中长期处于劣势。通过职业高中教育,心智障碍学生能够掌握谋生本领,走上职业岗位,为未来平等、充分地参与社会,适应社会生活,实现人生价值,打下良好基础。历年来,元平特校有超过316名心智障碍学生通过职业教育实现就业。2020年,职业高中培养的十余名学生已经通过竞争性就业走上岗位,其中有毕业学生已保持稳定就业12年,还曾获评"优秀员工"等称号,获得家长及就业单位的一致认可。

第三节 综合康复高中培养路径

综合康复高中主要面向中重度心智障碍学生,通过全面评估,该类学生职业发展可能性较小,职业发展方向严重受限,未来的发展方向以家庭、社区康复为主。综合康复高中积极探索"职业+生活"的职业教育,注重学校与家庭、社区的合作,形成家校协同发展模式,开展多种形式的家校、家社、校社之间的教育康复活动。从家庭活动出发,以生活技能为着眼点,先建立学生和自己家庭成员的良好相处关系,在此基础上进一步促进学生与小区、其他家庭等形式多样的社会群体之间发生互动,从而形成"学校—家庭—小区—社会—个体"全面系统的支持体系,为学生毕业后社区康复提供帮助,从而高质量适应社区生活。

一、培养目标

综合康复高中的发展理念从"生存""自理""生活"三方面出发，紧密围绕"教育—康复—训练"这一主线，旨在促进中重度心智障碍学生基础能力，尤其是生活适应能力的发展。其培养目标分为两层，即"好照料"与"好参与"。首先是注重机能康复，实现"好照料"。部分心智障碍学生在生理发育上存在许多健康问题，如肌肉萎缩、心肺功能不足、癫痫等，除了通过医学治疗，在教育过程中也要有意识地促进其身体机能的康复，从而减轻照料负担，提升个人及其家庭的生活品质。其次是强化技能锻炼，实现"好参与"。中重度心智障碍学生在情绪、运动、社交等方面存在功能障碍，导致其在参与社会活动中存在困难，难以融入社交圈。综合康复高中除了要帮助学生熟练、内化社会生活技能，为他们更好地参与家庭、社区活动，建立社会关系，成为生活场域内他人"熟悉的同伴"做好准备，还要帮助他们掌握其能力范围内的职业技能。

（一）综合素养

综合康复高中的素养目标以生活为中心，围绕家庭和社区生活的基本素质条件而制定。首先，学生应具有良好的思想道德素质，即拥有科学的世界观、人生观和价值观；具有责任心和社会责任感；具有法治意识，自觉遵纪守法；具有诚信意识和团队精神。其次，学生应具有合格的身心素质，具有较好的身体素质和心理素质，能够抵抗挫折，合理控制和疏导情绪。再次，学生还要具备人赖以生存、社会生活所必需的素质，例如，有安全意识，能够听从基本的指令和要求，能够在遇到困难时运用合适的方式向他人寻求帮助，具备解决问题的方法和意志，养成生活自理意识，具备自我照料的行为能力，能够与他人进行日常沟通，并建立良好的社交关系等。

（二）专业知识与技能

综合康复高中以提高学生庇护生活质量为核心目标，以促进学生就业为终极目标，因此知识与技能目标更注重生活必需的基础知识和能力，包括日常起居、交通出行、口语交际等方面。在专业学习方面，则需要学生能够初步了解专业内涵，熟悉专业基本操作，能够完成简单工作任务，重点在完成工作任务的过程中提升学习模仿能力，锻炼粗大和精细动作，养成工作思维和劳动意识，能够将所学的基础知识进行应用和迁移，并内化为能力结构中稳定的一部分。以家政服务专业培养目标为例，详见表3-3。

表 3-3 家政服务专业培养目标

类别	培养目标
知识结构及要求	（1）了解家政的产生和发展； （2）掌握基本家庭伦理和礼仪； （3）认识家庭常见食材、电器、居家清洁器具和用品的种类及特点； （4）了解家庭整理收纳的理念和发展史； （5）熟悉家政服务方向的相关方针、政策和法规； （6）了解整理收纳师的业务范围和发展路径
能力结构及要求	（1）掌握食材的初加工和使用； （2）掌握食材的保鲜和储存； （3）具有制作家庭简单菜肴的能力； （4）掌握厨房电器的使用方法； （5）掌握居家清洁器具、清洁用品的使用方法； （6）掌握居家清洁程序及其要求； （7）具有全屋空间格局分析和规划管理能力

二、培养方案

（一）课程结构

根据培养目标，结合中重度心智障碍学生的身心条件与发展需求，综合康复高中积极探索"职业+生活"的课程体系，课程体系包含基础课程、活动课程、社团课程和专业课程（图 3-4）。基础课程包括生活语文、社会适应、劳动技能、唱游与律动、康复训练、信息技术等 10 门课程，重点促进学生沟通交往、逻辑思维、情绪调节等基础能力的发展；活动课程包括班会、思想品德、心理健康、课外活动等 4 门课程，旨在

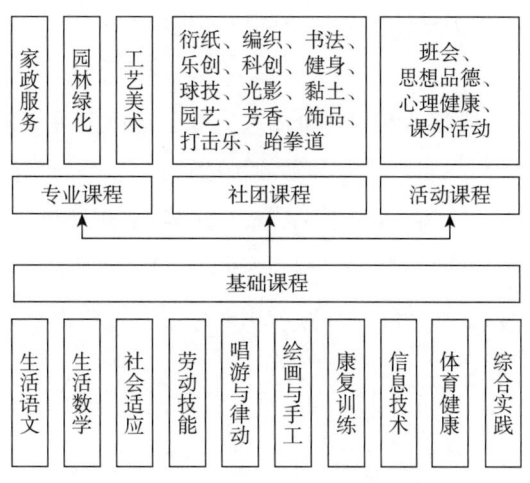

图 3-4 综合康复高中课程结构图

培养心智障碍学生良好的道德品质，树立正确的人生观和价值观；社团课程包括衍纸、编织、书法、光影、园艺、芳香、打击乐、饰品、跆拳道等 14 门课程，旨在提高学生的学习兴趣，充分发掘学生的优势，从而开发潜能、补偿缺陷。家庭、社区是综合康复高中心智障碍学生日后生活的主要场域。根据学生特点及未来生活需要，综合康复高中注重教学与学生当下及未来生活的联系，设有家政服务、园林绿化和工艺美术 3 门专业课程，让学生在掌握简单专业知识和技能的过程中，提高生活适应能力、劳动技能和休闲娱乐能力，培养良好的劳动习惯，增强劳动意识，为学生毕业后的就业或居家休闲生活方式创造更多选择。

高一阶段，学习课程以基础课程、社团课程为主，注重提高社会生活能力，养成良好的劳动习惯，同时辅以活动课程，如思想品德、心理健康等课程，帮助心智障碍学生消除因自身缺陷导致的自卑和对社会的恐惧心理，引导学生悦纳自我，发挥特长，提升沟通交往能力，为未来融入社会奠定基础。高二、高三阶段，依据实际发展需要和学生能力发展水平，基础课程逐渐减少，专业课程比例增大，利用专业课程将生活技能与职业技能有机衔接，形成纵向上的技能发展。

（二）考核评价

1. 评价原则

首先，评价应促进学生的全面发展。评价的内容要有助于心智障碍学生综合素质的提高。根据培养目标与学生的实际情况，整体设计社会性与情感、认知、语言、自理和运动等多方面的评价内容，全面反映学生的学习经历和成长轨迹。

其次，评价应促进课程的建设与发展。学校课程计划及其可行性、课程安排的适切性、课程管理的合理性和有效性、个别化教育计划的科学性以及学校特色课程开发的针对性等，都应成为学校课程评价的重要内容。

2. 评价体系

首先，构建多元化、科学的课程评价体系。综合运用多种评价模式和方法，对课程的各个方面进行评价，例如可参考泰勒的目标评价模式、斯塔弗尔比姆的 CIPP 模式（决策导向评价模式）、斯泰克的应答评价模式等，采用访谈、问卷、档案整理等方式，对课程实施的背景、过程、成效等进行评价。同时，要兼顾形成性评价和总结性评价，发挥评价的诊断、激励、导向功能，采用多样化的评价方法，促进学生、教师、学校全方位多层次的发展。

其次，建立多方主体共同参与的评价制度。教师层面应主动将学生和家长纳入评价体系中，课堂上带领学生对活动、作业、任务的完成情况进行点评，课后聆听家长对课程的期待与建议，打通家校的沟通渠道，架起合作桥梁。学校层面应积极推进教育课程改革,收集家庭、社区、机构等对课程实施的意见与建议,提高社会主体参与课程实施与管理的积极性,促进家校社评价有机结合以及教学评的一体化建设。

三、培养过程

(一) 高中入学评估

综合康复高中教育入学评估均以培智学校义务教育阶段课程标准为依据设置笔试、面试、实践操作三部分评估内容。障碍程度及自身缺陷较重、精细动作相对较弱的学生,对职业高中教育所教授的知识与技能存在较大的困难,因此分流进入综合康复高中。

(二) 过渡阶段

高一是学生适应环境、夯实自理技能的阶段。综合康复高中根据中重度心智障碍混合班学生的实际情况,高一阶段以生活课程、强化康复训练为主,以主题教学的方式开展教育教学。开设社团课程,包括健身社团、球技社团、乐创社团等社团课,激发学生潜能。注重开发康复类课程,如情绪调节课程、心理疏导课程等,并为学生制订个别化的职业康复计划,帮助学生顺利从义务教育阶段过渡到高中教育阶段。同时,教师通过提供各种教育工具包和资源包开展家长课堂,与家长形成家校统一的教育理念,帮助家长提高家庭教育水平。

(三) 职业预备

高二是职业生涯启蒙阶段。这一阶段在学生学习生活课程、生活技能的基础上,渗透职业相关课程。根据学生实际能力和个体发展需求,结合心智障碍学生的障碍类型和障碍程度,帮助学生选择适合的专业课进行走班学习,开展专门化的训练,发掘学生潜能和优势能力。同时,组建家长委员会,搭建家校合作平台,以共享平台为契机,建立隐性服务的试点。

(四) 职业成长

高中毕业是学生进入社会的起点,也是终身学习的起点。因此,在高三这一阶段,综合康复高中增加专业课程,增强职业技能训练,同时重点打造家庭教育平台,主要帮助家长更好地与孩子相处,在生活中提高孩子对社会的认知,帮助学生收获稳定的家庭成长环境和高质量的亲子陪伴。

（五）毕业转衔安置

除帮助心智障碍学生提升个人生活品质、高质量回归家庭外，综合康复高中联合职康中心共同解决中重度心智障碍学生毕业转衔安置问题，双方建立信息共享机制，打通转衔阶段全评估通道，做好成年心智障碍人士安置工作前置服务，建立友好合作互助关系，为实现残障人士全生命周期妥善安置的美好愿景而努力。

四、培养质量

（一）技能达标

心智障碍学生在接受三年综合康复高中教育后，能够通过课程学习、活动体验和社会实践等掌握必备的生活技能，具备基本生活自理能力，例如，能在超市、市场中购买生活必需品，能够选择合适的公共交通路线出行等。通过三年综合康复高中教育提升心智障碍学生社会适应能力，最大程度减轻给家庭照料者带来的养育负担，使其具备自我休闲娱乐能力和社会交往能力，拓宽个人生活空间。

（二）实现社区融合

社区是心智障碍学生离开校园之后最重要的生活场所之一。综合康复高中在教育教学中以学生生活为基础，注重帮助学生建立家校社之间的联系，通过社会实践活动加强学生对社区的认识，提升学生的社会交往能力，培养学生合理使用社区资源、正确寻求帮助及适应社区生活的能力。此外，元平特校积极与深圳市各街道社区职康中心建立联系，深入调研走访，为心智障碍学生的毕业安置和社区融合拓宽渠道。自2020年成立综合康复高中以来，元平特校综合康复高中每年有超过60%的毕业生能进入社区职康中心，实现社区融合。

第四章　心智障碍学生高中教育评估

评估在高中教育高质量发展中扮演着重要的角色,贯穿于心智障碍学生从入学到毕业后的全过程。科学合理的评估是开展高质量高中教育的根本前提,学校通过评估发现心智障碍学生的弱点和需求,为他们提供精准的教育安置,依据学生评估情况将其适性分流到中高职教育、职业高中教育、综合康复高中教育三种路径,为他们提供更好的支持和指导,促进学生的个人发展和职业基础能力提升。在教育过程中形成"评估即教学"的评估理念,确保心智障碍学生参与职业教育的质量和有效性,定期评估课程内容、教学方法和学习成果,以评促教,寓评于教。学生完成在校基本知识技能的学习后进入离校评估阶段,离校评估依据学生在校的全程性发展材料,以"循证转衔"为旨归,基于来自在校能力发展的多维评估证据来确定学生在高中教育结束时所达到的技能水平和准备情况,为他们提供适当的支持和资源,以提高他们的学习成就和就业机会。具体的全程评估过程见图4-1。

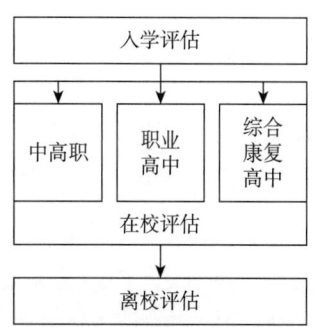

图4-1　心智障碍学生高中教育评估

第一节　入学评估

心智障碍学生的入学评估旨在实现精准安置,确保每位学生被分配到最适宜他们需求的教育安置方式之中,通过科学的评估将学生与最适合他们的教育计划相匹配。入学评估的内容涵盖对学生的发展基本能力考察评估、职业基本能力评估以及心理情绪能力观察评估。通过实践探索,形成了一套完整体系化的评估实施过程,包括入学评估准备期、入学评估实测期以及入学评估安置期,能够把学生精准安置到中高职教育、职业高中教育、综合康复高中教育中,制订个性化的教育计划。在精准安置理念下的入学评估,有助于促进学生个体发展,支持每位学生充分发挥潜力,体悟接受职业教育的意义。

一、评估理念

适宜的教育安置方式是心智障碍学生教育质量提升的基础。教育安置方式包括教学方法以及学习目标等,它涉及物理空间、课程与教学和社会交往等各方面。职业教育是以培养符合职业或劳动环境所需要的技能型人才为目标的一种教育类型,它以职业需要为导向,以实践应用性技术和技艺为主要内容,传授职业活动必需的职业技能、知识、态度,并使学习者获得或者扩展职业行动能力。在职业教育中,通过教育评估完成入学后的安置是指根据学生的教育发展水平以及职业基本能力素养,将他们安排到适合的职业教育培养路径中,如中等职业教育、技术培训、职业学院或大学中的职业课程等。

精准安置作为指导心智障碍学生高中教育入学阶段的评估理念,旨在确保每位学生都能够根据其独特的需求、能力和背景,选择最适合他们的职业教育发展路径和未来职业取向,强调了个性化学习和个体差异的重要性,以满足每位学生的需求,提高他们未来就业成功机会和实现个人高质量发展。

精准安置理念的建构与实施涉及多个学科领域。社会学强调个体在社会环境中的角色和地位,精准安置在社会学中可以被视为一种社会包容和平等机会的实践。社会学家埃米尔·涂尔干(Émile Durkheim)强调了社会融合和社会共识的重要性,而学校在入学评估时秉持的精准安置理念可以被视为在教育领域中实现社会融合的一种方法。社会学理论支持了精准安置的核心理念,即每位学生都应该有平等的机会接受教育,无论其特殊需求如何。社会融合意味着将心智障碍学生纳入学校建构的职业教育和培训体系之中,确保他们在学习和发展过程中得到充分支持。精准安置强调每位学生都应该有平等的机会接受教育,这与社会融合的理念相契合。此外,精准安置可以被视为教育领域的社会共识实践,其中社会共识是确保每位学生都能够获得适当支持的基础。通过个性化的教育计划,精准安置可以满足每位学生的独特需求,为后续的在校教育和离校发展奠定了基础,它确保学生获得适性的职业教育培训,有资格、有能力进入劳动力市场,从而减少社会排斥和不平等。

从教育学主张的适应性教育观点来看,心智障碍学生的高中教育发展更应因材施教。精准安置在教育学中强调了个性化教育的原则,其中蕴含的教育意蕴和进步教育理论相一致。约翰·杜威(John Dewey)认为,教育应适应学生的需求,这个过程不能颠倒。精准安置强调了通过科学的入学评估,为心智障碍学生确定适合其发展能力与职业兴趣的教育安置路径,纵然心智障碍学生的发展能力确有不足,但是也能在精准安置中体现育残成才的核心旨归。

从心理学的角度来看,精准安置理念下的入学评估以心智障碍学生的发展能力为主体,评估为导向,强调了职业教育的发展需要满足不同发展能力、尊重个体差异。结合亚伯拉罕·马斯洛(Abraham Maslow)的需求层次理论来看,入学评估从另外一个维度反映出学生的发展需求,包括满足心智障碍学生的基本需求,如安全、社交联系和尊重,同时也鼓励他们追求更高级的自我实现目标,发展个人潜力和实现职业目标。让残疾学生通过职业教育过上高质量的生活,需要考量学生对更高需求层次的发展要求,理解多元智能、促进心理健康和自尊心培养,以及支持自我实现和职业发展的重要性。霍华德·加德纳(Howard Gardner)的多元智能理论认为人具有不同种类的智能,如言语—语言智能、逻辑—数学智能、身体—动觉智能等。

综上所述,精准安置理念指导下的入学评估在教育中考虑了学生的切身发展能力和发展需求,以便学校和教师更好地理解他们的强项和需求,这有助于针对心智障碍学生的独特智能特质培养他们的潜力和兴趣,精准定位学生的在校生活和未来的职业选择,反映教育公平和包容性的实践,旨在提高每位学生的教育质量,帮助其把握职业生活机会。

二、评估内容

学校高中教育的入学评估以精准安置为基本理念,对报考的心智障碍学生入学前的基本能力进行系统的教育评估,从而根据不同学生的发展情况和未来从事职业基本取向进行精准的安置分流。入学评估形成了以中职入学考试为主,结合实操和观察于一体的评估方式,在评估内容方面分为三大部分:一是发展基本能力考察评估,学生的基本能力评估是精准安置的重要指标,包括调阅学生义务教育阶段过程性材料、自主招生入学测试的文化科目测试;二是职业基本能力评估,是精准安置的决定因素,包括考察课标中劳动技能、运动与保健、信息技术、康复训练4门课程内容以及职业知识的实践操作测试,职业基本能力评估占入学评估的比重最高;三是心理情绪能力观察评估,是精准安置的重要体现,包括心理健康评估和情绪行为观察,整个心理情绪观察评估贯穿入学评估全程,充分考量了心智障碍学生的心理情绪能力。

(一)发展基本能力考察评估

1. 调阅过程性材料

心智障碍学生入学评估的第一项涉及调阅过程性材料,目标是全面了解学生的背景和需求,以确保他们在职业教育中获得最适宜的教育支持。调阅过程性材料主要体现在网上报名和现场确认期间,旨在建立一个综合的学生信息档案,以便更好地满足他们的教育需求,使其获得精准安置。在网上报名阶段,学校收集学生和家长提供的个人资料、家庭背景、教育经历以及家庭对于学生职业教育的期望。调阅过程性材料作为评估的起点,帮助学校初步了解学生情况,开始评估可能需要提供哪些特殊支持。在现场确认阶段,以专业教师对学生的初步面试为主,同时,学校通过查阅学生义务教育阶段的成绩报告单等方式进行更深入的评估,以了解学生的学习表现和学科强项弱项。此外,学校还会评估学生的学习态度、行为习惯、思想品质和职业技能。全面了解学生综合素质,有助于制订学生分流安置方案。调阅过程性材料的目的是建立全面的学生信息档案,使其在后续的评估和课程规划中发挥关键作用,帮助学校更好地了解每位学生的独特需求,为他们制订个性化的教育计划,确保他们在职业教育中取得成功。同时调查和评估也是精准安置的重要步骤,有助于确保每位心智障碍学生都能够获得适宜的教育支持,实现学生职业技能发展的目标。

2. 文化科目测试

学校入学评估中的文化科目测试涵盖生活语文、生活数学和生活适应三个学科,是义务教育阶段的终结性考试,目的是全面、准确地评估九年级毕业生对《培智学校义务教育课程标准(2016年版)》(以下简称《标准》)所规定的生活语文、生活数学、生活适应科目的达标程度,是高中阶段学校招生的重要依据之一。同时,遵照学校所属地的职业高中招生考试政策,制定本年度入学评估的要求和事项,由学校课程发展部组织成立特殊学生高中入学评估工作小组,组织专业教师开展入学评估中的文化科目测试的命题工作。

(1) 生活语文。

生活语文的命题突出对学生基本生活语文素养的评价。在命题理念和原则上,试题首先关注《标准》中最基础和最核心的内容,即掌握与生活紧密相关的语文基础知识和技能,具有初步的听、说、读、写能力和社会交往能力。在精准安置理念的指引下,基于心智障碍学生的特殊性,考虑到不同层级和能力的学生,测试还设计了听力选择题部分。对于开放性问题,允许学生根据自己的生活经验进行作答,从中体现其语文素养。制定评分标准系统时,以开放的态度对待不在预设内但合理的作答,尊重不同的答案内容和表述方式。

评估内容力求全面,充分体现精准安置的入学评估理念。生活语文学业考试的考查内容以《标准》中的"内容标准"为基本依据。考查内容包括:倾听与说话、识字与写字、阅读、写话与写作、综合学习。在精准安置理念下,学校形成了命题内容的选定要求。

第一,关注全体学生要达到的共同目标,考查他们在生活语文的学习过程中需要掌握的基本概念和技能。第二,充分尊重个体差异,力求反映学生在原有基础上的发展。第三,始终坚持生活导向,既关注学生在日常生活中对语文知识和技能的运用,也反映学生在生活情境和解题活动过程中运用语文知识解决生活问题的能力。第四,确保试题表述简洁、可理解,不产生歧义。具体表述时可以是语言文字,也可以是形象化的图片和符号;避免文字量过多而提高题目的"难度";试题的表达符合心智障碍学生的认知特征,根据不同学生能力水平,运用不同的支持策略。

围绕生活语文的考核评估内容,结合心智障碍学生的切身发展情况,试题题型如下:听力选择题、书写题、连线题、阅读与写作题。试题按难度分为容易题、中等题和难题,三种试题分值之比约为3:5:2。具体题型的命题要求如表4-1所示。

表4-1 生活语文具体题型命题要求

题型	命题要求
听力选择题	要求学生根据所听到的声音圈出问题的最终答案。考查学生的倾听能力、阅读能力、识字与写字能力、普通话听辨能力、图片综合理解能力等。试题可以有多种表达方式,包括文字、图像、符号等
书写题	考查学生识字与写字、写话与习作的能力。识字能力从认清字形、初步掌握字义以及在具体语言环境中运用等方面进行考查;写话与习作能力从仿写一段话、写简单应用文、运用文字记录与个人生活相关信息等方面进行考查
连线题	连线题涉及阅读和综合性学习部分,考查学生好词好句的积累和对传统文化知识的掌握水平
阅读与写作题	考查学生对文章内容的理解能力以及用文字表达自己的需求、见闻、想法的能力。考题一般选用应用文,素材来源于现实生活,可被学生理解。题目本身和解答过程中涉及生活语文知识与技能,解答过程能够反映学生运用语文知识解决生活问题的能力。试题兼具开放性,答案不唯一

(2)生活数学。

生活数学的命题突出对学生基本生活数学素养的评价。在命题理念上,试题首先关注《标准》中最基础和最核心的内容,即掌握与其生活紧密相关的数学基础知识和技能,建立数感、符号意识、空间观念、几何直观、数据分析观念、运算能力和应用意识。在精准安置理念的指引下,生活数学的试题素材、解答方式等体现公平性,与生活语文的命题原则一致。

在考查内容上力求全面,充分体现精准安置的入学评估理念。生活数学学业考试的考查内容以《标准》中的"内容标准"为基本依据。考查内容包括:常见的量、数与运算、图形与几何、统计、综合与实践。命题内容的选定要求与生活语文一致,聚焦学生在生活数学评估考核中的表现。同时,根据不同学生能力水平,运用不同的支持策略。

围绕生活数学的考核评估内容,结合心智障碍学生的切身发展情况,试题题型如下:选择题、填空题、连线题、口算题、计算题、应用题。试题按难度分为容易题、中等题和难题,三种试题分值之比约为 5∶3∶2。具体题型的命题要求如表 4-2 所示。

表 4-2 生活数学具体题型命题要求

题型	命题要求
选择题与填空题	这两类试题要求学生给出问题的最终答案,依据学生的作答比对标准答案评判正确与否。这两类试题用于特定基本数学事实、数学技能的考查。选择题根据心智障碍学生特点,统一要求用圈出正确答案选项的方式来选定答案
连线题	连线题涉及"数的认识"和"图形与几何"部分。"数的认识"部分用于考查学生理解数的含义,数、认、读、写等方面能力,强调手口一致地点数物体。"图形与几何"部分主要考查通过实物认识长方形、正方形、圆形、半圆等平面图形
计算题	计算分为口算和列竖式计算。口算部分主要考查 20 以内数的加法、减法、乘法、除法计算,列竖式计算主要考查 100 以内的数的加减计算
应用题	此类问题考查学生的综合实践能力、解决问题的意识与能力。应用题的命题原则包括以下几点: (1) 问题背景是生活性的,如购物、账单、作息时间、测量物体等情境; (2) 内容以及叙述方式是可理解的,根据心智障碍学生的特点主要采用图文结合的形式命题; (3) 内涵是丰富且有价值的,即问题本身或求解过程中涉及丰富而重要的数学概念、数学思想方法

(3) 生活适应。

生活适应是心智障碍学生必须关注的核心课程,考查内容依据《标准》的规定,与精准安置的理念契合,在入学评估阶段整体呈现出关注学生的基础性发展能力。生活适应的命题突出对学生基本生活适应知识和技能的评价,形成了如下命题理念:生活适应学业评估体现《标准》的评价理念,引导和促进生活适应教学全面落实《标准》所设立的课程目标,考查学生对当前及未来生活中的各种生活常识、技能和经验的理解与掌握水平,着重对学生生活自理、简单家务劳动、自我保护和社会适应能力进行综合考查。在精准安置理念的指引下,生活适应的试题素材、解答方式等与生活语文和生活数学的命题原则一致。

评估内容力求全面,充分体现精准安置的入学评估理念。生活适应学业考试的考查内容以《标准》中的"内容标准"为基本依据。考查内容包括:个人生活、学校生活、家庭生活、社区生活、国家与世界。命题内容的选定要求与生活语文、生活数学一致,聚焦学生在生活适应评估考核中的表现,同时还考查学生对当前及未来生活中的生活常识、技能和经验的理解与掌握水平,着重对学生生活自理、简单家务劳动、自我保护和社会适应能力进行综合考查。

围绕生活适应的考核评估内容,结合心智障碍学生的切身发展情况,试题题型如下:选择题、填空题、判断题、实践操作题、综合操作题。试题按难度分为容易题、中等题和难题,三种试题分值之比约为 3∶6∶1。具体题型的命题要求如表 4-3 所示。

表 4-3 生活适应具体题型命题要求

题型	命题要求
选择题	要求学生根据题干圈出答案,有单项选择题和多项选择题,主要考查对既定生活适应知识的掌握能力,如常见物品的辨识
填空题	要求学生根据文字提示在括号中书写正确答案,主要考查生活适应常识类知识的掌握水平,如特定名称的识记与书写
判断题	要求学生对图文所展示的内容做出合理的辨别、推断,以判断题干所指示问题的正误,主要考查生活适应相关知识的综合理解、运用能力
实践操作题	要求学生根据题干所展示的现实场景,运用生活适应知识或技能解决问题
综合操作题	要求学生根据题干完成图像、文字的匹配或表格的填写,主要考查学生运用生活适应相关知识解决生活中常见问题的能力

(二)职业基本能力评估

1. 实操评估

依据中华人民共和国教育部《培智学校义务教育课程标准(2016 年版)》(以下简称《标准》)中生活适应、劳动技能、运动与保健、康复训练课程标准与学段目标,考查学生对各类生活常识、技能和经验的掌握,以及对未来职业生活的适应能力。实操评估以学生的日常生活为核心,综合考查学生的身体运动能力、家务劳动能力、社会适应能力、语言能力等方面能力,同时考查学生在生活中对以上能力的运用情况,作为进入高中后能进行持续性学习的支撑。实操评估是学校在入学评估阶段设置的职业基本能力实操评估的重要环节,为下一阶段的在校精准安置提供了评估支持。

在遵循入学评估的精准安置目的并考虑心智障碍学生的特殊发展特点的前提下,学校进行职业基本能力评估的实际操作形成了以下评估原则。第一,基础性原则,是指突出对学生基本能力与素质的考查,体现基础性。关注《标准》中生活适应、劳动技能、康复训练、信息技术、运动与保健等课程中最为基础的内容,考查学生在日常生活中必须掌握或使用到的运动能力、社会交往能力、劳动能力等,所有题目设计均以《标准》为依据,不扩展范围与提高要求。第二,公平性原则,是指实操考试素材对所有学生公平,所有试题原型均来自每位学生接触到的生活日常,尽量避免由于教材差异或需求差异而产生的理解问题,避免资料中出现特殊素材。第三,有效性原则,是指试卷考查内容有较大的覆盖面,体现出多样性和层次性,关注学生生活与学业学习的各个方面,反映学生在真实场景下的认知水平、运动能力以及生活技能的掌握情况,每道题的评分标准进行了细致的划分,具体可操作,试题信效度高。第四,指向性原则,是指命题以国家《标准》和现行教材为依据,力争给学生生活技能与学习能力做出正确的导向。学生的主导材料既不是教材版本,亦不是各类材料,而是国家《标准》中体现的学生应有的素质与能力,因此在考查中以"国家课程标准"为主,并指向学生的综合能力以及面对未来职业生活的基础素养。第五,综合性原则,是指考查内容具有多学科交叉融合的特性,综合考查学生的劳动技能、信息技术、运动与保健、康复训练4门课程内容,体现知识的内化和技能的掌握,以及学生在未来职业发展中的潜能。

在评估内容上,实操学业考试的考查内容以《标准》中的"内容标准"为基本依据,包括劳动技能、信息技术、运动与保健、康复训练,具体内容参考课标。

围绕实操评估的考核评估内容,结合心智障碍学生的切身发展情况,实操题的考试类型均为现场操作与即时问答,由监考老师读出题目要求,下达考试指令,学生根据听到的题目要求做出相应操作或回答相应问题。试题按难度分为容易题、中等题和难题,三种试题分值之比约为3:6:1。题目具体情况举例如下表4-4所示。

表4-4 实操内容信息分析及赋分表

	试题一			
实操要求	请套枕头并整理整齐(要求:枕芯死角到位、平整挺括、枕芯不外露)			
	考核内容	配分	考核标准	得分
实操标准	枕芯塞进枕套	2	(1)完全把枕芯塞进枕套(2分) (2)不完全把枕芯塞进枕套(1分)	
	枕芯4角塞到位	8	(1)4角均在第一弧度处摸到枕芯(8分) (2)3角均在第一弧度处摸到枕芯(6分) (3)2角均在第一弧度处摸到枕芯(4分) (4)1角在第一弧度处摸到枕芯(2分)	
	外形平整挺括	3	(1)出现拉对角线整理或手拍枕头去皱整理(2~3分) (2)出现简单的抻平铺展动作(1分) (3)没有出现整理枕头动作(0分)	
	枕芯不外露	2	(1)枕头封口处不见枕芯(2分) (2)枕头封口处能见枕芯(1分)	
	时间	5	(1)60秒内完成(5分) (2)120秒内完成(2分) (3)180秒内未完成(0分)	

续表

实测依据	本题要求学生双手配合,完成枕套的更换与整理。命题依据为《标准》劳动技能课程要求,《标准》中对学生的家务劳动能力提出了学段要求,4~6年级要求学生掌握基础的清洁整理能力,整理床上用品;7~9年级明确要求学生能够进行清洁整理,更换整理卧具。本题选取更换枕套这一动作进行考查,符合课程标准考查的中、高年级要求,并能通过这一动作考查学生手部综合能力与精细动作能力

试题二				
实操要求	日常交流对话能力			
实操标准	考核内容	配分	考核标准	得分
	逻辑问答	6	符合逻辑即可得分,每个答案1分,参考内容如下: (1) 早上好!/谢谢老师! (2) 我是元平特校的学生/××学校的学生 (3) 我喜欢语文/数学/英语/化学/物理…… (4) 我喜欢打球/跑步/玩电脑/逛公园…… (5) 有,我在家会帮忙做××家务/没有,我不喜欢做家务 (6) 毕业以后我想做厨师/飞机师/面点师……	
	选择题	2	(1) 正确选择性别对应厕所(2分) (2) 错误选择(0分)	
	抽取纸巾	4	(1) 数量正确、有折叠的动作并放置到合适的位置(4分) (2) 数量正确,只有折叠或者只有放置到合适位置(3分) (3) 数量不正确,有折叠和放置到合适位置(2分) (4) 数量不正确,只有折叠或者只有放置到合适位置(1分) (5) 无法理清数量,难以做出适宜的动作(0分)	
	排序	8	(1) 8图顺序均正确(8分) (2) 7图顺序均正确(7分) (3) 6图顺序均正确(6分) (4) 5图顺序均正确(5分) (5) 4图顺序均正确(4分) (6) 3图顺序均正确(3分) (7) 2图顺序均正确(2分) (8) 1图顺序正确(1分) (9) 均不正确(0分)	
实测依据	本题分为两部分,第一部分指出并表达自己的选择与原因,第二部分对8张图片进行排序。命题依据为《标准》中生活语文与生活适应课程目标。其中生活语文1~3年级要求学生具有倾听与说话的能力,能在生活情境中进行简单的对话,能听懂日常生活中的普通话;4~6年级要求学生能参与讨论自己感兴趣的事,并能用普通话与他人交谈。因此,交流对话的第一题依照课程标准对学生的语言能力进行考查,考查学生是否具有基本语言能力。在阅读能力方面,《标准》要求学生能阅读图画为主、文字为辅的图书,了解大意,阅读时能注意把握事件发生、发展的顺序,设置基于日常生活的排序题,第二题的排序能够较好地考查学生的观察与阅读能力			

2. 专业课程测试

报考中高职的学生除了参加以上评估(初中学业水平测试)、实操测评之外,还须进行对应专业测试。例如,报考工艺美术专业的学生,需要进行工艺美术专业技能的考核。

专业测试的目的在于评估学生美术基础知识和技能的掌握情况,判断学生是否能进入所选专业开展专业学习。例如,2023年工艺美术专业学生的专业测试要求是根据所给主题,在规定时间内自由创作一幅美术作品,测评教师根据学生完成的作品评估学生对色彩使用、线条构思、画面构图、技法使用等美术知识与技能的掌握情况。

(三)心理情绪能力观察评估

1. 心理健康评估

学生的心理健康与他们的学业发展、成长规划和走上社会后能否过上高质量的生活紧密相关。在学生入学评估阶段,学校设计了全面的新生入学心理评估计划,旨在了解学生的心理状况、需求和潜在挑战,以便为他们提供有针对性的心理支持和教育资源,最终实现精准教育安置,为每位学生匹配更加合适的职业教育学习路径,使其以积极的心理状态迎接学习和成长的挑战。

心理健康评估的主要内容是了解学生的医疗诊断、教育经历、家庭基本情况、个性品质、个人能力和身心健康状况。心理健康评估的主要目的首先是识别心智障碍学生心理问题,为其提供专业的心理支持和指导。其次是建立残疾学生心理档案,加强学校对新生心理健康的管理,帮助学校及时发现和解决潜在的心理问题。再次是设计相应的学生适应课程:通过评估,设计新生入学适应相关心理健康课,帮助学生更好地适应学校生活。最后,需要强调的是,心理评估不作为入学测试成绩,主要作用是为学校更全面了解学生并为实现精准的教育安置提供科学依据。

入学阶段的心理健康评估贯穿学生从入学现场确认环节到完成精准教育安置。在心理健康评估过程中,首先收集学生在医院所做的评估资料,了解该生的智力发展水平、适应行为能力水平及身体健康状况。随后学校心理老师运用学校自编的《新生入学心理评估表》对学生进行个性化心理测评。此外,心理老师还要与家长进行沟通,了解学生的成长背景和特殊需求。最后为学生建立心理档案,对评估结果进行综合分析和讨论,形成学生心理健康个别化应对策略。对有特别心理需求,或需要关注的学生建立一人一案,开学后进行"一生一策"跟踪。

2. 情绪行为观察

情绪行为观察与心理健康评估贯穿入学评估的全过程。作为一种系统性的评估方法,它旨在观察和记录学生在整个入学评估阶段是否有扰乱考场行为、与性有关的问题行为、情绪失控行为、自伤行为和攻击行为。入学评估中的情绪行为观察的作用是多方面的:第一,能为学生提供个性化教育安置支持,为学生提供最适宜的安置方式及教育;第二,为学生提供在校安全保障,通过观察和记录攻击行为、自伤行为等相关情况，学校可以采取必要的安全措施，以保障学生和其他人员的安全；第三，为学生提供情感支持，有助于学校识别学生的情感困扰，提供心理咨询或情感支持，以帮助学生更好地应对情感问题；第四，能够预防问题行为发生，通过早期观察和干预，学校可以帮助学生避免或减少扰乱考场行为、与性有关的问题行为等，从而创造更好的学习和社交环境。具体内容如表 4-5 所示。

表 4-5 情绪行为观察记录表

考试日期：　　　年　　　月　　　日

考生姓名		考号			
观察内容(5 项) (本观察记录表占值 10 分，每项目 2 分，每项最高扣 2 分)				得分	备注
扰乱考场行为 (2 分)	※不进考场(-10 分)				
	□ 撕卷子(-0.5 分) □ 拉扯旁人(-0.5 分) □ 在他人卷子上乱涂乱画(-0.5 分) □ 制造噪声(-0.5 分) □ 蹦跳(-0.5 分)	□ 随意走动(-0.5 分) □ 跑进跑出考场(-0.5 分) □ 反复上厕所(>3 次)(-0.5 分) □ 提前离开考场(开考后没超过半小时)(-0.5 分) □ 出现上述 2 种或 2 种以上行为(-2 分)			
与性有关的问题行为 (2 分)	□ 脱裤子(-0.5 分) □ 脱上衣(-0.5 分) □ 故意暴露身体(-0.5 分) □ 摩擦敏感部位(-0.5 分) □ 抚摸生殖器(-0.5 分)	□ 嗅闻他人(-0.5 分) □ 拥抱他人(-0.5 分) □ 抚摸他人(-0.5 分) □ 出现上述 2 种或 2 种以上行为(-2 分)			
情绪失控行为 (2 分)	□ 突然哭闹(-0.5 分) □ 突然大笑(-0.5 分) □ 大声拍手(-0.5 分) □ 乱踢乱叫(-0.5 分) □ 倒地打滚(-0.5 分)	□ 出现上述 2 种或 2 种以上行为(-2 分)			
自伤行为 (2 分)	□ 拧自己(-0.5 分) □ 掐自己(-0.5 分) □ 抓自己(-0.5 分) □ 咬自己(-0.5 分) □ 拍自己(-0.5 分)	□ 用物品划伤自己(-0.5 分) □ 用头或身体其他部位撞硬物(-0.5 分) □ 出现上述 2 种或 2 种以上行为(-2 分)			
攻击行为 (2 分)	□ 冲人吐口水(-0.5 分) □ 辱骂他人(-0.5 分) □ 恐吓他人(-0.5 分) □ 戳别人眼睛(-0.5 分) □ 推人(-0.5 分) □ 打人(-0.5 分) □ 咬人(-0.5 分) □ 抓人(-0.5 分) □ 拧人(-0.5 分)	□ 踢人(-0.5 分) □ 用物体砸人(-0.5 分) □ 摔文具(-0.5 分) □ 推/打/撞桌椅(-0.5 分) □ 踢/撞门(-0.5 分) □ 踢/撞黑板(-0.5 分) □ 踢/撞电脑(-0.5 分) □ 出现上述 2 种或 2 种以上行为(-2 分)			
观察者签名		总分			

综上,通过入学评估阶段的情绪行为观察,学校可以更精准地了解学生的社会性发展潜能,匹配更适宜其性格特征的职业教育发展路径,帮助学生避免或减少有碍职业技能学习的问题行为等,在入学之初就做到扬长避短、因材施教,从而创造更好的学习和社交环境,实现精准安置,育残成才。

三、评估实施

入学评估的实施在精准安置理念的指导下形成了一套系统性的评估流程。从横向上来看,入学评估的实施流程依据学生自主报名的意愿分为职业高中、中高职两大路径,通过基础文化能力、综合发展素质、专业能力测试和技能实操评估等方法涵盖多个方面的评估内容,能够全面了解学生的发展需求和职业潜力;从纵向上来看,入学评估的实施还考虑了同类型不同特点的学生,以心理健康评估和情绪行为观察全面了解学生的心理发展能力和社会适应需求。此外,通过系统化的入学评估流程,学校将学生分配到适宜的三类教育安置模式之中,确保每位学生都能够在他们的学术和职业发展上得到精准安置,帮助他们提升个人能力和实现职业发展目标,实现精准安置的理念。入学评估实施流程图如图 4-2 所示。

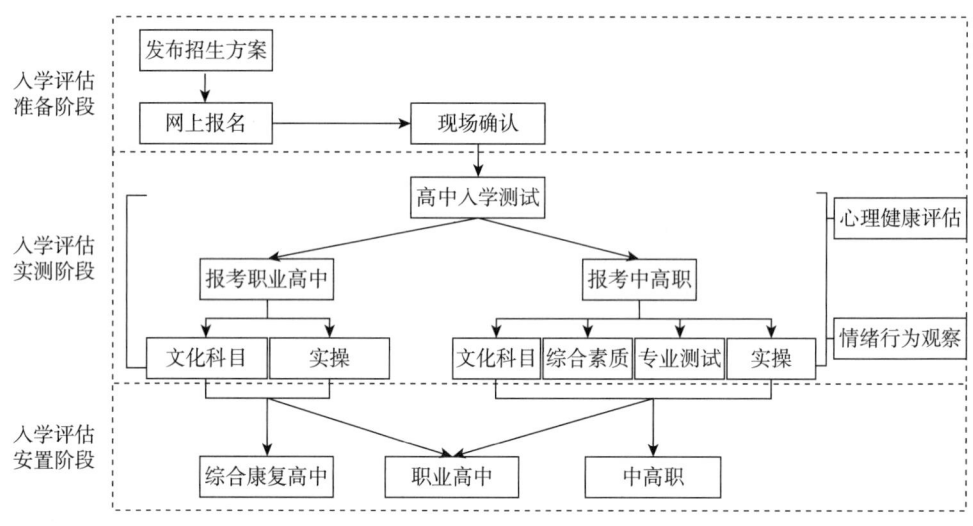

图 4-2 入学评估实施流程图

1. 第一阶段:入学评估准备期

在入学评估准备期,学校需要完成两项工作:一是在官网渠道发布招生公告,接受并调阅报考考生在网上报名和现场确认阶段提交的个人过程性材料,为其下一阶段的入学评估实测期内的考查方式提供支持;二是明确定义入学评估的内容,根据不同的考生制定不同的评估内容。学校组织的高中入学测试分为中职入学测试和中高职入学测试,招生对象为持有深圳市残疾人证的智障、孤独症、脑瘫等初中应届毕业生。

2. 第二阶段：入学评估实测期

入学评估实测期是以高中入学测试为评估主体,将报考志愿为职业高中和中高职的学生进行分流。在文化科目考试中,对报考中职三年学制自主招生考生,根据教育部2016年颁布的《培智学校义务教育课程标准(2016版)》《聋校义务教育课程标准(2016版)》《盲校义务教育课程标准(2016版)》,明确文化科目考试的范围和内容。制定实操评估的项目和要求,确保考生在实际操作中能够展现其职业基本能力。对中高职贯通培养"三二分段"自主招生考生,同样依据《标准》,根据教育部的相关标准以及深圳市初中学业水平测试内容,制定文化科目考试的内容,确保涵盖必要的知识和技能。在综合素质评定中,明确要评估的素质,如学习态度、创造力等,以全面了解学生的综合素质。在专业测试中,明确定义相关领域的要求,以确保考生具备必要的专业能力。制定实操评估项目以评估学生在实际操作中的表现,特别是与所报考专业相关的实操技能。此外,心理健康评估和情绪行为观察评估需要贯穿到两类考试的每一部分,为下一阶段的入学评估安置期提供数据支持。

3. 第三阶段：入学评估安置期

入学评估安置期是指学校将评估结果进行综合分析,以明确每位考生的基本素质能力和职业发展潜力。结合学生的报考志愿,对报考中高职且通过文化科目考试、综合素质评定、专业测试和实操评估的学生的评估结果进行综合分析,同时结合心理情绪能力观察评估,将符合安置条件的学生分流到中高职,能力未达要求者则分流到职业高中;对报考职业高中且通过文化科目考试和实操评估的学生的评估结果进行综合分析,同样结合心理情绪能力观察评估,将符合安置条件的学生分流到职业高中,能力未达要求者则分流到综合康复高中。

入学评估的实施流程体现了精准安置的理念,通过系统性的评估方法,确保每位学生都能够在适合其能力背景和发展潜力的教育环境中获得成功,实现精准安置。

四、案例列举

小童,出生于2006年10月,被诊断为孤独症,2022年就读于深圳市南山区某普通学校初中三年级。作为一名在普校随班就读的孤独症学生,他和妈妈早早就在计划着高中在哪里就读,也期待着全新的高中生活。初三下学期,妈妈打听到元平特校即将首次开设面向特殊学生招生的中高职贯通培养"三二分段"中高职班的消息，一家人满怀期待等着元平特校正式发布招生方案。

小童一家怀着忐忑的心情相继迎来了学校官网和公众号发布的招生方案。面对终于等来的确切消息，妈妈想，小童有"好高中"上了，他也能上大学了。

小童和父母认真按照招生方案中的要求准备报名材料，并于6月5日按时完成了网上报名，6月8日收到了资格审查通过的电话。6月11日，小童和父母早早来到了学校核验报名材料，这是他首次看到高中学校的样子，脑海中开始有了高中学习的画面，暗自下决心要努力通过考试。

2022年深圳市初中学业水平测试于6月26日—28日举行，小童和父母都期待这次考试能考好一点，为小童的九年普校生活画上圆满句号。与此同时，他们也清楚地看到中高职招生方案中写明，"原则上已报名参加深圳市初中学业水平测试的应届初中毕业生"，报考之后，还要参加元平的高中入学考核，因此此次考试对高中入学也至关重要。

由于新冠疫情，通知中的考试时间几度更改，小童一家的心情也由期待变得越发焦急。7月中旬终于等来了考试。按要求，小童先是参加了中职考试，考试包括笔试和实操。笔试是一张综合卷，包括生活语文、生活数学和生活适应三个部分，对于一直在普校随班就读的小童来说，这份试卷比较简单，他很快就完成了考试。在实操部分，他根据监考老师的要求共完成了6道考题的操作，有计算机操作、套枕头等考题。

不久后，小童等来了最重要的中高职考试。上午，他先是参加了笔试，笔试的内容是他初中所学的语、数、外三科内容，这场考试明显比昨天的考试更难，他需要更加认真读题，加快做题速度。笔试之后，他又参加了实操考试和面试，实操考试的内容和前一天实操考试大致一样，他很快按要求完成了。对于面试，患有孤独症的他既期待又害怕：期待能顺利通过，又害怕见到那么多考官。所幸，考官们和蔼可亲，笑容可掬，营造了轻松的面试氛围，他在考官的引导下自在地完成了所有问题的回答。

考试结束，7月底的一天，小童妈妈接到了元平特校的电话通知，学校表示小童顺利通过了中高职考试，小童是一名高中生了，还有很大希望考上"三二分段"中高职班。妈妈后来了解到，有几个跟小童一样参加中高职的考生考得不理想，被调剂到了中职。细想，报名考试的特殊孩子都有高中可上，这也是一件天大的好事。

小童升学记告一段落，等着小童的是充满一切可能的元平高中生活。

第二节　在校评估

　　心智障碍学生通过精准安置匹配到最合适的高中教育路径,在之后的学习中继续接受贯穿在校学习全程的在校评估,学校坚持用"评估即教学"的在校评估理念来指导学生发展和动态调整教学策略。在校评估具体指的是在学生所安置的中高职教育、职业高中教育、综合康复高中教育三种路径中对学生进行的全过程评估。在校评估旨在更好地培养学生的职业技能和提升学生的生活适应能力。在校评估主要包括在校学业成绩评估、专业技能评估、校外实习评估以及适应行为与心理评估。坚持"评估即教学"理念,将过程评估视为教育的一部分,用来指导和改进教学,确保心智障碍学生在职业教育中得到个性化的支持,帮助他们实现职业基本技能目标,为日后所从事的职业工作奠定能力基础。

一、评估理念

　　"评估即教学"理念强调教育评估活动与教学活动之间的密切关联,以便提供实时反馈、个性化支持和教学改进。在心智障碍学生的职业教育中,这一理念具有重要意义。"评估即教学"扩大了过程评估的应用外延,实现了以评促学,帮助学生更好地理解和应用所学知识与技能,通过实时反馈和个性化支持帮助学生克服学习障碍,提高学生的学习效果。对教学活动而言,"评估即教学"实现了以评促教,学校通过不断地评估学生的学习成果和需求,根据评估结果不断调整和改进课程,确保其与市场需求、学生就业机会保持一致,以此促进职业教育课程体系的建设。"评估即教学"理念下的在校评估能够推动心智障碍学生职业教育的发展,通过不断改进教学方法和支持策略以提高学生成绩,增长学生技能才干,为他们的未来做好准备。

　　"评估即教学"应用于在校评估过程中,对心智障碍学生在校期间的技能培养和学校育人模式的革新具有深刻意义。首先,"评估即教学"倡导评估活动与教学内容和目标密切相关,评估不再是课程结束后的附加任务,而是教育过程中不可或缺的一部分。从心智障碍学生的角度出发,评估应当与其特殊需求和学习目标相匹配,确保他们在教育过程中得到适当的支持。其次,"评估即教学"提供了实时反馈的机会。于心智障碍学生而言,这种实时反馈尤为重要,通过及时了解学生的学习进展和困难,教育者可以立即采取措施,更好地满足学生的需求。此外,"评估即教学"也鼓励个性化教育,这一理念要求学校根据每位学生的需求和潜力来调整教学方法和支持措施。教育支持上的适时调整可以让心智障碍学生获得更具针对性的教育帮助，助力其充分发展自身潜力。最重要的是，"评估即教学"理念强调教学改进。评估的目的之一是帮助教育者更好地了解学生的学习需求和问题，以便调整和改进教学方法。对于心智障碍学生的职业教育而言，这意味着教育者可以根据评估结果不断改进支持策略，提高教学质量。综上，"评估即教学"为心智障碍学生的职业教育提供了更加个性化、更有针对性和更高质量的学习经验，它有助于确保心智障碍学生能够充分发展潜力，实现职业教育的目标。

"评估即教学"是教育学中的关键理念，强调评估不仅是对学生知识水平的衡量，还应被视为指导学生开展学习活动的重要部分。这一理念在心智障碍学生职业教育在校评估的应用与实施过程中得到了来自社会认知建构主义理论的支持，他们主张学生通过主动建构知识来学习，在校评估作为一个动态生成的持续过程，帮助学生反思他们对职业知识的建构过程，从而更好地理解和应用知识，实现了在评价过程中促进学生的知识建构，通过反馈和指导引导学生积极参与知识建构，实现以评促学。另一方面，学校和教育机构可以依据学生的在校评估情况，不断改进教学方法和充实教学资源，为心智障碍学生提供个性化的评估和支持，开发更适合学生的课程体系，同时开展针对特殊需求的培训，改进教育计划、培训师资以及提供更多的支持和资源，实现以评促建。

二、评估内容

学校在"评估即教学"的评估理念指导下开展职业教育的在校评估，对通过入学评估完成精准安置的中高职教育、职业高中教育、综合康复高中教育的学生进行在校期间的全发展过程的教育评估。"评估即教学"理念贯穿了学校职业教育的入学评估和在校评估，强调在校期间的评估不仅仅是对学生基本能力的测量，更是一种与教学过程紧密结合的综合评价，实现以评促建、以评促教，不断推动学生的学习和发展。"评估即教学"理念下的在校评估包括学业成绩评估、专业技能评估和校外实训评估三项内容，使学校的职业教育更具科学内涵与教育关怀，使学生真正成为教育过程的中心。评估指向帮助学生实现全面成长，嬗变为一种教育促进工具，引领学生实现职业教育技能提升与身心全面发展。

（一）学业成绩评估

1. 作品评价

作品评价是在精准安置的评估理念下对心智障碍学生职业教育过程的重要评

估方式。这种评价方式侧重于实际操作,强调学生的实践能力和专业技能。以插花专业为例(表4-6),学生每次的实操作品不仅仅是一次课堂作业,更被视为一个学术成果。基于三种安置方式下的实践作品的评价,更关注学生在特定职业领域的能力和潜力。评价的过程不仅包括教师的专业评价,还通过拍照记录的方式进行长期跟踪,不仅是对学生成长的见证,也为日后的评估提供了历史数据。

表4-6 花篮插制评价表

插制标准	小组自评			教师评价
	达标	部分达标	不达标	
骨架花定位合理,V型轮廓清晰,造型匀称				
焦点(玫瑰花)插制准确,作品重心稳定				
填充花使用合理,主次分明,层次丰富				
花枝固定牢固,合理遮盖花泥				
操作场地保持清洁,摆放整齐				

注:小组完成花篮插制后,根据插制标准进行自评。

2. 课后测评

课后测评也被称为"一课一评估",是"评估即教学"在在校评估中的具体实践。这一评估方式将评估嵌入到日常课堂教学中,强调持续性评价。每节课,教师在学生完成课后作业和任务测评单后,根据学生完成情况了解学生的知识掌握程度。课后测评将评估从仅仅是检查学生学习成绩的工具转变为促进学生学习的手段,通过课后测评教师可以及时了解学生的理解程度,发现他们的学习需求,并调整后续的教学内容和方法。这样的反馈循环使教学更具针对性,有助于满足心智障碍学生的学习需求。(图4-3)

一、填空题
1. 在欧洲,约公元前_____出现了设备简陋的客栈。
2. 1908年,被誉为"_____"的斯塔特勒在美国纽约州布法罗城(Buffalo)建造了第一家由他自己设计并用他自己名字命名的斯塔特勒饭店,开创了商业饭店时期。
3. 1978—1983年为我国饭店业的初创阶段,饭店由事业单位招待型管理走向_____管理。
4. 1983—1988年为我国饭店业的稳步发展阶段,饭店业由经验型管理走向_____。
5. _____是北京第一家中外合资饭店,也是全国第一家聘请外国饭店管理集团管理的饭店。

图4-3 课后教学评估题目举例

3. 周评估

周评估是精准安置理念在在校评估中的延伸。它强调了持续的、循环的评估,以确保教学和学习的动态调整。根据教学进度表,教师对学生的一周学习进行评估,这种定期的评估使教师能够更好地把握学生的学术进展,识别未掌握的内容,及时调整教学策略。这种循环的评估反映了精准安置的核心理念,即"评估即教学"。评估不再是一次性的、孤立的活动,而是教育过程中的有机组成部分,推动学生的学习和发展。(表4-7)

表4-7 周评估举例

周次	教学内容	计划完成情况	教学反思
5	实操: ➢ 职业礼仪与仪态训练; ➢ 中式铺床:床单包角强化训练; ➢ 整理还原:实训室基础清洁与物品还原	完成	本周的包角强化训练,我们在原来的基础上对学生提出了品质和速度要求。在学生PK环节中,陆铭毅同学作为一匹"黑马",以2分35秒的速度超越杨永康和李墨涵,整体动作比较干练,这与他对程序操作的理解力、学习力以及平时认真练习息息相关。 　　包角是中式铺床操作中最难的环节之一,本届同学仅用两周的时间就基本掌握,给同学们点赞!总结成功的原因如下: 　　(1)学生整体精细动作和认知理解能力较好; 　　(2)"双师"+生活老师+家辅,提高了指导效率; 　　(3)视频化解难点,鼓励学生操作一次后就马上总结反思; 　　(4)学生间展示交流,共同提高;小组PK,竞争与合作意识增强;整体学习氛围佳; 　　(5)前期常规养成,后期课堂高效

4. 期末测评

期末测评是任课教师根据本学期主要教学内容和教学目标对学生在本学期的学习情况所做的评估,以学生的职业知识和技能评估为主,也涵盖公共基础课程评估。从评估目标的角度来看,期末评估属于阶段性评估,反映了学生在一个学期内的学习效果和目标达成情况。期末测评是"评估即教学"的重要体现。(表4-8)

表4-8 学生学业水平测评表

序号	学习目标	完全掌握	部分掌握	未掌握
1	掌握饭店的概念及饭店产品的构成			
2	了解饭店业的产生与发展过程			
3	熟悉饭店的类型与等级			
4	了解饭店的结构、功能和布局			
5	了解饭店管理的概念及内容			
6	熟悉饭店管理的基本职能			

续表

序号	学习目标	完全掌握	部分掌握	未掌握
7	熟悉前厅部的职能、工作流程和任务			
8	客房部的清洁卫生工作及对客服务			
9	餐饮部餐饮服务的主要环节			
10	了解饭店市场营销的概念及营销观念			
11	了解饭店管理的概念及内容			
12	熟悉饭店营销组合策略			
13	熟悉饭店公共关系的概念及基本要素			
14	了解饭店公共关系的类型			
15	了解饭店人力资源管理的概念、目标及任务			
16	掌握饭店人力规划的内容和程序			
17	了解饭店服务质量的概念、内容及要素			
建议				
备注				

（二）专业技能评估

1. 专业匹配适应评估

专业匹配适应评估是在校评估的核心环节，其实施贯彻了"评估即教学"的理念，旨在确保每位心智障碍学生能够获得最适合他们的职业教育。该评估包括以下几个方面。首先，班主任仔细查阅学生的个人信息，包括学业成绩、学习特点、社交互动情况以及过去的教育历史，同时对学生的家庭背景和家长期望进行深入调查，全面了解学生的背景和支持体系。其次，班主任在学年初开始观察学生在校的表现，包括学习态度、社交行为、兴趣爱好和适应能力等。这种观察将有助于全面了解学生的个性特点，有助于更好地进行专业匹配。再次，班主任积极与学生交流，了解他们的兴趣、特长和职业志向，这些信息用于确定学生在特定职业领域的发展潜力。同时鼓励家长积极参与评估过程，向班主任提供更全面的学生信息和家庭对学生的成长期待。最后，根据收集到的信息、观察结果和家长的反馈，班主任和校方一起为每位学生选择适合其个性和兴趣的专业领域，包括中高职教育、职业高中教育、综合康复高中教育三种教育路径。通过专业匹配适应评估，学校能够确保对每位心智障碍学生的精准安置，提供更加个性化的职业教育培训和支持，有助于学生更好地适应未来的职业生涯。这一流程充分体现了"评估即教学"的理念，确保在校期间的教育是与学生的特点和需求相契合的。这种精细而个性化的评估过程为学生的职业教育奠定了坚实的基础，确保他们能够更好地挖掘自身潜力，为未来的职业生涯做好准备。

2. 综合素质评价

综合素质评价是在校评估的重要组成部分，其设计和实施紧密契合"评估即教学"的理念。该评价体系在每个学期结束时进行，目的是对学生的表现进行全面而综合的评估，以更好地了解他们的成长和发展。综合素质评价包括学业成绩评定、德育评价、在校竞赛成果以及班主任和家长评价。首先，综合素质评价将学业成绩作为评估的一部分，关注学生职业基本能力的培养，以评估反映学生学习情况和指导教师开展教学活动，是动态生成的重要评价指标。其次，综合素质评价对学生道德品行和社会行为进行评估，能够让老师更全面地了解他们的品德发展，在塑造基本道德标准的同时还培养不同专业的道德要求，以"工匠精神"为追求标准，不仅关注知识传授，还注重品德和价值观的培养，帮助学生塑造基本的从业道德规范。此外，学期获奖情况也被纳入综合素质评价中，考查学生在接受职业教育期间的差异化成果，激励学生积极参与学校的各种活动，培养他们的综合素质。综合素质评价还体现了"评估即教学"的理念，鼓励学生在自己擅长的领域创造成就，引导他们更积极地参与职业学习。最后，综合素质评价包括班主任的评价和家长的意见建议，以此形成家校共评共建共发展的评价模式，帮助学校更好地了解学生的个性和需求，为他们调整和制订更具个性化的教育支持和职业发展计划。

3. 职业资格考试

职业资格考试是在校评估中的重要部分，通过从业资格考查评估方式确保学生的职业技能和知识得到专业认证和验证。职业资格考试的结果不仅可以反映学生的学习成就，还可以为学生提供职业领域内的认可和资格。这种评估方式强化了职业教育的实用性和实践性，确保学生在校期间不仅掌握理论知识，还具备实际职业技能。

（三）校外实训评估

1. 见习评估

在心智障碍学生的职业教育中，见习评估的核心在于监测学生在真实工作环境中的能力表现，这对于他们的职业发展至关重要。学校派遣专业老师或校外单位的实习指导员在校外建立的见习实训基地开展见习评估，对学生的见习表现进行全面评价。这种评估不仅考查了学生的职业技能和实际操作能力,还关注了他们在工作场景中的情感控制、自我管理和与他人协作的表现。针对心智障碍学生,这一评估过程需要更多的耐心和理解,因为他们可能在某些方面需要额外的支持和指导。通过见习评估,学校能够更好地了解学生在实际工作环境中的优势和面临的挑战,为他们提供有针对性的培训和支持,以便让他们在未来更好地适应和融入职业领域。

2. 实习评估

实习评估同样是心智障碍学生职业教育中不可或缺的一部分。在"评估即教学"的理念指引下,学校通过与企业建立合作关系,为学生提供实习机会并为学生安排专业指导老师或实习导师,对他们的实际工作表现进行评估。这一评估包括学生在工作环境中的职业技能、问题解决能力、与同事和服务对象的交流协同以及工作场所中的社交技巧等多个方面。对于心智障碍学生,实习评估需要老师更多的耐心和细致观察,以确保学生在实践中获得最大的学习和发展机会。实习评估的重点是通过及时的反馈和指导,帮助学生克服挑战,提高职业素养,以确保他们在职业领域中具备必要的竞争力,能够胜任自己所选择的职业。这种评估方式强调了评估的指导性和教育性角色,促进了心智障碍学生职业发展的可持续性。

(四)心理与适应行为评估

心理与适应行为评估强调了心智障碍学生在校接受培养期间,他们的心理健康和行为发展。每学期初,学校会进行学生心理健康状况问卷调查,全面了解学生在假期结束及开学初的身心状态。学生心理健康状况问卷的内容包括对学生的情感状态、自我认知、社会互动等多个维度的评估,监测学生近一年内心理疾病诊断情况、情绪行为异常情况、躯体症状、电子网络依赖情况、睡眠状况、亲子关系、家庭养育环境。通过心理评估,学校能够更好地了解学生是否面临心理压力,为学生提供自我认知方面所需要的额外支持。

心理健康筛查主要采用定期检测和动态观察的方式开展。定期检测,即学校心理组每年根据心理健康测评专业问卷(广东省中小学生心理危机筛查系统、MHT、广东省心理健康测评、SCL-90、PHQ-9、人际关系调查表等)结合社会热点和学生需求自编问卷,对学校心智障碍学生家长展开问卷调查,从父母的角度了解学生心理健康状况(学校学生对心理问卷无法进行独立实测)。动态观察,即以班主任发放《班级学生心理健康上报表》,其他任课老师向班主任反馈等方式,向学校心理组报告需要关注学生。心理组的定期心理检测和班主任的动态观察,共同筑牢学生心理健康的第一道防线。对筛查出来的学生进行心理访谈,最后确定一级、二级和三级预警,针对不同预警级别进行相应的教育、心理行为干预。

适应行为主要考查学生在学校就读期间的社会互动情况,关注学生在校期间的行为表现。学校通过适应行为的评估来识别他们在校期间可能面临的特殊挑战,比如焦虑、社会交往能力差等问题,据此为学生制订个性化的情感支持计划,提供情感管理技能培训,促进学生对校园和职业领域的适应,为他们未来的职业生涯奠定坚实基础,帮助学生更好地应对学校生活和将来的职业挑战。

三、评估实施

"评估即教学"理念下的心智障碍学生职业教育过程评估更具灵活性和个性化,满足学生的职业能力和生活适应能力提升的需求。"评估即教学"理念强调了教育评估活动与教学活动之间的密切关联,将评估视为教育的一部分,以评促教;用以指导学习活动和支持学生发展,以评促学。评估实施的过程与中高职教育、职业高中教育、综合康复高中教育三类不同的入学评估方式相对应,以确保每位学生在职业教育中得到最合适的支持和教育。评估活动的个性化和针对性使得教育者能够更好地了解每位学生的学习进展和发展需求,采取相应的支持措施和教学改进措施,确保心智障碍学生能够在职业教育中充分发展潜力,实现其职业发展目标。这反映了"评估即教学"理念在教育实践中的适应性和个性化特点,尤其适用于心智障碍学生的职业教育。

(一)中高职

在校评估中的中高职教育评估实施过程包括多个环节的流程,旨在深入评估学生的学业表现和心理状况。首先,心理评估是评估的第一步,通过心理健康问卷调查和教师动态观察,了解学生在学期初的身心状态。接着,课业评估包括了课堂表现的评估,教育者观察学生的参与度、课业完成情况和对课程内容的掌握程度。此后,期末随堂考评估学生每个学期的知识掌握程度,提供一个分阶段的评估。最后,期末学业水平测试则是对学生整个学期的学业水平的综合评估,它不仅包括学术成绩,还考查了学生在综合素质方面的表现。这一系统的评估流程帮助学校更全面地了解学生的学习和心理需求,为他们提供个性化的支持和培训,确保他们在中高职教育中得到充分的发展和培养。

(二)职业高中

在校评估中的职业高中教育评估实施过程主要包括三个关键部分(图4-4),

这些部分相互衔接，以确保学生在职业教育过程中获得全面的评估和支持。首先，课堂评估是日常的评估环节，从心理评估开始，对学生所选的专业进行评估，确定好专业所学内容后对学生从事职业的基础能力进行评估，找到最合适的教学模式。其次，融入课中评估和课后评估，以教学过程的基本脉络来评估学生在读期间的职业发展能力。"评估即教学"使评估发生在每个学习单元内，教育者会观察和评估学生在课堂上的表现，包括他们对课程内容的理解、技能运用情况以及参与度。这些评估提供了实时的反馈，有助于教育者根据学生的需求和进展进行教学调整。再次，周评估是每周结束时的总结和评估环节，通过查看整个学习周期内学生的学习成果，教育者可以更全面地了解学生的进展和需求。最后，中期和期末评估是更长时间范围的评估，用于评估学生的学年或学期的总体表现。这些评估有助于确定学生在特定时间段内的职业技能水平和综合素质。通过这一系统的评估流程，教育者能够及时了解学生的学习需求，为他们提供更好的支持，确保他们在职业教育中得到最合适的学习和发展。

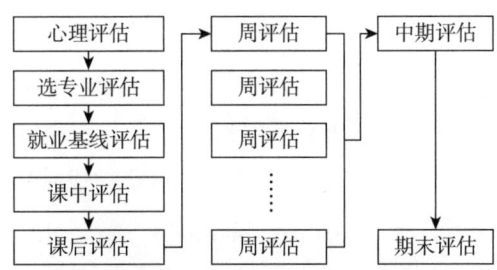

图 4-4 职业高中过程评估

（三）综合康复高中

综合康复高中教育的在校评估实施主要针对心智障碍学生的特殊发展需求，考虑到安置在综合康复高中的心智障碍学生的障碍程度较高，教学评估的重点倾向于生活适应与基本生活能力的提升方面。首先，心理评估是综合康复高中的评估起始点，通过心理健康问卷调查和教师动态观察，学校可以全面了解学生的身心状态，特别重视学生的康复需求。随后，课前评估帮助教育者了解学生的教育起点，制订个性化教育计划。课堂评估是一个连续的过程，它包括对学生在教学中的参与程度、技能运用和理解程度的观察和评估。最后，期末测评是学期末的综合评估，旨在全面了解学生的康复技能和综合素质的发展。这一流程侧重在康复技能训练上，确保学生的康复需求得到满足，为他们的职业教育提供个性化的支持，使他们在综合康复高中得到最适宜的培养和发展。

四、案例列举

小希,出生于 2004 年 12 月,被诊断为孤独症。根据入学评估结果,小希于 2021 年 9 月入读元平特校职业高中。学期开学时,班主任便通过线上家访得知小希和家人都有强烈的就业意愿,希望高三毕业时小希能够找到一份工作,这一目标和学校职业高中的教育目标是一致的。

高一开学初,小希妈妈认真填写了小希的心理健康调查问卷,问卷结果显示小希近期的身心状况良好,这为他的高中学习和生活奠定了良好的基础。

作为一名职业高中生,高中三年学习中最重要的就是专业课的选择与学习。面对众多的专业,如何选出适合自己的专业呢?小希和妈妈经过与班主任的多轮沟通,最终制定了高中第一年选客房服务专业、第二年选中西面点专业、第三年选汽车美容与装潢专业的三年规划。

第一年小希选报了客房服务专业。随后,客房服务专业的老师们通过对学生基本信息的了解和与班主任访谈之后,确定小希成为客房服务专业班级的学生,并为小希和班级其他学生进行了客房服务课程诊断性评估,了解学生客房服务专业相关知识、技能的掌握程度。在之后的专业课学习中,小希在老师教完实操技能后,都会与同学在课堂中进行大量练习,一遍遍的实操练习让小希的学习任务完成得越发出色,"做得更快了""包得更平整了",这是老师对小希完成铺床任务的评价。课后,老师会再次布置课后练习任务,并在下次课开始前进行评比。与此同时,专业课教师会记录下学生们一周实操练习的各项数据,为下一周的教学调整提供参考。

经过一个半学期的学习,小希终于在第二学期的 5 月盼来了"校长杯"学生职业技能大赛,这是他期待已久展现自己专业所学的好机会,他跟班主任表态:"我要更加认真地练习,争取拿第一名!"确实,专业课堂中,他更加投入了,课后也会更积极地向老师们请教。不负所望,小希在客房服务专业"中式铺床"比赛中喜获一等奖第一名的好成绩。学期末,小希的客房服务专业各科课程的期末测评都获得了 A+ 的好成绩,综合素质评价表的获奖一栏赫赫写着本学期的各项获奖,其中包括"校长杯"一等奖、省残运会 400 米一等奖等。经过一年的专业学习,小希收获满满。

高二,小希如愿选上了中西面点专业。作为元平特校热门专业的中西面点专业与往年一样人才济济,好几位同学刚开学就明确说自己想要拿这一学年"校长杯"的第一名,这让好胜的小希倍感压力,暗自觉得同学都是对手,生怕自己得不了第一名。带着这样的压力,小希开始出现一些让老师疑惑的行为:上课不按老师要求完成任务,老师讲解知识点时发出"嘻嘻嘻"的嬉笑声,老师耐心劝解但作用有限。某天早上,在班主任再次严厉指出小希的问题时,小希冲回班级,一拳砸碎了电子班牌的屏幕。面对这一严重行为,班主任、副班主任联合家长和心理老师抓住机会,制订了小希的心理支持计划,所幸,经过半学期的持续辅导,小希重回正轨,也在"校长杯"中获得了期待的好成绩。

在高二的学习中,小希作为优秀学生参加了多个酒店的见习活动,得到了酒店专业人员的细心指导,学校带队老师和酒店指导老师都对他的见习表现十分肯定,并对小希日后的专业学习提出了具体的提升建议,这些建议让小希的学习有了更明确的目标——争取在酒店工作。

高三,小希按计划选择了汽车美容与装潢专业。在这期间,学校组织学生参加职业资格考试,中西面点、中式厨艺两个专业的学生可以参加初级西式面点师、中式烹调师的职业资格证考试。得知这个消息后小希和妈妈都很开心,表示"能考证,拿出去有含金量"。11月,小希在经过理论和实操的复习后顺利参加考试并考取了西式面点师资格证。同月,在校运会开幕式表演训练、特奥田径训练、日常古筝训练的繁忙学习中,小希又得到了一个好消息——他暑期参观过的一个酒店计划招收实习生,就业指导小组的老师推荐他去参加面试。"争取通过面试,做一个实习生"成为他明确而充满动力的目标,小希也在此后的学习中不断为之努力着,期待目标实现。

第三节 离校评估

"循证转衔"理念下的毕业评估是一个综合性的过程,其目标是通过科学、透明的评估方法,充分结合学生的个性需求,为心智障碍学生的职业发展提供有力指导。在离校评估中,元平特校针对心智障碍学生建立了市特殊学生高中毕业转衔安置工作小组,构建了市特殊学生高中毕业转衔安置评估体系,以确保评估过程的全面性和科学性。通过构建以心理评估、职业能力评估、转段考核以及康复适应能力评估等多个方面为主体的"循证转衔"评估体系,了解学生的心理健康状况、职业能力。"循证转衔"理念下的毕业评估旨在衡量学生在特定职业领域的技能水平,转段考核则为学生提供了升学的机会,而康复适应能力评估则关注学生在康复过程中的适应能力。"循证转衔"理念强调通过科学的评估和合理的组织方式,充分关注学生的多层面需求,以确保每位心智障碍学生都能够顺利地高中毕业,为其未来的职业发展奠定坚实基础。

一、评估理念

"循证转衔"评估理念源于循证实践(evidence-based practice)的范式,该范式强调通过科学研究和实证证据来指导决策和行动。在心智障碍学生的教育领域,"循证转衔"的评估理念是为了更好地满足这一特殊群体的个性化需求,提高其职业发展和社会融入的机会。循证实践理论作为支撑"循证转衔"评估理念的关键理论,强调使用由科学研究产生的证据来指导实践,深度融入心智障碍学生毕业评估的设计和实施的全流程之中。在"循证转衔"评估理念的指导下,心智障碍学生的毕业评估在整个实施和操作过程中形成了比较具体的评估要求。第一,要在心智障碍学生的毕业评估过程中形成比较完整的证据层级体系,强调科学研究和实证证据的运用,确保评估过程更为客观和可靠。在心智障碍学生毕业评估中,需要采用具有高证据级别的评估结果用以支撑接下来的心智障碍学生的就业转衔,如学生在校期间全部过程性材料的评阅和学生能力与职业要求之间的匹配能力评估测试等。转衔安置工作小组可以依据这些高质量的证据更准确地了解学生的学业水平和职业适应能力,制订评估计划,确保评估方法和策略的科学性和有效性。这种科学的评估方法有助于消除来自包括学科发展水平在内的单方面主观偏见,提高评估的客观性,确保学生获得更为准确的离校评估结果。第二,"循证转衔"评估理念需要整合跨学科资源的支持。循证实践理论强调整合不同领域的知识使评估和决策更全面,在心智障碍学生的毕业评估中,可能涉及学生学科知识与基本素养评估、职业技能的评估、职业心理素质的评估、康复医学领域的综合评估等多个领域的知识。评估者依托跨学科的综合评定,综合考虑学生的多方面需求,为其提供更为全面的支持。这有助于确保评估不仅仅关注职业发展能力与转衔安置的效果,还包括学生在职业发展和生活适应方面的全面素养。第三,"循证转衔"理念下的离校评估将来自教育评估的科学证据与教师的专业经验和心智障碍学生的发展特点紧密结合,使得评估更具实际针对性。它要求作为评估者的教师既要共享评估信息,又要密切结合学生特点,由高中毕业转衔安置工作小组领衔,形成心智障碍学生离校评估的一人一案。评估小组应对学生充分了解,将科学证据与学生的个体差异相结合,共同制订目标和计划。通过科学证据与专业经验的结合,评估者能够更好地制订目标和计划,确保评估结果更为贴合学生的实际情况。

"循证转衔"理念的核心在于将科学研究和实证证据纳入心智障碍学生职业教育离校评估实践的方方面面,为学生提供更为科学、个性化的支持和指导。在心智障碍学生的离校评估中,"循证转衔"理念发挥着重要的影响,为学生提供了更为全面和贴心的支持。通过结合科学研究和实证证据,整合跨学科资源以及充分发挥教师的专业经验，"循证转衔"理念在离校评估中助力心智障碍学生更好地迈向职业发展的下一个阶段，为其职业发展和社会融入提供科学可行的路径。

二、评估内容

离校评估的评估内容在"循证转衔"理念下体现了科学、个性化和全面性，可以分为两个层面四种方式。第一个层面是指面向所有学生，考量毕业生心理发展能力的毕业生心理评估。第二个层面是指面向接受了三种教育安置包括中高职教育、职业高中教育、综合康复高中教育的学生的差别化评估，考量心智障碍学生在精准的教育安置下是否具备了与培养目标相匹配的综合发展能力。离校评估设计的每一项评估内容都有助于为学生提供有针对性的支持和指导，确保他们在毕业后能够更好地继续深造、适应职场或社区生活。

（一）心理评估

毕业生的心理评估面向三种安置方式的所有学生。心理评估的关键在于深度了解学生心理能力的发展水平、心理行为的适应程度等，在评估过程中融入了心智障碍学生的兴趣、价值观和对未来职业的期望，据此制订针对性的转衔规划，以确保他们的心理能力能够较好地适应未来匹配的安置环境。

（二）转段考核

转段考核面向中高职教育路径的学生并以升学为导向，学生需在"三二分段"招生专业"三二分段"班就读，具有正式中职学籍且符合高职阶段招生要求。中高职学生在完成三年中职教育之后，参加由高职院校（深圳职业技术大学）组织命题的中高职贯通培养"三二分段"转段考核，被录取学生参加高职阶段学习并完成相应考核后可获得高职毕业证书；未被录取学生经元平特校考核合格后颁发中职毕业证书。转段考核不仅要求学生在学科知识上有一定深度，还需要考查其学术能力和适应高职阶段学习的潜力。通过这一评估，学校可以更好地判断学生是否适合继续深造，并为其提供相应的升学指导。转段考核包括公共基础课考核、专业技能课考核两部分，实行"分项考核、综合评价"两种评价方式。分项考核的主要评估内容为公共基础课成绩和专业技能课成绩；综合评价为对口中职学校在该课程学习结束时，采取认定、实操、面试等多种形式组织开展的考核。

分项考核中的公共基础课考核是由深圳职业技术大学主导、元平特校参与的，对学生学习成果进行认定的考核。考核的公共基础课包括语文、职业道德与法律、社会适应 3 门课程，每门课满分为 100 分，3 门课程成绩占总成绩的 30%，课程考核采用形成性考核方式。公共基础课成绩认定方式采用 3 门公共基础课程期末总评成绩的算术平均分乘以 0.3。每门课程考核及格（不低于满分值的 60%）才具有进入高职学习的资格。专业技能课考核是由深圳职业技术大学主导、元平特校参与的，对学生专业知识进行认定的考核。专业技能课包括前厅服务与管理、客房服务与管理、中餐服务 3 门课程，每门课满分为 100 分，3 门课程成绩占总成绩的 70%，课程考核采用形成性考核方式。其内容包括：理论知识与实操技能，分值占比分别为 30%、70%。专业技能课成绩认定方式采用 3 门专业课课程期末总评成绩的算术平均分乘以 0.7。每门课程考核及格（不低于满分值的 60%）才具有进入高职学习的资格。

（三）职业能力评估

职业能力评估面向职业高中学生并以就业为导向，职业能力评估内容为中职学生的在校职业教育发展能力。职业能力评估以人职匹配分析表、模拟面试两种考核形式为主，涵盖了职业核心硬技能、职业发展软技能，包括简历制作、面试礼仪与技巧、自我介绍、交通出行规划能力等内容。通过这些具体的评估步骤，学校可以更全面地了解学生的就业准备情况，有针对性地提供职业建议和制订转衔计划，将精准安置的培养目标中涉及的职业领域所具备的基本能力与学生当前发展现状相匹配，做到对标对表考查学生的职业能力发展水平。其中主要涉及心智障碍学生基础认知能力、工作态度与习惯、肢体活动与体能、职业能力与智慧以及异常行为的接纳等方面的内容，具体内容如表 4-9 所示。

表 4-9　人职匹配分析表

领域	工作要求	该岗位需要学生具备的能力	岗位标准	学生现状	备注	设置
一、基础认知能力	1. 阅读	（1）流利阅读理解 （2）阅读理解简单标语、短文 （3）辨识理解标志、符号 （4）无				单选
	2. 计数	（1）复杂计算 （2）简单加减 （3）简单数数 （4）无				单选
	3. 书写	（1）书面写作 （2）简单书写或抄写（如姓名、住址、便条留言） （3）写简单汉字、符号、数字 （4）无				单选

续表

领域	工作要求	该岗位需要学生具备的能力	岗位标准	学生现状	备注	设置
一、基础认知能力	4. 感官功能	(1) 听觉辨别 (2) 视觉辨别 (3) 嗅觉辨别 (4) 触觉辨别				多选
	5. 区辨能力	(1) 辨别大小 (2) 辨别颜色 (3) 辨别形状 (4) 辨别方位 (5) 无				多选
	6. 判断力	(1) 判断对错/好坏 (2) 判断数量多寡 (3) 判断对象的轻重 (4) 判断事情先后缓急 (5) 其他(如干净/脏,开始/结束)				多选
二、工作态度与习惯	7. 主动性	(1) 积极主动参与工作任务 (2) 主动性较好 (3) 主动性一般 (4) 无				单选
	8. 专注度	(1) 能专注工作,富有责任心 (2) 专注度较高 (3) 专注度一般 (4) 无				单选
	9. 时间观念	(1) 知道何时该做哪一项工作 (2) 知道何时开始与结束工作 (3) 知道何时休息与进餐 (4) 无				多选
	10. 工作时间要求	(1) 周末工作 (2) 晚上工作 (3) 半职工作 (4) 全职工作 (5) 排班(轮班)工作 (6) 经常加班工作				多选
	11. 出勤状况	(1) 依规定到岗工作,不会无故不到或经常缺席 (2) 每月请假半天至1天 (3) 每月请假2~3天 (4) 每月请假4天以上				单选
	12. 卫生习惯	(1) 整洁且适宜 (2) 保持清洁但不适宜 (3) 卫生习惯不佳但可训练				单选

续表

领域	工作要求	该岗位需要学生具备的能力	岗位标准	学生现状	备注	设置
二、工作态度与习惯	13. 职业形象与礼仪	(1) 仪容仪表干净、整洁 (2) 仪态大方、得体 (3) 职业语言礼貌、规范 (4) 制服合身、平整、无破损、无丢扣 (5) 鞋袜符合岗位规定 (6) 无				多选
	14. 安全意识	(1) 设备或工具操作安全意识 (2) 自我保护意识 (3) 消防安全意识 (4) 其他(如用电安全、用气安全意识等)				多选
三、肢体活动与体能	15. 上肢体活动	(1) 双手操作,包括手臂及手指之动作(左手、右手) (2) 单手操作,包括手臂及手指之动作 (3) 双手手指从事简单操作 (4) 单手手指从事简单操作				单选
	16. 下肢体活动	(1) 大量肢体活动,活动区域不受限 (2) 上下楼梯或跨越小障碍 (3) 在区域内坐或站				单选
	17. 移动要求	(1) 攀爬,可以上下楼梯、梯子等 (2) 搬动,搬动货物、重物 (3) 走动,可以平面移动 (4) 站立,工作地点双脚保持站立 (5) 可以保持坐姿工作				多选
	18. 工作活动范围	(1) 不受限于活动范围,户内户外均可 (2) 在建筑物内外行动与工作 (3) 在整栋建筑物内行动与工作 (4) 在几个房间内行动与工作 (5) 在一个房间内行动与工作 (6) 固定在一个小区域内工作				单选
	19. 力气(举重与搬运)	(1) 强壮,20千克以上 (2) 一般,13~18千克 (3) 尚可,4~10千克 (4) 不好,2千克以下				单选
	20. 耐力(可持续工作时长)	(1) 可持续工作4小时以上 (2) 可持续工作2~4小时 (3) 可持续工作1~2小时 (4) 可持续工作1小时以内				单选

续表

领域	工作要求	该岗位需要学生具备的能力	岗位标准	学生现状	备注	设置
三、肢体活动与体能	21. 工作环境适应能力	(1) 温度：在高温环境下工作 (2) 温度：在适宜温度环境下工作 (3) 温度：在低温环境下工作 (4) 湿度：在潮湿环境下工作 (5) 湿度：在适宜湿度环境下工作 (6) 湿度：在干燥环境下工作 (7) 分贝：在吵闹环境下工作 (8) 分贝：在适宜环境下工作 (9) 分贝：在安静环境下工作 (10) 其他(请备注)				多选
四、职业能力与智慧	22. 设备使用	(1) 按照操作说明熟练使用所需设备 (2) 掌握设备的基本操作 (3) 无				单选
	23. 工具使用	(1) 能按照工作要求安全、正确、熟练使用工具 (2) 掌握工具的基本操作 (3) 无				单选
	24. 交通工具使用	(1) 驾驶汽车 (2) 骑电动自行车 (3) 骑单车 (4) 乘坐公共交通 (5) 其他(请备注) (6) 无				多选
	25. 职务流程	(1) 连续做7个步骤以上 (2) 连续做4~6个步骤 (3) 连续做2~3个步骤 (4) 一次只做1个步骤				单选
	26. 执行力	(1) 能正确理解并快速执行工作任务，服从安排与管理 (2) 执行力较好 (3) 执行力一般 (4) 无				单选
	27. 工作任务	(1) 按品质完成标准工作量 (2) 完成标准工作量的80%以上 (3) 完成标准工作量的60%~80% (4) 完成标准工作量的40%~60%				单选
	28. 工作速度	(1) 达到标准速度 (2) 达到标准速度的80%以上 (3) 达到标准速度的60%~80% (4) 达到标准速度的40%~60%				单选

续表

领域	工作要求	该岗位需要学生具备的能力	岗位标准	学生现状	备注	设置
四、职业能力与智慧	29. 应变能力	(1) 灵活应变 (2) 应变能力较高 (3) 应变能力一般 (4) 无				单选
	30. 沟通能力	(1) 用句子口语清晰、准确、完整地表达 (2) 用句子表达,但口齿不清晰 (3) 用重要字词、笔谈或手语表达 (4) 用声音或手势表达				单选
	31. 社交能力	(1) 和他人有良好互动 (2) 和他人简单问候、答谢 (3) 和别人互动有困难				单选
	32. 独立工作	(1) 可以长期一个人工作 (2) 可以不定期一个人工作 (3) 无法一个人独立工作				单选
	33. 团队合作	(1) 和他人分工完成工作任务 (2) 和他人共同完成 (3) 和他人合作有困难				单选
	34. 抗压能力	(1) 能承受他人的批评 (2) 能承受上司督导的压力 (3) 能承受同事竞争的压力 (4) 不能承受人际压力				多选
	35. 问题解决	(1) 能独立解决工作与生活中常见问题 (2) 在他人的指导下自己解决 (3) 需要找相关人士帮助自己解决 (4) 不具备问题解决能力				单选
五、其他	36. 异常行为的接纳(异于常人的行为)	(1) 没有异常行为 (2) 有少数异常行为 (3) 有许多异常行为				单选
	37. 工作条件	(1) 无障碍设施 (2) 固定时间 (3) 固定地点 (4) 固定内容 (5) 其他(请备注) (6) 无				多选

注:"无"表示该项内容对学生无要求,或学生不具备该项内容。

（四）康复适应能力评估

康复适应能力评估是对综合康复高中毕业生进行的毕业评估。评价目的是在专业课程学习结束后，对学生的专业水平进行鉴定。评价内容是专业课程目标与核心专业知识技能。该评估以职业资格认定方式为范例，为学生设计专业素养与能力的考评，并综合学生过去的学习表现，为学生颁发对应的证书，如"家政服务证"，让学生获得职业身份认同感的同时形成毕业后独立自强的自主意识。

该评估主体包括教师和专业机构。教师综合学生两年的学习情况，挑选专业知识技能掌握优秀的学生参与专业机构组织的专业资格认定，其余学生由本班专业教师进行专业综合测评。在专业综合测评中，教师将本专业课程的核心学习目标制成综合测评表（三点计分法：完全掌握、部分掌握、未掌握），通过观察学生在综合性实操活动中的表现填写综合测评表，给出专业等级（A——优秀；B——良好；C——及格；D——差）。教师初步筛选的优秀学生将参与深圳技师学院提供的专业技能资格认定，考取专业资格证书。

三、评估实施

学校建立心智障碍学生高中毕业转衔安置工作小组，构建深圳市特殊学生高中毕业转衔安置评估体系，根据学生的学业成就水平、职业技能水平以及社会适应水平为学生的就业提供系统支持。在"循证转衔"理念的指导下，离校评估实施流程主要分为中高职转衔评估、职业高中转衔评估以及综合康复高中转衔评估三类，确保每位心智障碍学生在职业教育转衔中得到最适宜的转衔安置，三类教育安置分别对应其培养目标形成了各具特点的转衔评估流程。首先，与评估内容相对应，三类转衔评估首先完成毕业生心理评估，聚焦于学生的心理状态，为学生的后续职业发展提供科学支持。其次，中高职和职业高中的学生转衔评估主要聚焦于在校期间专业学习能力与职业培养能力，对于以升学为导向的中高职学生转段考核，充分结合了学科知识和基本素养的全面素质评估，以确保学生在升学阶段满足高职院校的录取标准；中职毕业生以就业为导向，采用循证实践理念评估学生的职业硬技能和软技能，确保其就业市场具备竞争力。最后，对于综合康复高中学生，评估流程着重于康复适应能力评估，将康复技能培训融入考核过程，以确保学生在社区融合中更好地适应。整个评估实施过程充分贯彻"循证转衔"理念的原则，将科学实证与个性化定制相结合，为每位心智障碍学生提供最适宜的职业教育安置，助力其职业发展和社会融入。

（一）中高职

在校评估中的中高职分段评估实施过程包括多个环节的系统流程,旨在深入评估学生的学业表现和心理状况。在"循证转衔"理念的引导下,中高职心智障碍学生的离校评估流程主要以"三二分段"转段考核评估为主体,包括分项考核和综合评价

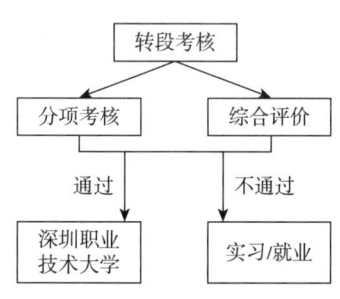

图4-5 中高职毕业评估流程

（图4-5）,旨在为学生的升学提供科学而有针对性的支持。首先,分项考核环节突出了对心智障碍学生在中职学段所获得的职业技能和学科知识的全面检验。通过设计具体的考核项目,包括实际操作能力、职业技能水平、学科知识掌握等方面的测试,全面评估学生在中职学业阶段的学业水平和职业技能。这一步骤注重从多个角度了解学生的综合素质,确保评估结果更为科学准确。其次,综合评价环节通过对学生的学科成绩、职业技能水平、实践能力等方面进行深度评估,全面分析学生的优势和不足。这一环节不仅仅看重学生的学业成绩,更注重学生的实际运用能力和职业适应匹配能力。通过科学的评估手段,为学生提供更全面的发展建议,助力其更好地适应职业教育的深造阶段。通过评估的学生进入深圳职业技术大学继续深造,有机会在高职阶段接受更为专业和深入的职业培训。这一举措将帮助学生更好地适应高职的学业要求,提高其职业竞争力。对于评估结果较差的学生,实习或就业成为转衔的重要路径。这种差异化的评估和安置方式,充分考虑了每位学生的个性和潜力,确保每位学生都能够通过离校评估找到最适合自己的发展路径。通过实习或就业,学生将有机会在真实的职场环境中锻炼能力,为未来的职业发展打下坚实基础。

整个中高职心智障碍学生离校评估流程贯彻了"循证转衔"的理念,以科学的方法评估学生的学科和职业技能,通过个性化的评估和建议,确保每位学生在职业教育的升学转衔中得到最合适的支持和教育。这一流程既注重学生在中职学业阶段的学科知识和职业技能的全面发展,又考虑了学生在升学阶段的个性化需求,全方位助力学生实现更好的职业发展。

（二）职业高中

离校评估中的职业高中评估实施过程形成了以"职业能力评估"为主体,包括专业技能考核、人职匹配、模拟面试三个关键部分的评估流程（图4-6）。在"循证转衔"理念下充分挖掘心智障碍学生的职业技能潜力和社区融合能力,确保其在职业

教育转衔中得到科学且适切的转衔安置。首先,专业技能考核是评估的核心环节,对学生在特定职业领域的实际操作能力进行综合评估。这一步骤遵循科学的方法和循证实践的原则,通过设计专业技能考核项目,全面了解学生在职业领域的实际操作能力,注重学生的学科知识水平,更强调实际应用能力的检验,确保评估结果更具科学性和实效性。其次,人职匹配环节关注学生的个性特点和职业兴趣,通过综合分析学生的心理状态、兴趣爱好以及专业技能,精准匹配与学生特长和发展方向相适应的职业。这一步骤在整个评估流程中扮演了桥梁的角色,通过科学的心理评估和个性化的职业规划,确保学生被转衔安置到最合适的职业领域。再次,在模拟面试环节,学生将接受真实职场情境的模拟,评估者将从学生的沟通表达能力、自我展示能力、团队协作能力等多个角度进行综合评估。这一环节旨在全面了解学生的综合素质和职场适应能力,为后续实习或就业提供科学的参考依据。最后,对于评估结果较差的学生,社区融合成为关键的转衔路径。在社区融合环节,学生将接受康复适应能力评估,以便培养其社区生活和自理能力。这种差异化的评估和培训方式,将有助于学生更好地适应社区环境,为他们提供更为温暖和贴心的关怀。

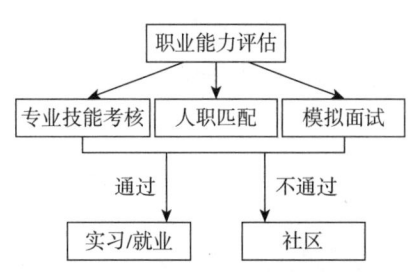

图 4-6 职业高中毕业评估流程

整个评估流程充分体现了"循证转衔"理念的原则,通过科学的评估方法、个性化的职业规划,确保每位职业高中心智障碍学生在离校评估中得到最适宜的支持和教育,为其顺利融入职业教育转衔提供科学依据。这一流程不仅关注学生的职业技能,更注重他们的心理状态、个性特点和康复能力,助力每位学生实现更好的发展。

(三)综合康复高中

综合康复高中的离校评估形成了以"康复适应评估"为主要内容的实施过程。通过考核的学生毕业后回归社区,成为社区适应能力较强的公民。少部分优秀学生高分通过康复适应评估,教师推荐其参加中职职业能力评估,后续参与实习或就业(图 4-7)。综合康复高中的康复适应评估贯彻了"循证转衔"理念,既评估了学生经过三年综合康复之后的社区适应能力,也为学有余力、专业技能突出的学生提供了参加职业能力评估的机会,为其更深度融入社会、参与实习或就业提供了坚实保障,让所有综合康复高中毕业生学有所得,各安其位。

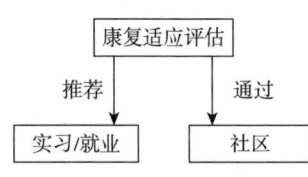

图 4-7 综合康复高中毕业评估流程

四、案例列举

小然,2003年出生,智力障碍者。2019年她入读元平特校职业高中,2021年秋,成为一名即将毕业的高三学生。高三这一年,小然班里陆续有两三位同学去实习或工作了,她和家人也期待着她能找到一份工作。为此,班主任密切关注企业的各种招聘信息,希望能为小然找到合适的推荐岗位。9月底,班主任得到消息,将有几个企业来校开展校园招聘宣讲,班主任立即帮小然报了名,并在就业支持小组老师的指导下,开始准备面试。

一方面,老师通过对岗位情况和小然自身特点的分析,为小然制作了人职匹配分析表,据此制订小然的个别化就业支持计划;另一方面,班主任配合就业指导小组老师,共同指导小然提高洗衣房专业技能、软技能(形象礼仪、沟通礼仪等),进行面试前专项指导(制作简历、教授面试技巧、开展校内模拟面试)等一系列的就业支持培训,以帮助小然顺利就业。

在首次校园招聘面试中,小然因紧张而表现不佳,并未获得目标岗位的实习机会。面对这次失败,班主任鼓励小然重整旗鼓,准备下一次面试。经过一个多月的持续训练,小然顺利通过了学校的职业能力评估并获得了第二次面试机会。这一次,她表现得轻松而自信,终于争取到了目标岗位,成为一名酒店洗衣房实习生。最后,她成为酒店的正式员工,开启了自己的职场生涯。

第五章 心智障碍学生高中教育课程

随着新时代经济社会发展的全面转型升级和社会主要矛盾的改变,我国教育发展战略定位已经由高速度转向高质量。① 高质量课程体系建设是回应新时代教育发展诉求的关键。② 高质量课程以素养为导向,是课程设计的高层次、课程运行机制的高水平、课程育人效果高境界的总称,高质量的课程归根结底是学生发展的高质量。③《"十四五"特殊教育发展提升行动计划》提出,"到 2025 年,高质量的特殊教育体系初步建立""教育质量全面提升,课程教材体系进一步完善,教育模式更加多样,课程教学改革不断深化,特殊教育质量评价制度基本建立"的主要目标。④ 为响应国家政策,建立高质量特殊教育体系,元平特校优化心智障碍学生高中教育课程,创设高质量教育课程体系,以期为心智障碍学生适应生活、融入社会做出贡献。

第一节 课程设计

课程设计是按照育人的目的要求,制定课程标准和编制各类教材的过程。⑤ 元平特校根据课程设计理念,制定课程设计目标与课程设计方案,同时提供课程所需的课程资源供大家参考借鉴。

一、课程理念

课程设计需要课程理念的指引。元平特校面向社会需求,根据心智障碍学生的

---

① 刘雨杭,姚伟,柳海民.幼儿园高质量课程建设:价值意蕴、现实困境及纾解之策[J].湖北社会科学,2023(1):154-161.
② 谢翌,程雯,杨志平,等.高质量学校课程体系:价值指向、基本特征与建设理路[J].课程·教材·教法,2023,43(2):32-40.
③ 文建章.第四次工业革命背景下的高质量课程建设:牵引、浸润、回应[J].当代教育论坛,2022(5):105-115.
④ 国务院办公厅关于转发教育部等部门"十四五"特殊教育发展提升行动计划的通知[EB/OL].(2022-02-20)[2023-04-20]. https://www.gov.cn/zhengce/content/2022-01/25/content_5670341.htm.
⑤ 廖哲勋.课程学[M].武汉:华中师范大学出版社,1991:119.

身心特点,依据下述理念,设计心智障碍学生高中教育课程。

(一)学生中心课程理念

在课程设计中,学生中心课程理念主张以学生的兴趣、爱好、动机、需求、能力、态度等为基础编制课程,该类课程的核心不是学科内容与社会问题,而是学生的发展,且课程内容随着教学过程中学生的变化而变化。① 元平特校根据学生中心课程理念,以学生的兴趣爱好、能力等为基础设置专业和社团课程,并且课程内容根据学生的发展而发生合理变化,满足所有学生的需求。

(二)五育并举理念

五育并举是指让学生德智体美劳全面发展,只有将德智体美劳五育完美融合,才能真正达到育人的目的。② 五育并举课程构建需彰显时代性,强调整体性,凸显适宜性,③让课程真正助力特殊学生。心智障碍学生的高中教育课程设计应该以提升学生的综合能力为主要方向,具有职业潜能的心智障碍学生能通过提升综合能力达到职业教育的基础要求,而程度较为严重的学生能够通过高中教育达到适应生活的目标。④ 在新时代背景下,学校致力于心智障碍学生的全面培养,为其日后能够顺利融入生活、就业打下坚实基础。

(三)全人教育理念

全人教育强调人的整体发展,强调个体的多样性以及经验、个体之间的合作。⑤ 全人教育提出,教育的根本目的是促进学生的内在潜能充分发展,不能仅传授知识、发展智力,应扩展个体经验,争取实现学生的全面发展。同时,要将学生视为独立的"个体",给予每位学生宽容、尊重、欣赏,在每个学段都应该给予学生充分的自我选择的自由空间。⑥ 教育不仅是一种探索知识、培养技能、准备职业的途径,也是一种塑造人格、涵养道德、发展理性、追寻生命意义的过程,因此,元平特校在设计心智障碍学生高中教育课程时既考虑到培养学生的"高技能",也注重培养学生的

---

① 施良方.课程理论——课程的基础、原理与问题[M].北京:教育科学出版社,1996:17.
② 张曼,王瑞峰."五育并举"育人模式探索及实践——评《五育并举 立德育心》[J].中国教育学刊,2022(12):146.
③ 郭鸿,闫晓东,王喆,等.五育并举视域下区域课程的构建[J].中国教育学刊,2023(5):83-89.
④ 于素红.上海市普及智力障碍儿童高中阶段教育的必要性与可行性[J].中国特殊教育,2009(12):46-50.
⑤ 刘宝存.全人教育思潮的兴起与教育目标的转变[J].比较教育研究,2004(9):17-22.
⑥ 赵蒙成.从全人教育视角看普职融合课程的价值定位与实现路径[J].教育与职业,2018(23):89-94.

"高素质"。[1]

（四）职业生涯教育理念

职业生涯教育着眼于促进学生一生的发展,对于学生实现未来人生规划具有重要意义。[2]《"十四五"特殊教育发展提升行动计划》提出,"着力发展以职业教育为主的高中阶段特殊教育","推动特殊教育学校增设职教部(班)",[3]因此发展高中阶段的特殊教育时应重视职业教育,在专业课程设置时应更多地向职业教育方向倾斜。[4] 职业教育是生涯教育体系的重要支柱,随着职业人才供求矛盾的突出和社会认知的变化,职业教育开始不仅成为普通个体高等教育选择的重要途径,[5]也是心智障碍学生生涯教育的重要基石。元平特校重视心智障碍学生的高中教育,构建偏向职业教育的课程体系,同时提供实习实践机会,致力于将学生培养为符合社会需求的职业人才,以利于心智障碍学生生涯教育的实现与发展。

（五）"以技促知,知能并进"理念

元平特校的课程设计通过灵活的课程标准,将生活技能、职业技能与就业技能进行有机衔接,在生活技能、职业技能、就业技能的强化训练中,以技促知,让学生在校期间学习技能,离校时拥有技能,工作中提升技能,最终达到知能并进的目标。[6][7][8]

二、课程目标

课程设计目标是指课程设计者对于某一学段的培养规格做出的规定。[9] 元平特校综合考虑心智障碍学生的认知水平,把握学生的最近发展区,同时依据上述课程理念设置课程目标,学校致力于提升学生的生活自理能力、职业能力,形成"教育+康复+职业"的特色高中课程体系。

---

[1] 陈宏武,陈鑫. 全人教育视角下高职学生职业素养培育[J]. 教育与职业,2013(11):95-96.
[2] "农村中学实施职业生涯教育"项目组. 开展职业生涯教育促进学生持续发展——农村中学实施职业生涯教育情况的调查分析[J]. 中国教育学刊,2005(12):16-19,78.
[3] 国务院办公厅关于转发教育部等部门"十四五"特殊教育发展提升行动计划的通知[EB/OL]. https://www.gov.cn/zhengce/content/2022-01/25/content_5670341.htm.
[4] 方俊明. 努力构建残疾人终身教育体系[J]. 中国特殊教育,2014(2):19-20.
[5] 刘晖,汤晓蒙. 试论各级各类教育融入终身教育体系的时序[J]. 教育研究,2013,34(9):89-94,127.
[6] 雷江华. 加快建设高质量特殊教育体系 办好人民满意的特殊教育[J]. 现代特殊教育,2023(13):6-7.
[7] 雷江华. 谈特殊教育学校全面落实立德树人根本任务[J]. 现代特殊教育,2021(23):13-15.
[8] 雷江华. 新时代特殊教育学校职业教育高质量发展的若干思考[J]. 现代特殊教育,2021(15):11-14.
[9] 廖哲勋. 课程学[M]. 武汉:华中师范大学出版社,1991:47.

元平特校职业教育的培养目标是全面贯彻落实党和国家的教育方针,以心智障碍学生发展为本,以道德、文化、专业技能教育为中心,以身体、心理康复为基础,强化职业训练,培养学生自尊自强、顽强拼搏、超越自我、励志成才的品质,提高学生生活自理和自立能力,努力为学生将来适应社会、适应岗位、平等充分地参与社会生活打好基础。

根据学生的能力水平,元平特校设计了三类心智障碍学生课程设计目标。第一类是综合康复目标。学校根据心智障碍学生的综合评估结果,为中重度残疾学生提供综合康复课程,将教育、康复、职业相结合开展教学工作,期望学生毕业后能够适应社区生活,融入社会。第二类是职业高中教育目标。此阶段的学生可根据自身能力水平与兴趣爱好选择一至三种专业进行学习,以习得专业理论知识及职业技能,将能够成功就业作为重点目标。第三类是中高职教育目标。通过理论知识的学习与专业技能的掌握,学生应该能够成为满足社会需求的高质量、高技能的专门人才,将获得高水平就业岗位作为重点目标。

为了保障这三类目标的实现,元平特校明确了基础性为先、系统性为要、适配性为重的课程设计目标。基础性为先是指在三类课程中都需设置并突出基础性课程的地位,首先考虑基础性课程的设计和搭配。系统性为要是指三类课程需要彼此连接,避免孤立存在,使不同的课程能够彼此映照,并且符合心智障碍学生发展和课程设计的一般规律。适配性为重是指三类课程需要与心智障碍学生的发展程度相匹配,为其构建最为适切的课程体系。

三、课程方案

课程方案立足于心智障碍学生的发展需求,充分考虑不同障碍程度学生的能力特点、内在潜能、未来发展方向,对不同培养方向的学生设置具有针对性的课程方案。

综合康复课程方案根据中重度心智障碍学生的身心特点与实际需求,开设基础课、专业课、活动课、社团课四类课程,其中基础课包括生活语文、生活数学、社会适应、劳动技能、唱游与律动、绘画与手工、康复训练、信息技术、体育健康、综合实践;专业课包括家政服务、园林绿化、工艺美术;活动课包括班会、思想品德、课外活动、心理健康;社团课包括衍纸、编织、书法、乐创、科创、健身、球技、跆拳道、光影、黏土、园艺、芳香、打击乐、饰品。

职业高中教育以就业为导向,设置中西面点、中餐烹饪、邮政快递运营、电子商务、工艺美术(衍纸方向)、工艺美术(绘画与手工方向)、民间传统工艺(中国结艺方向)、行政事务助理、汽车装潢与美容、园林绿化(园林艺术方向)、园林绿化(插花艺术方向)、市场营销、高星级饭店运营与管理(客房服务方向)、高星级饭店运营与管理(洗衣服务方向)、高星级饭店运营与管理(餐饮服务方向)专业。职业高中部除了开设与综合康复部相同的基础课、活动课、社团课外,还开设具有针对性的特色专业课。专业课主要分为专业基础课、专业技能课,保障心智障碍学生能够掌握专业知识与技能,以利于其日后就业。

中高职教育与深圳职业技术大学合作,开设酒店管理与数字化运营、工艺美术品设计专业。在第一阶段(中职阶段)开设公共基础课、专业技能课(选修课、必修课),在第二阶段(高职阶段)开设通识教育课、专业教育课。以酒店管理与数字化运营为例,在第一阶段,学校开设公共基础课,主要有班会、思想政治、职业道德与法律、职业生涯规划、心理健康、社会适应、语文、数学、英语、计算机应用基础、体育与健康、音乐、美术,专业技能必修课有饭店概论、饭店礼仪、食品营养与卫生、前厅服务与管理、中餐服务、西餐服务、客房服务与管理,专业技能选修课有形体训练、形象设计、中外饮食文化、烹调基础知识、洗衣服务、咖啡技艺、插花艺术、茶文化与茶艺/考证。在第二阶段,学校开设通识基础课程,共有体育与健康、公共外语、军事理论与训练、大学生心理健康教育、毛泽东思想和中国特色社会主义理论体系概论、思想道德修养与法律基础、大学语文、大学生职业规划与就业指导、形势与政策等课程,专业基础课程有酒店英语、美食文化、基础礼仪,专业核心课程有烹饪制作、餐厅服务、公共区域服务、客房服务、毕业顶岗实习(毕业作品),专业拓展课程有咖啡文化与品鉴、中华茶艺与茶文化、形体训练。(表5-1)

表5-1 课程资源表

种类	课程资源
推荐教材	《饭店概论》(第二版)("十三五"职业教育国家规划教材) 《西餐与服务》("十三五"职业教育国家规划教材) 《咖啡实用技艺》("十三五"职业教育国家规划教材) 《社交礼仪》("十三五"职业教育国家规划教材) 《形象设计概论》(社会保障部教材办公室) 《烹饪营养与安全》(中等职业教育国家规划教材) 《中式烹调技艺》(中等职业教育国家规划教材) 《餐饮服务与管理》(第二版)("十三五"职业教育国家规划教材) 《艺术美术鉴赏与实践》(国家规划教材) 《商务礼仪》(第五版)(国家规划教材) 《前厅服务与管理》(第二版)(国家规划教材) 《中餐服务》(国家规划教材) 《西餐与服务》(第二版)(国家规划教材) 《形体训练》(第三版)(国家规划教材) 《茶艺概论》(第三版)(国家规划教材)

续表

种类	课程资源
推荐教材	《咖啡实用技艺》(第二版)(国家规划教材) 《饭店插花艺术》(第二版)(国家规划教材) 《客房服务与管理》(第三版)(国家统编教材) 《人际沟通与社交礼仪》(第二版)(国家规划教材)
功能室	(1)手工操作室;(2)餐饮服务训练室;(3)洗衣训练室;(4)绘画室;(5)客服服务训练室;(6)中西面点训练室;(7)衍纸操作室;(8)茶艺室

第二节 中高职教育课程

中高职教育在专业设置和课程开发上具有延续性和连贯性,元平特校中高职教育与深圳职业技术大学一直坚持联合开设专业。本节将从特色专业的课程内容、课程实施、课程评价三方面介绍中高职教育课程。

一、课程内容

元平特校与深圳职业技术大学合作开设了酒店管理与数字化运营、工艺美术品设计专业。以下是每个专业在各个阶段需要学习的课程内容。

(一)酒店管理与数字化运营

1. 专业第一阶段中职课程

(1)公共基础课。

思想政治:依据《中等职业学校思想政治课程标准(2020版)》开设,并与学生障碍类型及认知规律、学生能力水平、专业实际和行业发展密切结合。

职业生涯规划:依据《中等职业学校职业生涯规划教学大纲》开设,并与学生障碍类型及认知规律、学生能力水平、专业实际和行业发展密切结合。

职业道德与法律:依据《中等职业学校职业道德与法律教学大纲》开设,并与学生障碍类型及认知规律、学生能力水平、专业实际和行业发展密切结合。

心理健康:依据《中等职业学校经济政治与社会教学大纲》开设,并与学生障碍类型及认知规律、学生能力水平、专业实际和行业发展密切结合。

社会适应:参考《培智学校义务教育生活适应课程标准》开设,并注重体现不同残疾类型学生社会融合的实际需求。

语文:依据《中等职业学校语文教学大纲》开设,并注重在职业模块的教学内容中体现专业特色,且与学生障碍类型及认知规律、学生能力水平相适应。

数学:依据《中等职业学校数学教学大纲》开设,并注重在职业模块的教学内容中体现专业特色,且与学生障碍类型及认知规律、学生能力水平相适应。

英语:依据《中等职业学校英语教学大纲》开设,并注重在职业模块的教学内容中体现专业特色,且与学生障碍类型及认知规律、学生能力水平相适应。

计算机应用基础:依据《中等职业学校计算机应用基础教学大纲》开设,并注重在职业模块的教学内容中体现专业特色,且与学生障碍类型及认知规律、学生能力水平相适应。

体育与健康:依据《中等职业学校体育与健康教学大纲》开设,且与学生障碍类型及认知规律、学生能力水平相适应。

音乐:依据《中等职业学校公共艺术教学大纲》开设,且与学生障碍类型及认知规律、学生能力水平相适应。

美术:依据《中等职业学校公共艺术教学大纲》开设,且与学生障碍类型及认知规律、学生能力水平相适应。

(2)专业技能必修课。

饭店概论:通过学习本课程,学生能够描述饭店及饭店的产生、发展历程,分辨不同类型的饭店、不同星级的饭店,列举知名品牌饭店集团。学会分析中外饭店业现状及发展趋势。熟悉饭店组织机构的类型与部门构成,能列举出饭店直接对客服务部门与间接对客服务部门,描述各部门工作岗位职责及运营概要。

饭店礼仪:通过学习本课程,学生能够掌握外在形象礼仪、服务语言礼仪和饭店服务礼仪知识;培养职业意识,运用职场面试、团队沟通和跨文化沟通的相关技巧,展现良好的饭店员工形象。能够规范学生在饭店岗位工作中的服务语言和服务礼仪,培养学生具备良好的心理素质,在对客服务和工作沟通中能从容应对、提高效率。

食品营养与卫生:通过学习本课程,学生能够了解合理营养与健康的关系,掌握营养学基础知识、各类食品的营养价值、不同人群食品的营养要求。能够掌握食品营养与卫生学的基本知识,了解学科发展方向,掌握如何改善营养,预防食品污染、食品中毒和其他食源性疾病,提高健康水平,增强体质,并能运用于合理营养与膳食的实践,指导宾客平衡饮食,合理搭配膳食结构。

前厅服务与管理:通过学习本课程,学生能够辨别并正确使用前厅部设施设备和表单,能够描述预订服务、礼宾服务、入住登记服务、收银服务、前厅其他服务和督导管理等各项工作的流程和标准并按照规范标准提供相应服务,使用流畅的前厅对客服务用语,适应前厅各部门的工作要求。

中餐服务:通过学习本课程,学生能够运用中式菜点知识、中餐服务方式、文化与礼仪,能够辨别餐饮用具的种类及用途,能按照规范标准进行餐厅基本服务技能的操作,按照规范标准进行中餐厅早、午、晚餐服务。能够熟练进行各种中餐厅服务,进行规范的宴会预定与服务。

西餐服务:通过学习本课程,学生能够运用西餐菜点知识、西餐服务方式、文化与礼仪,辨别餐饮用具的种类及用途,按照规范标准进行餐厅基本服务技能的操作,按照规范标准进行西餐厅早、午、晚餐服务。能够熟练进行各种西餐厅服务。

客房服务与管理:通过学习本课程,学生能够识别常见客房类型、客用设备及用品,按规范程序和标准独立完成各类客房的清扫、夜床服务,正确进行客衣收送、擦鞋、客房小酒吧控制、物品借用等服务以及客人委托代办的相关事宜。学生会选用合适的清洁剂和清洁设备并按照工作流程进行公共区域日常清洁保养。

(3)专业技能选修课。

本专业共设茶艺、插花、洗衣、咖啡制作、烹调基础知识、中外饮食文化、形象设计、形体训练8门选修课。

2. 专业第二阶段高职课程

(1)通识基础课程。

本专业共设体育与健康、公共外语、军事理论与训练、大学生心理健康教育、毛泽东思想和中国特色社会主义理论体系概论、思想道德修养与法律基础、大学语文、大学生职业规划与就业指导、形势与政策。

(2)专业基础课程。

本专业设置酒店英语、酒店业导论、美食文化、基础礼仪等专业基础课程。

(3)专业核心课程。

本专业设置烹饪制作、餐厅服务、公共区域服务、客房服务、毕业顶岗实习(毕业作品)等专业核心课程。

(4)专业拓展课程(选修课程)。

本专业设置咖啡文化与品鉴、中华茶艺与茶文化、形体训练等专业拓展课程(选修课程)。

(二)工艺美术品设计专业

1. 专业第一阶段中职课程

(1)公共基础课程。

本专业的公共基础课同酒店管理与数字化运营专业。

（2）专业技能必修课程。

专业导论：本课程主要包含专业介绍、职业规划、设计原理、设计过程等内容，帮助学生在第一学年对本专业的学习内容和就业方向有基本的了解和把握。

绘画基础：本课程主要教授学生素描、水粉、平面构成、色彩构成、立体构成、手绘表现技法等各类绘画基础知识，让学生在日常绘画训练中掌握基础绘画知识与技法。

设计基础：本课程主要教授学生设计素描的结构表达、质感表达、空间表达和创意表达理论与训练，以及系统的色彩理论与训练、装饰图案的基本知识、设计思维的概念和常用步骤训练。通过系统的训练与学习，让学生具备基本的设计思维，能够利用设计知识完成基础的设计项目。

陶艺艺术设计：通过学习传统陶瓷方面的历史文化知识以及现代陶艺的产生与发展，学生能够熟悉各类制陶材料的性能，掌握现代陶艺的创作思维方法、黏土技法与各类成型制作技法，掌握现代陶类各类装饰技法，了解陶艺的材料、工具、设备、工艺（包括泥料、釉料、各类成型工具、窑炉、练泥设备、干燥设备、成型、装饰、烧成等），了解传统陶瓷的成型工艺，并掌握基本的成型工艺。

Photoshop 专项技能：根据 Photoshop 图像操作员（初级）考核的内容，教授学生 Photoshop 专项技能，培养学生设计能力，使学生具备一定的平面设计相关从业人员所必需的基础知识和基础职业能力。

中国工艺美术史：本课程以作品为对象，根据作品的时间线由点及面地教授工艺美术品的造型、纹饰、技法、功能及审美风格，使学生对中国工艺美术史的发展脉络和风格演变有基础的了解，培养学生的审美能力和艺术欣赏能力，增加对艺术品的感性认识，并且通过对工艺品设计理念的讲解，帮助学生拓宽设计思路，增强学生的理论基础。

工艺品创意设计：通过任务引领式的设计项目学习，完成项目式的工艺品设计，使学生掌握工艺设计的基础知识、方法和造型规律，引导学生了解工艺造型的特点，开发学生的设计思路和创意能力，提高学生的艺术感知能力和鉴赏能力。

（3）专业技能选修课程。

本专业共设中外美术通史、旅游纪念品设计 2 门选修课。

2. 专业第二阶段高职课程

（1）通识基础课程。

本专业共设习近平新时代中国特色社会主义思想概论、思想道德与法治、毛泽东思想和中国特色社会主义理论体系概论、形势与政策、军事理论、军事技能、公共外语、大学语文（写作与沟通）、体育与健康、大学生职业规划、大学生就业指导、大学生心理健康教育、大学生安全教育与应急处理训练、信息素养、劳动教育、体验性实习(社会实践)等课程。同时通识课程一般要求本专业学生修读相关美育课程。

(2) 专业基础课程。

本专业设置装饰图案、创意设计与表达、装饰工艺雕塑、国画工笔等专业基础课程。

(3) 专业核心课程。

本专业设置陶瓷工艺设计基础、工作室专项设计实践、陶瓷工艺设计与创作、工艺品专题设计、毕业顶岗实习(毕业作品)等专业核心课程。

(4) 专业拓展课程(选修课程)。

本专业设置二维设计软件应用、装饰绘画、专业技能综合实训(整周)等专业拓展课程(选修课程)。

二、课程实施

基于学校的课程设计理念与目标,职业高中教育合理编排课程、组织课程,同时采取极具特色的方式给学生提供选课机会,促进资源的合理安排,充分满足心智障碍学生的需求,提升教学效果。

(一) 课程编排

1. 学分规划与课时安排

学校中高职教育主要开设工艺美术品设计、酒店管理与数字化运营两个专业,各专业依据专业特点、课程目标以及心智障碍学生身心特点,合理设置学分与课时。

中职阶段总学分修满170个学分则符合本专业中职毕业标准。高职阶段工艺美术品设计专业总学分应修满93学分以达到毕业要求,其中通识基础课33学分,通识一般课程2学分,专业基础课程14学分,专业核心课程32学分,专业拓展课程12学分。总学分中,集中实践课程24学分。酒店管理与数字化运营专业总学分应修满80学分以达到毕业要求,其中通识基础课26学分,专业基础课程16学分,专业核心课程32学分,专业拓展课程6学分。详细学分规划与课时安排如表5-2至表5-5所示。

表 5-2　元平特校工艺美术品设计专业学分规划与课时安排表(中职学段)

课程类别	课程名称		学分	课时	学期 1	学期 2	学期 3	学期 4	学期 5	学期 6
公共基础课	班会		4	80	20	20	20	20		
	思想政治		4	80	20	20	20	20		
	职业道德与法律		2	40	20	20				
	职业生涯规划		2	40			20	20		
	心理健康		4	80	20	20	20	20		
	社会适应		2	40	20	20				
	语文		8	160	40	40	40	40		
	数学		8	160	40	40	40	40		
	英语		8	160	40	40	40	40		
	计算机应用基础		8	160	40	40	40	40		
	体育与健康		8	160	40	40	40	40		
	音乐		4	80	20	20	20	20		
	小计		62	1 240	320	320	300	300		
专业技能课	专业技能必修课	专业导论	2	40	20	20				
		绘画基础	16	320	80	80	80	80		
		设计基础	12	240	60	60	60	60		
		陶艺艺术设计	16	320	80	80	80	80		
		Photoshop 专项技能	8	160	40	40	40	40		
		中国工艺美术史	2	40	20	20				
		工艺品创意设计	16	320	80	80	80	80		
		小计	72	1 440	380	380	340	340		
	转衔支持		10	200					100	100
	综合实训		30	600					300	300
	顶岗实习		30	600					300	300
	小计		70	1 400	0	0	0	0	700	700
	必修课小计		204	4 080	700	700	640	640	700	700
	专业技能选修课	中外美术通史	4	76			38	38		
		旅游纪念品设计	6	120			60	60		
		小计	10	196	0	0	98	98	0	0
合计			214	4 276	700	700	738	738	700	700

表 5-3 元平特校工艺美术品设计专业学分规划与课时安排表（高职学段）

课程类别	课程名称	学分	课时	实践课时	学期 1	学期 2	学期 3	学期 4
通识基础课程	思想道德与法治	3	48	12	48			
	习近平新时代中国特色社会主义思想概论	3	48	16		48		
	毛泽东思想和中国特色社会主义理论体系概论	2	32	12		32		
	形势与政策 1	0	8	0	8			
	形势与政策 2	0	8	0		8		
	形势与政策 3	0	8	0			8	
	形势与政策 4	0	8	0				8
	形势与政策 5	1	0	0				
	体育与健康 1	2	32	26	32			
	体育与健康 2	2	32	26		32		
	公共外语Ⅰ（英语综合）	3	48	36	48			
	公共外语Ⅱ（英语综合）	3	48	36		48		
	大学语文	2	32	8	32			
	大学生心理健康教育	2	32	16	32			
	大学生安全教育与应急处理训练	1	16	3	16			
	大学生职业规划（网络课程）	1	18	14	18			
	大学生就业指导	1	20	4				20
	信息素养	1	16	8	16			
	军事理论	2	36	4	36			
	军事技能[整周]	2	112	112	112			
	劳动教育	1	16	8				
	体验性实习（社会实践）	1	16					
	小计	33	634	349	382	184	8	28
通识一般课程	相关美育课程	2						
	小计	2						
专业基础课程	装饰图案	3.5	56	44	44			
	装饰工艺雕塑	4	64	60	64			
	创意设计与表达	3	48	26	48			
	国画工笔	3.5	56	44		56		
	小计	14	224	174	156	56		

续表

课程类别	课程名称	学分	课时	实践课时	学期 1	学期 2	学期 3	学期 4
专业核心课程	陶瓷工艺设计基础	4	64	52		64		
	陶瓷工艺设计与创作	4	64	52			64	
	工作室专项设计实践	4	64	52		64		
	工艺品专题设计	4	64	52			64	
	毕业岗位实习（毕业作品）[整周]	16	576	576				576
	小计	32	832	784	0	128	128	576
专业拓展课程	二维设计软件应用	4.5	72	60		72		
	装饰绘画	3.5	56	40			56	
	专业技能综合实训[整周]	4	96	96			96	
	小计	12	224	196	0	72	152	0
合计		93	1 914	1 503	538	440	288	604

表 5-4　元平特校酒店管理与数字化运营专业学分规划与课时安排表（中职学段）

课程类别	课程名称	学分	学时	学期 1	学期 2	学期 3	学期 4	学期 5	学期 6
公共基础课	班会	4	80	20	20	20	20		
	思想政治	4	80	20	20	20	20		
	职业道德与法律	2	40	20	20				
	职业生涯规划	2	40			20	20		
	心理健康	4	80	20	20	20	20		
	社会适应	2	80	40	40				
	语文	8	160	40	40	40	40		
	数学	4	80	20	20	20	20		
	英语	8	160	40	40	40	40		
	计算机应用基础	8	160	40	40	40	40		
	体育与健康	8	160	40	40	40	40		
	音乐	2	40	20	20				
	美术	2	40			20	20		
	小计	58	1 200	320	320	280	280	0	0

续表

课程类别	课程名称	学分	学时	学期 1	2	3	4	5	6
专业技能课	专业技能课之必修课	饭店概论	4	80	20	20	20	20		
		饭店礼仪	6	120	30	30	30	30		
		食品营养与卫生	8	160	40	40	40	40		
		前厅服务与管理	8	160			80	80		
		中餐服务	12	240	120	120				
		西餐服务	12	240			120	120		
		客房服务与管理	8	160			80	80		
		小计	58	1 160	210	210	370	370	0	0
		转衔支持	10	200					100	100
		综合实训	30	600					300	300
		顶岗实习	30	600					300	300
		小计	70	1 400	0	0	0	0	700	700
		必修课小计	186	3 760	530	530	650	650	700	700
	专业技能课之选修课	形体训练	6	120	60	60				
		形象设计	4	80			40	40		
		中外饮食文化	4	80	40	40				
		烹调基础知识	6	120			60	60		
		洗衣服务	12	240			120	120		
		咖啡技艺	12	240	120	120				
		插花艺术	12	240			120	120		
		茶文化与茶艺/考证	12	240	120	120				
		小计	68	1 360	340	340	340	340	0	0
	合计		254	5 120	870	870	990	990	700	700

表5-5 元平特校酒店管理与数字化运营专业学分规划与课时安排表(高职学段)

课程类别	课程名称	学分	学时	学期 1	2	3	4
通识基础课程	体育与健康1	2	32	32			
	公共外语Ⅰ(英语综合)	3.5	56	56			
	军事理论与训练	2	48	48			

续表

课程类别	课程名称	学分	学时	学期 1	学期 2	学期 3	学期 4
通识基础课程	大学生心理健康教育	1	16	16			
	毛泽东思想和中国特色社会主义理论体系概论	4	64	64			
	体育与健康2	2	32		32		
	思想道德修养与法律基础B	2	32		32		
	大学语文A	2	32		32		
	公共外语Ⅱ（英语综合）	3.5	56		56		
	大学生职业规划与就业指导	2	32			32	
	形势与政策1	2	32		32		
	小计	26	432	216	184	32	0
专业基础课程	酒店英语	4	64			64	
	酒店业导论	4	64	64			
	美食文化	4	64			64	
	基础礼仪	4	64		64		
	小计	16	256	64	64	128	0
专业核心课程	烹饪制作	4	64			64	
	餐厅服务	4	64			64	
	公共区域服务	4	64		64		
	客房服务	4	64		64		
	毕业顶岗实习（毕业作品）	16	576				576
	小计	32	832	0	128	128	576
专业拓展课程	咖啡文化与品鉴	2	32			32	
	中华茶艺与茶文化	2	32		32		
	形体训练	2	32			32	
	小计	6	96	0	32	64	0
	合计	80	1 616	280	408	352	576

2. 课程表安排

中高职教育每学期课表根据课程内容与课时设定，同时考虑心智障碍学生的身心特点，进行合理安排。以下表5-6为酒店管理与数字化运营专业的课程表安排示例。

表 5-6　元平特校某班课程表

时间	节数	星期一	星期二	星期三	星期四	星期五
上午	1	升旗仪式、班会、双周心理健康活动	信息技术	数学	职业道德	中餐服务
上午	2	饭店概论	信息技术	语文	形体训练	中餐服务
上午	3	语文	思想政治	英语	茶文化与茶艺	中餐服务
上午	4	数学	体育与健康	体育与健康	茶文化与茶艺	心理健康
下午	5	饭店礼仪	食品营养与卫生	社会适应	音乐	班会
下午	6	饭店礼仪	食品营养与卫生	饭店概论	英语	
下午	7	饭店礼仪	食品营养与卫生	美术		

（二）课程组织形式与特色

元平特校在充分考虑综合康复高中心智障碍学生的身心发展特点、能力与潜力的基础上，在课程组织的五个阶段认真开展工作，即前期设计、课前准备、课堂教学、课后巩固、总结评价。[①] 下面将以《离太阳最近的树》为例，阐述教师在各个阶段所做工作。

1. 前期设计

在前期设计阶段，教师根据学生的情况、教学目标进行教学方案的设计。教师在充分了解学生情况的基础上将其分组，根据学生现有能力进行分层教学。同时，教师要明确教学目标，为不同组的学生设置适宜的目标，制定个别化教育目标。

2. 课前准备

教师在准备环节提前告诉学生下节课需要学习的内容，给学生时间与机会去做好学习准备，以提高学生的课堂参与度与教学效果。

3. 课堂教学

在课堂教学中，教师采用丰富灵活的教法与学法，提升课堂的趣味性、学生参与课堂的积极性。表 5-7 是课文《离太阳最近的树》的教学示例。

表 5-7　《离太阳最近的树》教学示例

学情分析	本次授课对象是高一年级的 10 名学生，该班级学生的语文基础整体较好，大多数学生具备一定的识字基础和阅读能力。具体学情分析如下。 A 层学生：主动识字的意识较强，语言表达能力和认知理解能力较好，学习积极

---

① 薛永基,回慧娴,吴成亮. 基于参与式教学的研究生课程组织与实践——以农村公共管理课程为例[J]. 学位与研究生教育,2021(5):21-26.

续表

学情分析	性较高,情绪稳定的前提下,能够主动参与课堂,完成教师要求的课堂任务。 B层学生:识字能力一般,语言表达能力中等,认知和理解能力一般,注意力相对分散,在老师的指导下能够跟上老师的思路并参与课堂活动。 C层学生:识字能力较弱,认知和理解能力相对较差,口语表达能力薄弱,课堂参与度不高,需要教师时常督促。 基于以上学情分析,可以采取不同的教学策略和方法,如针对A层学生可以采用拓展性教学,鼓励他们自主探究;对于B层学生可以采用启发式教学,引导他们思考;对于C层学生可以采用巩固性教学,帮助他们巩固基础知识。同时,还可以采用合作式学习、游戏化教学、角色扮演等方法,提高学生的参与度和学习兴趣,促进他们的识字、语言表达和理解能力的提高。

环节一:(5分钟)
(一)创设情境,趣味导入
师:同学们,还记得我们上节课讲的"离太阳最近的树"指的是什么吗?
生:红柳!
师:对!是红柳!那提到红柳,同学们能想到什么呢?(出示课件1)是香喷喷的红柳羊肉串吗?来,我看看谁流口水了!好!言归正传,我们上节课讲了"什么是离太阳最近的树"及其在课文中的具体体现,今天我们继续来学习以"感悟自然,保护环境"为主题的课文——《离太阳最近的树》。(出示课件2)在之前的学习中,我们了解到,地球上离太阳最近的地方也就是海拔最高的地方,那里不是冰川就是沙漠,严寒并且缺水。离太阳最近的树——红柳,正是在这种恶劣环境中苦苦挣扎的斗士。有了红柳,土黄色的沙漠才有了星星点缀的绿色,流沙才会集聚成较为固定的沙丘。那么今天,让我们一起再次走进人类与红柳的故事,看一下人类对红柳做了什么,思考红柳的结局以及从中我们可以得到的反思。

教师活动	学生活动
课堂导入:结合图片和问题,教师运用谈话导入的方式引入本节课堂教学的主题。	A层学生能够基于问题思考本节课的主题内容; B、C层学生能够结合图片勇于表达自己的真实感受和想法。

设计意图
运用谈话导入与图片导入相结合的方式,激发学生探究课文的兴趣,从而引入课文的主题。

环节二:(10分钟)
(二)温故知新,追忆红柳
过渡语:首先,我们先回顾一下上节课讲的第一个思考题,"作者为何称红柳为'离太阳最近的树'"?(出示课件3)
1. 回忆旧知,感悟精神
师生共同回忆:我们从"近""太阳""树"三组字词分析了题目蕴含的含义。
首先:因为红柳生长在"平均海拔5 000米"的高原,所以说它"离太阳最近"(表层含义)。
其次:显示了红柳的气势,蕴含了从太阳那里索得光和热的伟大力量(深层含义)。
最后:暗示这是高原上唯一的绿色。(出示课件4)
2. 角色扮演,身临其境
活动设计:(角色扮演)(出示课件5)
师:一花独放不是春,百花齐放春满园。接下来到了各组展示的环节啦!咱们有三个小组,分别是:星光灿烂组!宇宙银河组!山川河流组!接下来,请各小组结合上节课的学习以及自己对课文的理解,用各种形式来表现对红柳的认识。

续表

教师活动	学生活动(包含差异性活动)
(1) 坚持巩固性教学原则。一方面,带领学生温习知识,防止遗忘;另一方面,结合问题的思考,无缝衔接本节课的教学内容。 (2) 坚持情境化教学方法。使学生在情境中感悟红柳的精神。	学生在教师的引导下回顾旧知,并结合情境,通过角色扮演的方式增强对课文的领悟,从而提高课堂参与学习的积极性和主动性。

设计意图
通过游戏化教学,提高学生领悟红柳精神的主动性和积极性;同时,运用分层教学的方式,为每个学生提供个性化的学习材料。

环节三:(10分钟)
(三) 跳读课文,再识红柳
过渡语:红柳的精神真令人钦佩呀!同学们的表现也加深了我们对红柳的认识,接下来,我们一起思考:"人们是如何对待这种'离太阳最近的树'——红柳?"让我们跟随课文内容,体会蕴含在文章平静的叙述下的深刻意义。(出示课件6)

1. 引导学生品读语句,找出文中挖红柳事件的语句(出示课件7)
① 挖红柳的队伍,带着铁锨、镐头和斧,浩浩荡荡地出发了。
② 把红柳根从沙丘中掘出,蕴含着很可怕的工作量。
③ 人们要先费几天的时间,将大半个沙山掏净。
④ 掏挖沙山的工期越来越长,最健硕有力的小伙子,也折不断红柳苍老的手臂了。于是人们想出了高技术的法子——用炸药!
⑤ 只需在红柳根部,挖一条深深的巷子,用架子把火药探进去,人伏得远远的,将长长的药捻点燃。深远的寂静之后,只听轰的一声,再幽深的树怪,也尸骸散地了。

2. 抓住关键词分析,训练学生的概括能力(出示课件8)
关键词
队伍:浩浩荡荡。
工具:铁锨、镐头、斧、高技术的炸药。
工作量:可怕。
工期:几天时间、漫长。
劳动力:最有力气的男子汉、最健硕有力的小伙子。
作用:工作量越大,工期越长,劳动力越健硕,越衬出红柳的顽强;队伍越浩大,工具越先进,越显示人类破坏自然的可怕与可悲。

3. 游戏互动,检验学生的掌握情况(出示课件9)
请一位同学上台进行关键词分类,其余同学完成手中的小测试。其中,A层学生完成"写一写",B层学生完成"填一填",C层学生完成"连一连"。

教师活动	学生活动
(1) 引导学生运用跳读的语文阅读方法,提高学生快速抓取有效信息的能力。 (2) 带领学生反复分析关键词,使学生意识到红柳是如何遭到人类的毁灭性破坏的。	(1) 学生进行跳读,捕捉文段的有效信息。 (2) 学生进行关键词描述,提高语言概括能力。

设计意图
此环节运用了阅读方法中的跳读法,以此发展和提升学生的多方面技能。一方面,学生在教师的指导下,在指定段落跳读,抓取有效信息,从而提高阅读及课堂教学的效率;另一方面,通过关键词、句的品读,使学生提升语言的表达及概括能力。

续表

环节四:(15分钟)
(四)精读文段,升华主题 过渡语:作者着力描绘红柳形象,突出红柳是雪域高原的"唯一的绿色",突出其顽强的生命力和伟大的力量,仅仅是为了歌颂红柳吗?经历了人类的砍伐和挖掘后的红柳有什么样的结局?(出示课件10) 1. 分析结局 师:红柳的结局如何?课文中哪一句话暗示了红柳的结局?请在文中找出相应的语句,体会语句中蕴含的思想感情。(出示课件11) "曾以为它必与雪域永在。"——暗示了红柳的结局。 结局: ① 第15段:枝丫遒劲地腾越在旷野之上,好似一副镂空的恐龙骨架。 ② 第15段:整个红柳丛就訇然倒下了。 ③ 第16段:易挖的红柳绝迹,只剩那些最古老的树灵了。 ④ 第18段:轰的一声,再幽深的树怪,也尸骸散地了。 ⑤ 第19段:去年被掘走红柳的沙丘,好像做了眼球摘除术的伤员,依旧大睁着空洞的眼睑,怒向苍穹。 ⑥ 第20段:连根须都灰飞烟灭了。 师:看到红柳的悲剧,同学们此刻在想什么? 生:痛心! 师:同学们想一想,没有红柳的沙丘是什么样子的?可以参考课文第19段。(出示课件12) 生:好像做了眼球摘除术的伤员。 师:那如果人类失去眼球会是什么样子的呢? 2. 游戏环节 让学生身临其境地感受失去红柳的沙丘。(出示课件13) 请一位同学站到讲台上,戴上眼罩后,按照同学们的指示走回自己的座位,其余同学用以下指示语帮助这位同学回到座位:"左转""右转""直走"。 师:首先,我们问一下这位同学刚刚戴着眼罩有什么感受? 生:恐惧、紧张、无所依靠…… 师:回答得非常好!失去红柳的沙丘就如同失去双眼的我们,在黑暗中无所依靠,内心十分的惶恐不安。 3. 齐读尾段,回答以下问题 ① 齐读尾段。(出示课件14) ② 作者为什么把红柳称作"原住民"?这里使用了什么修辞手法?(出示课件15) ③ 最后一段中的两个疑问句表现了作者怎样的情感?(出示课件16) 4. 总结反思(出示课件17) ① 进行主题概括。归纳总结:本文借平静的叙述、细致的描写和大胆的比喻,为我们唱响了一曲颂歌和悲歌——为红柳傲然不屈的英魂而颂,为人类的残酷和无知而悲。(出示课件18) ② 总结课文脉络。教师将课文结构以思维导图的形式娓娓道来,使学生对文章内容有一个清晰的理解和认识。(课件出示19) ③ 红柳树的悲剧让你想到了什么?呈现一段环境保护的主题视频,以图文结合的形式增强学生节约资源、保护环境的意识。(出示课件20、21) ④ 结论:行走在实现中华民族伟大复兴这条道路上,我们每个人既是逐梦者,又是筑梦者。在2023年7月份的全国生态环境保护大会上,习近平总书记强调,"经过顽强努力,我国天更蓝、地更绿、水更清,万里河山更加多姿多彩"。随着党和政府的重视,人民环保意识的逐渐提高,我们的生态环境正日益改善,无论是支付宝中众人参与的蚂蚁森林,还是政府加大对污染环境的惩处力度,人们尽自己所能地去让我们生存的这片土地变得越来越好,让我们携手共进,为祖国更加和谐美好、文明美丽的明天不懈奋斗!(出示课件22)

续表

教师活动	学生活动
(1) 教师带领学生一起分析红柳的悲惨结局。 (2) 采用游戏化教学的方式，秉承"以玩促学"的教育理念，使学生身临其境地体会到沙丘失去红柳的后果。 (3) 教师带领学生一起总结反思课文的主题，并升华课程主题，从而激发学生保护环境的自觉和意识。	(1) 学生在教师的指引下找出体现红柳结局的语句。 (2) 学生在游戏中思考和感悟失去红柳的沙丘会是什么样的结果。 (3) 学生在教师的带领下进行课程的总结与反思，自觉主动地意识到保护环境的重要性和必要性。
设计意图	
该环节运用了阅读方法中的精读法，旨在引导学生深入体悟句子的内涵及作者的情感。同时，此环节重在引导学生总结与反思课程的主题，从课文层面升华到人类自身，反思人类破坏自然的后果，使学生自觉认识到爱护自然、保护环境的重要性，从而增强学生在日常生活中践行爱护自然、保护环境的自觉性和主动性。	

4. 课后巩固

课堂教学后，教师及时对学生学习情况进行总结，并布置有针对性的作业、训练任务等，同时积极与家长交流、合作，家校协同巩固课堂教学成果。

5. 总结评价

教师在课程结束后对课程教学、学生学习情况等进行反思、总结、评价，并填写相关评价表、测评表等，对学生进行进展性评价与总结性评价，保障教师能够根据学生的能力与教学效果，及时调整教学方法、策略等，提升教学效果与学生的学习质量。

三、课程评价

中高职教育课程除了设置日常的教学评价与学生学习情况的评价外，特开设中高职转衔考核，以考查学生是否具有进入高职阶段学习的能力。中高职转段考核包括公共基础课考核、专业技能课考核两部分，实行"分项考核、综合评价"。

（一）公共基础课考核

公共基础课考核是由深圳职业技术大学主导、元平特校参与的对学生学习成果进行认定的考核。酒店管理与数字化运营专业考核的公共基础课包括语文、职业道德与法律、社会适应3门课程，工艺美术品设计专业考核的公共基础课包括语文、计算机应用基础、职业道德与法律。每门课程满分为100分，3门课程成绩占总成绩的30%。课程考核采用形成性考核方式。公共基础课成绩采用3门公共基础课程期末总评成绩的算术平均分乘以0.3的方式认定。每门课程考核及格（不低于满分值的60%）才具有进入高职学习的资格。

（二）专业技能课考核

专业技能课考核是由深圳职业技术大学主导、元平特校参与的对学生专业知识进行认定的考核。酒店管理与数字化运营专业考核的专业技能课包括前厅服务与管理、客房服务与管理、中餐服务共3门课程，工艺美术品设计专业考核的专业技能课包括绘画基础、设计基础、陶艺艺术设计共3门课程。每门课满分为100分，3门课程成绩占总成绩的70%。每门课程采用形成性考核方式，内容包括理论知识与实操技能，分值占比分别为30%、70%。专业技能课成绩采用3门专业课课程期末总评成绩的算术平均分乘以0.7的方式认定。每门课程考核及格（不低于满分值的60%）才具有进入高职学习的资格。

根据《教育部关于积极推进高等职业教育考试招生制度改革的指导意见》（教学〔2013〕3号）等文件精神，获得广东省中等职业学校技能大赛一等奖或全国职业院校技能大赛三等奖及以上奖项的试点中职学校试点专业试点班在校生，经广东省教育厅有关部门核实资格、高职院校公示无异议后，符合相关要求的，可免转段考核，进入对口高职院校对口专业学习。

第三节　职业高中教育课程

元平特校职业高中教育开设中西面点专业、中餐烹饪专业、邮政快递运营专业等15个专业。本节将从内容、实施、评价三方面介绍职业高中教育课程。

一、课程内容

基于元平特校的课程设计理念与目标，职业高中教育课程除开设与综合康复高中相同的基础课、活动课，还以就业为导向，设置多样化专业，开设针对性专业课，以帮助学生尽快掌握专业知识与技能，利于其就业。同时，职业高中教育开设多样化社团课，拓展心智障碍学生的兴趣与爱好，开发其潜能。

（一）专业课

1. 中西面点专业

（1）专业基础课。

食品营养与卫生：本课程主要学习食品卫生基础理论、基本原理，从饮食业加工和经营食物的实际出发,研究与西点有关的影响食品卫生质量的各种因素和控制措施,研究西点制作过程中可能存在的、威胁人体健康的有害因素及其预防措施,提高食品质量,使之有益人体健康,以保证食用者安全的科学。重点讨论人体对营养素的需要和原料的营养价值以及西点制作加工对营养素的影响,以保护食用者的健康。

西点英语:本课程涵盖了西式面点专业领域的专业英语知识,紧密联系西式面点师岗位工作实际,训练学生基本的英语听、说、读、写等能力。通过本课程的学习,学生能获取从事烘焙行业岗位所需英语交际的实际技能和知识,使学生具备进入就业市场所需要的英语一般交际能力。

(2) 专业技能课。

西饼制作工艺:参照深圳市人力资源与社会保障局《西式面点师(五级)》职业标准,根据西饼制作专业工作任务与职业能力分析,本课程主要学习混酥类点心品种制作、清酥类点心品种制作的操作技能。通过学习和训练,学生能了解酥类西点品种的特点,能掌握所学品种的制作关键,能在学习简单品种的基础上举一反三并对品种进行拓展。

面包制作工艺:参照深圳市人力资源与社会保障局《西式面点师(五级)》职业标准,根据西点制作专业工作任务与职业能力分析,主要学习软质面包品种制作和硬质、脆皮面包品种制作的操作技能。通过学习和训练,学生能了解面包品种的特点,能掌握所学品种的制作关键,能在学习简单品种的基础上举一反三并对品种进行拓展。

蛋糕制作工艺:参照深圳市人力资源与社会保障局《西式面点师(五级)》职业标准,根据西点制作专业工作任务与职业能力分析,主要学习清蛋糕品种制作、油蛋糕品种制作、裱花蛋糕制作以及其他蛋糕装饰的操作技能。通过学习和训练,学生能了解清蛋糕与油蛋糕的特点,能掌握所学各种蛋糕的制作关键,尤其能掌握裱花与蛋糕装饰方法,同时在学习简单品种的基础上举一反三并对品种进行拓展。

2. 中餐烹饪专业

(1) 专业基础课。

烹饪营养学:通过学习本课程,学生能够理解营养学的基本原理,认识人体六大营养素,懂得原料的营养搭配以及搭配禁忌,可以根据不同人群的营养需求合理配餐。

烹饪原料学:通过学习本课程,学生能够熟悉中餐烹饪中常见的原料,能根据相关成品要求合理选用原料。

(2) 专业技能课。

基础刀工:通过学习本课程,学生能够熟悉原料的不同成形规格,能制作基础的冷拼拼盘。

凉菜制作技艺：通过学习本课程，学生能够熟悉凉菜制作的基本原则，能独立制作不同类型的凉菜品种各3款，具有一定的凉菜菜品研发能力。

热菜制作技艺（粤菜）：通过学习本课程，学生能够熟悉粤菜制作的基本原理与手法，能独立制作传统粤菜。

3. 邮政快递运营专业

由于本专业重在实际操作，因此所设课程均为技能课，分别为配送作业管理、仓储管理实务、快递实务。

配送作业管理：通过学习本课程，学生能够掌握物流配送中心和配送等基本概念，掌握物流配送的基本流程，如确认订单、拣货作业、补货作业和出库作业等，物流配送相关作业概念及要点，如订单处理流程，进货、补货知识要点，摘果法、播种法等相关知识，以及常见软件的定位和导航功能的使用，熟悉基本的交通规则等知识。

仓储管理实务：通过学习本课程，学生能够掌握入库作业、理货、堆码、保管、出库作业和装卸搬运的整个过程和操作方法，熟练使用和操作仓储作业中的设备，如叉车、堆高车等，进行仓库盘点操作，掌握仓库安全及防范要求，学会使用灭火器、温度计和湿度计等，能对货物进行保养和维护。

快递实务：通过学习本课程，学生能够掌握快递验收要领，能准确识别违规和违法违禁物品，掌握快件度量计价的方法、快件的包装方法，如一字打包法、十字打包法等，运单的填制和粘贴方法，学会使用驿站常用的设施设备，如PDA（掌上电脑）、电子秤、卷尺、监控设备、电子面单打印机和灭火器等。

4. 电子商务专业

（1）专业基础课。

计算机应用基础：通过学习本课程，学生能够了解计算机的操作系统和程序管理，掌握计算机的文件及文件夹管理，学会使用输入法进行正确打字、使用字处理软件、上网连接方法和使用IE等浏览器、使用搜索引擎搜索信息和发布信息。

电子商务概论：通过学习本课程，学生能够了解电子商务的概念、电子支付方式、网络营销推广方法、移动电子商务、移动应用的基础设施，能区分不同类型的电子商务模式，掌握电子商务业务流程，理解网络营销的内涵，分析掌握网上市场调查技巧，应用网络营销策略，进行移动电子商务案例分析。

（2）专业技能课。

网店运营：通过学习本课程，学生能根据商品资料，提取相关信息，在平台上按要求完成商品基础信息、销售信息的设置，能根据商品详情页的设计逻辑，与页面设计成员合作，完成符合商品特点的图文描述设置。学生能根据不同的收货地、商品规格、运输成本，设置最优的物流模板，提高配送效率，减少运输成本；根据店铺的运营策略,完成售后服务设置,满足客户售后需求;根据店铺的营销需求,完成不同类别促销活动的设置,提升网店销售额;根据店铺的品牌策略,完成品牌推广内容的编辑与发布;根据平台要求,完成不同类别营销活动的报名,并通过平台活动审核。

网店美工:通过学习本课程,学生能认识并学会商品图片裁剪、抠图的方法,提高处理商品图片的能力,了解并掌握图片调色的方法、商品主副图的版面尺寸要求、商品图片背景的处理方法和步骤,以及商品图片美化的主要方法。学生需要学习并掌握商品图片的修图方法,提高 Photoshop 的运用能力,掌握商品图片主副图的挑选和图片背景优化方法与美化商品图片的方法,能够调整商品色差,掌握主图模板制作方法,能有效突出商品卖点,培养基本审美意识和审美观。

数据分析:通过学习本课程,学生能够按照数据采集与处理的方案,使用表格处理等工具的数据分类统计功能,对日常采集到的市场、运营、产品等数据进行分类整理。学生能按照数据采集与处理的方案,熟练使用表格处理等工具,运用数据处理的方法,对分类统计后的电子商务数据进行筛选、转换、排序等数据处理工作。本课程希望培养学生具备较好的数据保密意识、耐心、细致的工作态度,能按照数据采集与处理的方案,在熟悉图表类型的基础上,依据图表选择原则,结合数据关系,选择合适的图表类型;能运用数据图表设计的方法与技巧,优化数据图表的视觉效果。学生可以熟练使用表格处理工具,运用数据图表制作的方法,制作数据图表,具备基础的数据图表审美能力和一定的创新意识。

客户关系管理:通过学习本课程,学生能够根据业务发展需求,不断完善规范的话术库,按照客户服务原则,恰当处理客户提出的与商品相关的问题,合理处理客户提出的与物流相关的问题。学生能够根据与客户的交谈情况,适时进行商品推荐,引导客户进行购买,根据不同类型的客户,选择适合的沟通技巧,促使客户下单,根据实际情况,对未支付订单进行恰当的催付,提高订单的付款率。学生能够采用客户信息管理工具,对客户的信息进行有条理的收集、整理、分析,根据对客户信息的分析,将客户分类,并为不同类型的客户提供差异化服务。

5. 工艺美术(衍纸方向)

(1)专业基础课。

基础衍纸:了解衍纸的起源与发展、作品欣赏、学习掌握基本技法、创作小型平面作品等,为深入学习衍纸造型积累素材。

(2)专业技能课。

新中式衍纸:将中国传统文化融入衍纸艺术,包括节气、生肖、戏曲、传说等;结合中国传统技艺,如结艺、折扇团扇、风筝、编织等,将中国的传统元素融入其中,赋予衍纸新的活力。

创意衍纸:以自主创作为主,制作表达自己想法的作品,包括创作实用性衍纸、立体衍纸等,在创作中提高造型和构图能力,点燃创作激情。

6. 工艺美术(绘画与手工方向)

(1)专业基础课。

装饰绘画基础:通过学习本课程,学生能够掌握装饰性绘画基础知识,点线面、黑白灰的处理方法,色彩的基本原理,色彩的和谐搭配的基础知识。

立体塑形基础:通过学习本课程,学生能够掌握立体塑形的基本方法,工具的合理使用的基础知识。

(2)专业技能课。

装饰绘画设计:通过学习本课程,学生能够掌握装饰性绘画基础知识,点线面、黑白灰的处理方法,色彩的基本原理,色彩的和谐搭配的进阶知识。

立体塑形设计:通过学习本课程,学生能够掌握立体塑形的基本方法,工具的合理使用的进阶知识,以及进行模仿能力的训练,创造能力的发挥。

7. 民间传统工艺(中国结艺方向)

(1)专业基础课。

美学基础:本课程教授学生色彩搭配、美术基础、作品鉴赏等内容,期望培养学生的审美意识,为手工创作打基础。

结艺起源及生活应用:本课程向学生介绍绳结及相关艺术的起源和发展,特别是中国结这一非物质文化遗产,让学生感受到中国传统文化的魅力。

(2)专业技能课。

传统结艺:本课程以传统中国结艺编织为基础,增添一些新的元素,学习常见基础结的编织方法,并在此基础上开展结艺创作。

新式绳编:本课程借鉴中外绳编艺术,运用多种新式材料开展与绳子有关的创作,如 macrame(编结、编绳)、织布、戳戳绣等(学习哪一种以材料采购为准)。

8. 行政事务助理

(1)专业基础课。

行政文员概述:本课程能指导学生本专业的学习内容,明确工作职责,了解常见的工作岗位和就业地点,帮助学生树立学习目标和职业发展方向。

行政文员基本礼仪:通过学习本课程,学生能够掌握基本的仪容举止礼仪、办公见面礼仪、商务会议礼仪、电话接待礼仪、拜访接待礼仪等。

文件归档整理与管理:通过学习本课程,学生能够认识并学会使用装订设备,了解文件的基本分类和分类的方法,认识并学会运用文件夹、文件柜、保险箱等文件管理的设备。

（2）专业技能课。

计算机应用基础：通过学习本课程，学生能够了解 Windows 操作系统及操作规则，认识 Office 办公软件以及了解其功能作用，学会 Word、Excel、PowerPoint 的基本操作运用。学生能够了解并学会运用输入法，学会并具备较好的打字技能。

网络办公基础：通过学习本课程，学生能够认识和学会浏览 Internet，学会在不同网络环境下进行信息的搜索和下载保存。学生能够认识电子邮件并学会电子邮件的收发、回复等，认识并学会运用 QQ、微信、腾讯会议、钉钉等社交软件和会议软件，了解网络环境的请款，学会健康使用网络，学会区分、鉴别垃圾网站和有害信息。

办公设备使用与维护：通过学习本课程，学生能够正确认识并学会运用打印机、复印机、传真机、碎纸机、过胶机、打孔器等常用办公设备，学会设备的日常简单维护。

9. 汽车装潢与美容

（1）专业基础课。

汽车概论：本课程主要教授学生汽车发动机各组成系统的结构及原理，汽车底盘各组成部分的结构及原理，现代汽车技术的有关内容。通过学习本课程，学生能够了解汽车历史及发展趋势，熟悉常见国产及进口汽车的总体结构，各部分组成及工作原理，了解主要总成的维护知识。

（2）专业技能课。

汽车装饰施工技术：本课程主要教授学生装饰施工基本知识、装饰结构施工技术、油漆饰面施工技术、裱糊饰面技术、车内配置体装饰施工技术、汽车内外装饰施工技术、施工中的劳动安全保护。通过学习本课程，学生能够熟知汽车装饰构造的基本原理、应用技术和基本工艺、施工方法，制订施工方案。

汽车美容与装饰：本课程主要教授学生安全注意事项，工具、仪器、设备的正确使用、保管与维护，汽车装饰与美容工艺过程，各学习领域的内容的衔接，本工程职业规范和职业道德。通过学习本课程，学生能够熟悉生产一线实际岗位的相关要求，掌握安全生产要求及所使用工具、设备的使用、保管与维护，把各学习领域的内容与生产实际相结合，进行磨合过渡，毕业后可直接顶岗工作。

10. 园林绿化（园林艺术方向）

（1）专业基础课。

五级园艺师培训：本课程教授学生园艺专业的基本理论知识、植物的基本知识、植物营养与肥料、常见的种植步骤、植物的养护方法、植物的采收等，使学生能够掌握基本的园艺知识。

（2）专业技能课。

观赏园艺栽培：通过学习本课程，学生能够认识常见的观赏植物及其分类，种植常见的观赏植物及熟悉其养护,种植盆栽及制作盆景等。

现代蔬菜栽培:通过学习本课程,学生能够认识常见的蔬菜植物及其分类,种植常见的蔬菜植物,采收蔬菜等。

果树园艺栽培:通过学习本课程,学生能够认识常见的果树及其分类,种植常见的果树植物,进行果实的杀虫及采收等。

11. 园林绿化(插花艺术方向)

(1)专业基础课。

花艺欣赏:通过欣赏国内外插花展览、插花比赛作品,学生能够加深对插花作品的理解,对不同的插花创作风格进行借鉴、学习,以增长鉴赏品评能力和创作水平,提高审美情趣。

花艺基础:通过学习本课程,学生能够掌握插花的概念、起源、发展与趋向,认识各种插花植材,了解花材的分类与用途、花材的保鲜;能够掌握插花的风格与分类、插花的原理,了解插花员工作任务、花艺经营与管理方式等。

(2)专业技能课。

花艺设计与制作:通过学习本课程,学生能够掌握常见礼仪插花、艺术插花、场景插花作品的插制方法,了解插花作品的陈列与摆设方法等。

12. 市场营销

(1)专业基础课。

商品知识:本课程主要教授学生商品及商品学概述、商品的分类与编码、商品质量、商品标准、商品检验、商品包装、商品养护,以及常见商品的种类、特点、质量要求、包装、养护、选购与使用等基本知识。通过学习本课程,学生能够了解商品及商品分类与编码、质量、标准、检验、包装等基础知识,掌握简单商品的商品分类与编码、质量、标准、检验、包装等基本操作要求,认识相关的标准和法规要求。

超市服务日常英语:本课程主要教授学生常见超市物品,超市接待及欢迎、感谢和赞美,折扣和价格,收银付款等知识。通过学习本课程,学生能够了解常见超市物品及超市业务英语单词和用语,有能力的学生掌握最基本的超市接待及欢迎、感谢和赞美,折扣和价格,收银付款等用语。

商店经营数学:本课程主要教授学生质量单位、价格计算、商店财务。通过学习本课程,学生能够认识常见的质量单位,并能进行质量单位之间的换算,能进行商品价格计算,统计商店日常收入支出。

超市服务的礼仪:本课程主要教授学生员工行为准则、礼仪仪表、服务要求。通过学习本课程,学生能够了解商品运营和超市运营的员工行为准则、礼仪仪表和服务要求,掌握超市服务的礼仪和服务基本规范。

（2）专业技能课。

门店服务的技巧：本课程主要教授学生收银服务、商品导购、货架整理、超市清洁、商品养护。通过学习本课程，学生能够掌握收银、导购、货架整理、超市清洁、商品养护等基本技能操作，掌握不同门店服务的操作基本规范，能运用一定的策略和技巧处理突发情况。

开店经营实务：本课程主要教授学生开店规划、商店设计、商品采购、商品销售、商品陈列。通过学习本课程，学生能够了解开店经营的原则，能根据实际需求制订商品采购计划，掌握商品成列与销售的技巧。

13. 高星级饭店运营与管理（客房服务方向）

（1）专业基础课。

客房部及客房产品概述：通过学习本课程，学生能够熟悉客房产品及不同类型的客房、客房部在酒店的功能与地位、客房部的组织机构及岗位职责，能够正确认识客房部员工所需具备的素质要求。

客房服务礼仪：通过学习本课程，学生能够熟知客房服务人员具备的各项素质要求，熟练掌握客房服务礼仪的基本知识，提高学生灵活运用礼仪规范的能力，为客房服务工作奠定基础。

客房设备用品管理：通过学习本课程，学生能够熟悉并使用客房常见设备、客房日用品、布件的管理方法和要求，能够按照酒店规定选择合适的客房设备，并进行妥善管理。

客房安全管理：通过学习本课程，学生能够熟悉常见的客房安全设施，了解火灾、盗窃等事故的处理方法。

（2）专业技能课。

客房与公共区域清洁：通过学习本课程，学生能够熟悉酒店常用的清洁工具及清洁剂的种类、特点和用途，掌握客房清洁工作的具体流程及方法，能够按流程完成客房、大堂、公共卫生间等区域的日常清洁保养工作。

客房对客服务：通过学习本课程，学生能够熟悉主要对客服务的方法与流程，了解其他对客服务的内容，能够按标准完成楼层接待服务，为客人提供小酒吧服务、洗衣服务。

中式铺床专项训练：通过学习本课程，学生能够掌握中式铺床的程序与方法，包括拉床、铺床单、床单包角、套被套、铺被子、套枕套等。

14. 高星级饭店运营与管理（洗衣服务方向）

（1）专业基础课。

洗衣理论基础：通过学习识别织物面料、了解洗涤标志、识别洗涤剂和去渍剂、水洗基础知识、干洗基础知识、熨烫基础知识、去渍原理等，学生能够掌握洗衣专业的基础理论知识。

（2）专业技能课。

洗衣房布草折叠：通过学习毛巾的两步折叠法、三步折叠法、管状折叠、圆柱体折叠、创意造型折叠等，学生能够掌握洗衣房常见的各类布草的折叠方法。

水洗理论与技术：本课程主要教授学生水洗基础知识和水洗工艺。通过本课程的学习，学生能够了解水洗的原理，认识常见的洗涤剂、氧化剂和还原剂，掌握水洗基本工艺，正确使用水洗设备等。

熨烫理论与技术：本课程主要教授学生熨烫基础知识和熨烫工艺。通过本课程的学习，学生能够了解熨烫的原理和要素，认识常见的熨烫设备，掌握熨烫基本工艺，了解熨烫设备的功能和使用方法等。

去渍理论与技术：本课程主要教授学生去渍基础知识和去渍工艺。通过本课程的学习，学生能够了解污渍的类型与鉴别，认识常见的去渍设备，掌握去渍基本工艺，正确使用去渍设备等。

干洗理论与技术：本课程主要教授学生干洗基础知识和干洗工艺。通过本课程的学习，学生能够了解干洗去污的原理，认识常见的干洗溶剂和助剂，掌握干洗基本工艺，了解干洗设备的功能和工作原理等。

15. 高星级饭店运营与管理（餐饮服务方向）

（1）专业基础课。

餐饮服务基础：本课程学习餐饮服务的基础知识，了解当今餐饮业的现状、发展趋势等，为专业成长打下坚实理论基础。

餐饮服务礼仪：本课程学习餐饮服务相关礼仪，掌握餐厅迎宾、送客、个性对客等服务的礼仪，培养学生服务意识。

（2）专业技能课。

餐饮服务技能：本课程学习中西餐服务程序、方法等相关知识，熟练掌握托盘、餐巾折花、摆台等基本餐饮服务技能，学习清洁服务与物品归纳技能并掌握简单饮品的冲泡技巧。

（二）社团课

1. 戏剧社团

戏剧社团聘请专业戏剧团队开展戏剧应用于特殊群体的课程建设与实施工作，团队配备专业的"教育戏剧教师"或者"戏剧表演教师"，设计以戏剧的五感体验、肢体体验、游戏体验和故事体验为主题的专业课程，让心智障碍学生参与其中，课程设计符合心智障碍学生学习和认知的要求。目前社团以"厨艺疗愈"为主题,设计与开展针对心智障碍学生的体验式戏剧课程。

2. 扎染社团

扎染社团组织学生感知扎染历史文化和欣赏绚丽多彩的各类作品,激发学习热情;利用方巾叠不同形状并用橡皮筋扎紧,用滴管染色,详细示范操作步骤,鼓励每位学生积极大胆尝试;将T恤、抱枕、手提袋、帽子等进行大胆创新,制作精美作品。社团活动不仅提高学生的动手操作能力,而且丰富业余生活陶冶情操,还培养学生的创新精神,使中国传统文化更好地发扬和传承。

3. 非遗共创社

非遗共创社是一个基于非遗技艺活化、推广、传承的社团。本社团由深圳职业技术大学徐明明老师带领艺术学院的15位同学发起创办,作为公益社团性质为元平特校学生授课。授课内容包括麦秆画、掐丝珐琅、珠绣。

4. 跆拳道社团

跆拳道社团旨在引导和帮助心智障碍学生熟练掌握跆拳道基本知识、技能和科学锻炼身体的方式,提高身体协调性和灵活性,增强学生的综合身体素质,形成终身体育锻炼意识和习惯。其倡导"以礼始,以礼终"的尚武精神,并且以"礼义廉耻,忍耐克己,百折不屈"为练习的根本宗旨,完善学生的人格和品行。

5. 衍纸社团

衍纸社团的主要活动是组织学生赏析衍纸作品激发学生兴趣;认识衍纸制作的工具和材料,学习工具的基本用法;系统学习衍纸基础工艺,学习基本卷、变化卷、组合卷的制作方法;学习衍纸的基本线条制作,对作品进行装框、赏析等。

6. 手指油画社团

手指油画社团活动通过让心智障碍学生的指尖在颜色间切换,感受颜料带来的治愈感。赏析手指油画作品,激发学生兴趣,认识手指油画的工具和材料,学习手指油画的基本技法。然后,学生结合所学基础技法,完成作品制作,由简入难,循序渐进,对所做作品进行晾晒、赏析。

7. 虚拟运动社团

虚拟运动社团利用虚拟运动游戏平台(网球、保龄球、棒球、赛车等),并结合现代康复运动训练理论,提高学生康复训练的针对性、趣味性、定量性和实用性。虚拟运动强调学生的自主运动,需要学生通过自身的运动来操控整个游戏,游戏的过程就是训练的过程。由于虚拟运动课堂与游戏紧密联系,学生在训练过程中兴趣浓厚,积极性高,而且在掌握了简单的技巧后,学生就能够轻松地操控游戏,学生在游戏中既达到了主动运动的目的,又在游戏中体会到了胜利带来的成就感。

8. 中式面点社团

中式面点社团讲授有关中式面点的基本知识,训练学生制作中式面点的基础操作方法和技巧,培养学生制作面点的兴趣和爱好。本社团秉持着以理论为基础,操作为重点的理念,在基本理论和基本技能的教学中强调一致性,让学生在做中学,在学后用,在用中总结反思,让学生逐步掌握基础的面点制作技能。

9. 书法社团

中国书法历史悠久,博大精深,不但有着鲜明的艺术性和广泛的实用性,而且自身还蕴藏着丰富的美育因素。注重挖掘这些因素,并恰当地将其融合、渗透在教学当中,对培养职高学生良好的审美意识,提高他们自身的素养和知识水平会大有裨益。书法社团根据书法的自身特点,并结合职高学生的认知规律设计活动计划,通过书法学习,心智障碍学生能养成良好规范的书写姿势和执笔姿势。

10. 影视鉴赏社团

影视鉴赏社团通过理论讲授与观摩鉴赏相结合,同时积极开展影视评论写作和影视模仿实践,将影视中的精彩片段通过学生表演再次还原。通过鉴赏艺术作品、学习艺术理论、参加艺术实践,学生能树立正确的审美观念。

11. 多元街舞社

多元街舞社的活动始终秉承着"科学训练、多元融合、自由表达"的理念,秉承着"洋溢青春活力,舞动生命节奏"的社团宗旨,关注着每一位成员的舞蹈兴趣发展。社团组织街舞的常规授课,定期开展丰富多彩的活动,为同学们提供展示自己的舞台和机会,丰富校园文化生活。日常活动有每周定期训练、每月作品 MV(音乐短片)录制、参加校级部级文化演出等。同时还有一些特色活动,例如不定期赴外演出交流、学期末内部考核、校园街舞 battle 比赛等。

12. 职业训练社团

职业训练是利用测评工具,对学生的个人因素、工作能力、工作行为、工作技能等进行评估分析,为学生制订个性化训练计划、挖掘就业潜力、选择职业目标、规划职业生涯等提供参考。社团特设健康管理内容,让训练内容更丰富,训练模式更多元。社团通过有目的的、精心选择的、有针对性的个性化训练活动,对肢体、精神、智力类功能障碍学生,最大限度地提高其独立生活和劳动能力,改善他们的生活质量。

13. 形象礼仪社团

礼仪是家庭美满和睦的根基,礼仪的核心是爱和关怀,借礼修身,礼愈身心。礼仪是人际关系和谐的基础,能提升个人素养,利于交往。其中仪态礼仪的训练具有矫正形体,改善心血管功能以及神经功能的作用。经常参加训练,可以增加强肌体神经系统的功能和大脑的工作能力,使之更加健康和聪明。通过学习不同场合的坐姿、站姿、礼仪伦理知识与实操练习,学生能塑造优雅气质和得体身姿。

14. 茶艺社团

茶艺集中国美学、音乐、书画、插花、服装等于一体,是一门综合性的艺术。茶艺课程融茶艺理论知识和操作技能于一体,理论知识部分全面、系统地论述了中华茶艺的基本概念和分类原理、茶艺要素和环节、茶席设计原理、茶艺礼仪、茶艺美学特征、茶艺形成与发展历史、茶艺编创原则、茶艺对外传播;实践操作部分详解习茶基本手法和基本程式。中国当代各种形式的茶艺,主要有撮泡法茶艺,如玻璃杯泡法茶艺、盖碗泡茶艺;壶泡法茶艺;工夫茶艺,包括壶杯泡法工夫茶艺、壶盅泡法工夫茶艺、碗杯泡法工夫茶艺、碗盅泡法工夫茶艺;以及调饮茶艺等。

15. 行进打击乐社团

行进打击乐社团拥有小军鼓、大军鼓、五音鼓、金属散响、中国传统木质乐器等各种不同类型的打击乐器,种类丰富,能充分满足不同曲目在音质上的完美表现。社团老师通过具有针对性的专业训练,力求让社团成员能够自主演奏多声部曲目,并有机会入选学校行进打击乐队,登上更大的舞台展现自我。行进打击乐社团的宗旨:通过专业的训练,让学生们在跳动的节奏中体验艺术的美好,提升综合素养能力,为心智障碍学生搭建一个自我展示的平台。

16. 手工机器人社团

手工机器人是一门既有趣又有益的社团课程,它主要让学生们用木材、铁丝、胶水等材料,制作出各种形态的机器人,如飞机、汽车、动物等。在制作过程中,学生们不仅可以锻炼自己的动手能力,还可以学习到自然界中的科学原理,如杠杆、滑轮、齿轮等。手工机器人课程不仅能让学生们理论联系实际,还可以培养他们的创造力和想象力,让他们在玩中学,在学中乐。

二、课程实施

基于学校的课程设计理念与目标,职业高中教育合理编排课程、组织课程,同时采取极具特色的方式给学生提供选课机会,促进资源的合理安排,充分满足心智障碍学生的需求,提升教学效果。

(一)课程编排

1. 课时安排

职业高中教育课程根据课程内容、课程目标以及心智障碍学生身心特点,合理设置课时,详细课时划分如表5-8所示。

表 5-8 元平特校职业高中教育课程课时安排表

专业	课程名称		课时	第一学期 周课时（20 周）	第二学期 周课时（20 周）
中西面点	专业基础课	食品营养与卫生	80	2	2
	专业技能课	西饼制作工艺	160	4	4
		面包制作工艺	160	4	4
		蛋糕制作工艺	160	4	4
	合计		560	280	280
中餐烹饪	专业基础课	烹饪营养学	40	0	2
		烹饪原料学	40	2	0
	专业技能课	基础刀工	160	4	4
		凉菜制作技艺	160	4	4
		热菜制作技艺(粤菜)	160	4	4
	合计		560	280	280
邮政快递运营	专业技能课	配送作业管理	240	6	6
		仓储管理实务	160	4	4
		快递实务	160	4	4
	合计		560	280	280
电子商务	专业基础课	计算机应用基础	80	2	2
		电子商务概论	80	2	2
	专业技能课	网店运营	80	2	2
		网店美工	160	4	4
		数据分析	80	2	2
		客户关系管理	80	2	2
	合计		560	280	280
工艺美术（衍纸方向）	专业基础课	基础衍纸	240	6	6
	专业技能课	新中式衍纸	160	4	4
		创意衍纸	160	4	4
	合计		560	280	280

续表

专业	课程名称		课时	学期	
				第一学期 周课时（20周）	第二学期 周课时（20周）
工艺美术（绘画与手工方向）	专业基础课	装饰绘画基础	80	2	2
		立体塑形基础	160	4	4
	专业技能课	装饰绘画设计	160	4	4
		立体塑形设计	160	4	4
	合计		560	280	280
民间传统工艺（中国结艺方向）	专业基础课	美学基础	80	2	2
		结艺起源及生活应用	160	4	4
	专业技能课	传统结艺	160	4	4
		新式绳编	160	4	4
	合计		560	280	280
行政事务助理	专业基础课	行政文员概述	40	1	1
		行政文员基本礼仪	40	1	1
		文件归档整理与管理	80	2	2
	专业技能课	计算机应用基础	80	2	2
		网络办公基础	160	4	4
		办公设备使用与维护	160	4	4
	合计		560	280	280
汽车装潢与美容	专业基础课	汽车概论	240	6	6
	专业技能课	汽车装饰施工技术	160	4	4
		汽车美容与装饰	160	4	4
	合计		560	280	280
园林绿化（园林艺术方向）	专业基础课	五级园艺师培训	160	4	4
	专业技能课	观赏园艺栽培	160	4	4
		现代蔬菜栽培	160	4	4
		果树园艺栽培	80	2	2
	合计		560	280	280

续表

专业	课程名称		课时	学期	
				第一学期	第二学期
				周课时(20周)	周课时(20周)
园林绿化(插花艺术方向)	专业基础课	花艺欣赏	80	2	2
		花艺基础	160	4	4
	专业技能课	花艺设计与制作	320	8	8
	合计		560	280	280
市场营销	专业基础课	商品知识	160	4	4
		超市服务日常英语	40	0	2
		商店经营数学	40	2	0
		超市服务的礼仪	80	2	2
	专业技能课	门店服务的技巧	160	4	4
		开店经营实务	80	2	2
	合计		560	280	280
高星级饭店运营与管理(客房服务方向)	专业基础课	客房部及客房产品概述	40	1	1
		客房服务礼仪	40	1	1
		客房设备用品管理	40	1	1
		客安全管理	40	1	1
	专业技能课	客房与公共区域清洁	80	2	2
		客房对客服务	160	4	4
		中式铺床专项训练	160	4	4
	合计		560	280	280
高星级饭店运营与管理(洗衣服务方向)	专业基础课	洗衣理论基础	80	2	2
	专业技能课	洗衣房布草折叠	160	4	4
		洗熨技术	160	4	4
		去渍理论与技术	160	4	4
	合计		560	280	280
高星级饭店运营与管理(餐饮服务方向)	专业基础课	餐饮服务基础	80	2	2
		餐饮服务礼仪	160	4	4
	专业技能课	餐饮服务技能	320	8	8
	合计		560	280	280

2. 课程表安排

职业高中教育课程每学期课表根据课程内容与课时设定,同时考虑心智障碍学生的身心特点,进行合理安排。以下表5-9为行政事务助理专业的课程表安排示例。

表5-9 元平特校职业高中某班课程表

时间	节数	星期一	星期二	星期三	星期四	星期五
上午	1	升旗仪式、班会、双周心理健康活动	网络办公基础	计算机应用基础	办公设备使用与维护	体育与健康
	2	实用语文	网络办公基础	计算机应用基础	办公设备使用与维护	实用语文
	3	行政文员概述	网络办公基础	计算机应用基础	办公设备使用与维护	心理健康
	4	行政文员概述	网络办公基础	计算机应用基础	办公设备使用与维护	社会适应
下午	5	信息技术	衍纸	体育与健康	日常清洁维护	班会
	6	信息技术	衍纸	职业道德	日常清洁维护	
	7	课外活动	衍纸	课外活动		

(二)课程组织形式与特色

元平特校在充分考虑综合康复高中心智障碍学生的身心发展特点、能力与潜力的基础上,在课程组织的五个阶段认真开展工作,即前期设计、课前准备、课堂教学、课后巩固、总结评价。[①] 下面将以"元平特校职业高中校本课程插花艺术教案"为例,阐述教师在各个阶段所做的工作。

1. 前期设计

在前期设计阶段,教师根据学生的情况、教学目标进行教学方案的设计。教师在充分了解学生情况的基础上分组,根据学生现有能力进行分层教学,如表5-10所示。同时,教师要明确教学目标,为不同组的学生设置适宜的目标,如"在知识与技能目标方面,要求A层学生熟练掌握本节课所学的花材,能说出花材名称,并了解花材大概习性;知道所学花材按照形状的分类;能用所学花材进行插花创作。B层学生可以掌握本节课所学的花材,能根据名称找到对应的花材;了解所学花材按照形状的分类;能在教师的辅助下使用所学花材进行插花创作"等。

---

① 薛永基,回慧娴,吴成亮.基于参与式教学的研究生课程组织与实践——以农村公共管理课程为例[J].学位与研究生教育,2021(5):21-26.

表5-10　元平特校职业高中校本课程插花艺术教案学情分析示例

教学对象	职高专业班的学生,学生年龄在16~18岁之间,障碍类型有智力障碍、孤独症、脑瘫,认知能力、语言能力、动手操作能力也各不相同
学情分析	彭同学,17岁,孤独症。在认知与理解方面,该生已有一定的专业基础,能注意力集中,注意倾听他人说话;能听懂花材名称,并进行对应;具备一定的创造力。在操作能力方面,该生能主动动手操作,精细动作良好。在综合性学习方面,该生能主动参加班级活动,对噪音敏感,比较喜欢音乐。课堂上的激励评价方式采用语言激励
	黄同学,16岁,智力障碍二级。在认知与理解方面,该生已有一定的专业基础,能注意力集中,注意倾听他人说话;能听懂花材名称,并进行对应;具备一定的模仿能力。在操作能力方面,该生能主动动手操作,精细动作欠佳。在综合性学习方面,该生能主动参加班级活动。课堂上的激励评价方式采用语言激励
	孙同学,17岁,智力障碍三级。在认知与理解方面,该生已有一定的专业基础,但注意力不够集中,经常打断他人说话;能听懂花材名称,并进行对应。在操作能力方面,该生能主动动手操作,但精细动作欠佳。在综合性学习方面,该生能主动参加班级活动,但在注意力的保持上需要进行关注,喜欢正向评价。课堂上的激励评价方式采用语言和强化物激励
	潘同学,17岁,智力障碍三级。在认知与理解方面,该生已有一定的专业基础,能注意力集中,注意倾听他人说话;能听懂花材名称,并进行对应。在操作能力方面,该生能主动动手操作,精细动作一般。在综合性学习方面,该生能主动参加班级活动。课堂上的激励评价方式采用语言激励
	刘同学,18岁,智力障碍二级。在认知与理解方面,该生专业基础较薄弱,注意力不够集中,无法准确理解他人语言;能听懂部分花材名称,并在协助下完成学习。在操作能力方面,该生不够主动,精细动作也较差。在综合性学习方面,该生能在协助下参加班级活动。课堂上的激励评价方式采用语言激励
	刘同学,17岁,脑瘫。在认知与理解方面,该生专业基础较薄弱,注意力较集中,能倾听他人说话;能听懂花材名称,并进行对应。在操作能力方面,该生左手不协调,需在协助下进行操作。在综合性学习方面,该生能主动参与课堂活动。课堂上的激励评价方式采用语言激励
	张同学,16岁,智力障碍二级。在认知与理解方面,该生专业基础较薄弱,注意力不够集中,不能倾听他人说话,时常有小动作;能听懂部分花材名称,并在协助下找出对应花材。在操作能力方面,该生能在协助下动手操作,但精细动作较差。在综合性学习方面,该生能在协助下参加班级活动。课堂上的激励评价方式采用语言激励
分层教学	根据学生的认知程度,将学生分为A、B两层。A层:彭同学、潘同学、黄同学、孙同学;B层:刘同学、刘同学、张同学。然后进行分层教学,满足学生的个别化教学需求

2. 课前准备

教师在课前提前告诉学生下节课需要学习的内容,给学生时间与机会去做好学习准备,以提高学生的课堂参与度与教学效果。

3. 课堂教学

在课堂教学中,教师采用丰富灵活的教法与学法,提升课堂的趣味性、学生参与课堂的积极性。表5-11是插花艺术课程教学示例。

表 5-11 元平特校职业高中校本课程插花艺术课程教学示例

类别	教学程序	教师活动	学生活动	资源与支持
教学过程	组织教学	师生问好。 教师用班级优化大师点名。 教师点评学生表现	学生问好,举手答到	班级优化大师
	情境导入	(1) 教师展示事先做好的插花作品,引导学生发现其中没有学过的花材。 (2) 师:今天老师给大家带来一个礼物,大家看看是什么,好看吗?这个礼物是一个漂亮的插花作品,里面用到了很多美丽的鲜花,我们一起去认一认。 (3) 师:作品中有玫瑰、非洲菊、蜡梅、尤加利叶……除了这些我们已经学过的花材,作品中还有一些花材我们还不知道它们的名字,大家想不想去认识一下呀?(书写课题:认识常见花材) 设计意图:以实物为媒介,以学生的欣赏体验为基础,激发学生的学习兴趣	A 层学生:自主思考回答老师的问题,跟老师一起回顾已经学过的鲜花名称,建立新课学习兴趣。 B 层学生:在提示下回答老师的问题,跟着老师一起回顾已经学过的鲜花名称,建立新课学习兴趣。	插花作品
	新授	认识花材:乒乓菊 (1) 教师拿出乒乓菊实物,请学生观察,并提问:你观察到的花有什么特点?外形像什么? (2) 师:这个外形像乒乓球一样,造型讨巧、可爱的花叫作乒乓菊。(教师领读"乒乓菊",加深印象。出示课件,并板书) (3) 教师请学生观察乒乓菊的颜色特征,并借希沃白板课件介绍乒乓菊的生长习性、特征。 (4) 出示乒乓菊插花作品图片,了解乒乓菊的插花应用方式。 (5) 根据学生表现,教师用班级优化大师对学生进行评价激励	A、B 层学生:观察乒乓菊的外形,进行联想,自由发言。 跟读"乒乓菊",识记花材的名称。 A 层学生:了解乒乓菊的颜色、生长习性、特征。 B 层学生:了解乒乓菊的不同颜色	不同颜色的乒乓菊 希沃白板课件 班级优化大师
		认识花材:银芽柳 (1) 教师出示过年花市上的银芽柳图片,并提问:在过年期间,花市上有一种花很受欢迎,你知道它的名字吗? (2) 师:这个花就是银芽柳,也叫"银柳"。(教师领读"银芽柳",加深印象。出示课件,并板书) (3) 教师请学生观察银芽柳的颜色特征,并借希沃白板课件介绍银芽柳的生长习性、特征。 (4) 出示银芽柳插花作品图片,了解银芽柳的插花应用方式。 (5) 根据学生表现,用班级优化大师对学生进行评价激励	A、B 层学生:观察图片,自由发言。 跟读"银芽柳",识记花材的名称。 A 层学生:了解银芽柳的颜色、生长习性、特征。 B 层学生:了解银芽柳的不同颜色。 A、B 层学生:观察花,自由发言	银芽柳 希沃白板课件 班级优化大师

续表

类别	教学程序	教师活动	学生活动	资源与支持
教学过程	新授	认识花材：蕾丝 (1) 教师拿出蕾丝花材实物，请学生观察，并提问：你观察到的花有什么特点？外形像什么？ (2) 师：这个外形像漂亮的蕾丝裙花纹一样的花，也和它的花纹一样，叫作"蕾丝"，别名"白缎带花""雪珠花"等。（教师领读"蕾丝"，加深印象。出示课件，并板书） (3) 教师请学生观察蕾丝的特征，并借希沃白板课件介绍蕾丝的生长习性。 (4) 出示蕾丝插花作品图片，了解蕾丝的插花应用方式。 (5) 根据学生表现，用班级优化大师对学生进行评价激励。 设计意图：在讲授的过程中将图片、花材名称、实物结合，使学生建立知识联系，更好地掌握；通过希沃白板课件的页面设计，让A、B层学生对知识分层理解，满足实际学习需求	跟读"蕾丝"，识记花材的名称。 A层学生：了解蕾丝的颜色、生长习性、特征。 B层学生：了解蕾丝的别名	蕾丝 希沃白板课件 班级优化大师
	巩固练习	(1) 教师出示希沃白板课件，请A层学生根据图片，将正确的花材名称填入空格中。 (2) 教师出示希沃白板课件，请B层学生将花材名称与图片进行连线。 (3) 教师拿起花材实物，请A层学生说出正确的花材名称。 (4) 教师说出花材名称，请B层学生将正确的花材找出。 设计意图：通过不同难度的练习，巩固所学知识，满足不同层次学生的学习需求	A层学生：独立完成练习1和练习3。 B层学生：独立或在辅助下完成练习2和练习4	希沃白板课件 班级优化大师 鲜花实物
	拓展提高	(1) 教师带学生回顾对花材形状的分类方法，按照形状及实际中的运用，一般分为团块状、线状、散状，特殊形状。 (2) 用希沃白板的超级分类功能，将本节课的三种花材分类。 师：请同学们将今天所学的三个花材，按照形状归类到对应的分类中。 乒乓菊 ⇨ 团块状 银芽柳 ⇨ 线状 蕾丝　 ⇨ 散状 (3) 用本节课所学的花材，自由搭配，打造一个属于自己的插花作品，注意每种类型花材的使用规范。完成后进行展示	A、B层学生跟随老师一起回顾分类方法；A层学生独自完成分类，B层学生在辅助下完成分类。 A、B层学生动手操作，展示作品	希沃白板课件 鲜花、花泥、容器等

139

续表

类别	教学程序	教师活动	学生活动	资源与支持
教学过程	拓展提高	设计意图:将所学的知识与实际运用联系起来,在学习了花材基本知识的基础上,进一步探索它们在插花中的运用形式;动手制作作品,让学生在美的感受中完成本节课的学习,提高学生的审美素养		
	小结	教师小结本课内容(配以课件、鲜花实物),并展示班级优化大师中学生积分情况,进行评价	学生认真倾听,回忆知识	希沃白板课件鲜花实物
板书设计		认识常见花材 乒乓菊　银芽柳　蕾丝 团块状　线状　散状		

4. 课后巩固

经过课堂教学后,教师及时对学生学习情况进行总结,并布置有针对性的作业、训练任务等,同时积极与家长交流、合作,家校协同巩固课堂教学成果。表 5-12 是插花艺术课程作业示例。

表 5-12　元平特校职业高中校本课程插花艺术课程作业示例

类别	作业设计
作业 1	A 层学生:根据图片,写出花材名称。 B 层学生:将图片与花材名称连线。 姓名:_____　　　　　姓名:_____ 根据图片,写出花材名称。　　将图片与对应花材名称连线。 （图片）_____　　（图片）　银芽柳 （图片）_____　　（图片）　蕾丝 （图片）_____　　（图片）　乒乓菊
作业 2	A 层学生:利用网络,或者翻看插花书籍,查找今天所学三种花材乒乓菊、银芽柳、蕾丝的养护小知识。 B 层学生:阅读、学习老师整理好的花材养护小知识。

5. 总结评价

教师在课程结束后需要进行进展性评价与总结性评价,反馈教学情况与学生的学习情况等。在进展性评价方面,教师需要及时填写教学进度表,并进行教学反思。同时,职业高中特设置具有特色性的竞赛,让心智障碍学生在竞赛中巩固学习成果,提升相关技能。在总结性评价方面,教师需要填写学业水平测评表,对学生整个学期的学习表现进行评价,为下学期的教学做好充足准备。教师也将设计学科知识检验卷,对学生本学期掌握的知识进行测评,了解学生的学习情况。

(三) 选课形式

学生在九年级毕业时,学校参考生活语文、生活数学、生活实用、康复训练等课程标准组织统一测评,以了解学生达到课程标准所要求的能力水平的程度。测评的内容包括生活语文、生活数学、生活适应、情绪行为、生活自理、肢体运动等多个方面。九年级测评的能力表现也是学生开学选择专业的重要依据。例如,肢体运动水平得分不高的学生,班主任就不建议他选择汽车装潢与美容、中餐烹饪等专业;而生活数学表现不佳的学生,班主任就不会建议他选择市场营销等专业。在学生入学时,家长和学生会共同选择三个专业作为志愿专业,作为学生之后选专业的参考。

在学生9月1日入学后,有一个月的了解和适应期,在这一个月时间内,班级同学会共同参加一个专业的学习,同时班主任会帮助学生了解其他专业,并讲授生涯发展理念。9月中旬,学校通过召开新生家长会,向家长介绍各个专业的情况以及选专业的注意事项。9月下旬,学校通过"家长和学生申请—班主任协调—专业老师确认"流程来帮助学生选择第一个专业。

在第一个专业学习一年之后,学生在下一个学年有机会再次选择专业。选择流程仍是"家长和学生申请—班主任协调—专业老师确认"。在第二次选择时,家长、学生、班主任和专业老师都对彼此更为熟悉,选择的专业也会更为适配。学生可以选择与第一年相同的专业,也可以选择其他专业。在实际操作中,绝大多数学生都会根据生涯发展规划选择不一样的专业。第三年同理。

"三年三选"选课方式的高选择性为学生提供了更多的可能性,学生也能对不同的专业有更多的了解。如果有学生选择在同一个专业连续就读,专业老师也会为这位学生安排难度更高的学习任务,以满足所有学生的学习需求。

三、课程评价

学校课程评价主要分为进展性评价(反馈教与学)与总结性评价(量度成绩)。

进展性评价反馈学与教的情况,目的在于及时觉察学生在学习上的强弱项,为教学的改进提供反馈,同时检查教学成效,而总结性评价度量成绩,旨在对学生的学习表现、进度进行全面描述。[①]

(一)进展性评价

1. 教学进度表

每节课后教师须填写教学进度表,教师不仅要回答本学期的主要教学内容,而且每周要及时反馈计划的完成情况,并及时调整教学内容,同时进行教学反思,反馈学生的学习情况、教学效果等。最后,每学期结束后教师需要从"教学内容""教学效果""教学反思"三个方面进行总结,对课程进行整体评价。以下表5-13、表5-14分别为教学进度表以及"社会适应"课教学进度表示例。

表5-13 元平特校教学进度表

姓名		教学部		学科名称	
周课时		班级		学生人数	
周次	教学内容	计划完成情况		教学反思	
1					
2					
3					
……					
学期总结					

表5-14 元平特校"社会适应"课教学进度表示例

姓名	徐×	教学部	职业高中	学科名称	社会适应
周课时	6	班级	××	学生人数	××
周次	教学内容	计划完成情况		教学反思	
1	了解深圳公园预约买票的方法	第一周完成本课内容教授,学生基本掌握了使用"美丽深圳"公众号预约买票的步骤,部分学生可以在老师提示下完成操作		选择这个教学内容,主要是为了让学生了解到微信公众号的便捷性,让学生通过掌握"美丽深圳"公众号的使用进而了解更多与生活息息相关的公众号和小程序的使用。但是由于心智障碍学生的探索能力不足,后续相关内容的了解还需教师持续不断地推进,不能仅仅依靠一周的课程完成	

---

① 叶育枢. 香港小学数学课程评价:"理念""方式"与"启示"[J]. 数学教育学报,2019,28(5):19-23.

续表

2	了解深圳的主要景点	第二周完成了本课内容教授,学生对深圳的5A级景点和4A级景点有了一定的了解,并且体会到了制作旅游攻略的好处	春暖花开,正是出游好时节,本节课希望通过介绍深圳的主要景点,鼓励学生多出门与大自然接触,并希望学生在出游时能够利用第一周学习的公众号,浏览并掌握一些旅游讯息,为第三周制订旅游计划的教学内容打下基础。本节课基本做到了这几点
3	了解制订旅游计划的方法	第三周完成了本课内容教授,学生基本掌握了制订旅游计划的格式和内容要求,A层学生也了解了搜集旅游地点信息的方法	制订旅游计划最重要的是内容选择和信息来源,以提醒自己做好旅行准备。学生从未自己独立做过旅游计划,学习制订计划有助于帮助学生尝试规划自己的生活,是自理能力较为重要的部分。在课堂上学生虽然知道需要哪些内容,但是搜集信息的能力还有待提高
4	学会制订一份旅游计划	第四周学生在老师的帮助下完成了分组旅游计划和个人旅游计划的制订,基本熟悉了旅游计划应当包含的内容	分层应当更加彻底,让C层学生的参与感更强
5	了解社区常见功能机构的作用	第五周学生了解社区的常见机构,熟悉办理身份证、社康看病和残联培训的一般流程	本周课程对于B层和C层的学生有一定的难度,在教授时应增加模拟体验和视频了解的环节,让这些学生更直观地理解社区在我们生活中的作用
6	了解手机挂号、取号看病的基本流程	第六周学生基本了解了手机挂号的方法和途径,以及自动挂号机取号的方法	本周课程内容都是一个步骤接着一个步骤,需要学生记住每个步骤的注意点和先后顺序,对学生的专注度要求比较高。较为活泼的课堂活动可以帮助学生提高注意力,并且在每个环节中需要不断回忆之前的步骤,帮助学生记忆
7	了解医院柜台挂号、取号看病的基本流程	这周内容与上周有较大的重合,学生掌握得比较好	本周课程有上周的基础,所以以流程的演练和细节的把控为主,让学生通过情境演练内化知识。但是C层学生仍然存在参与不足的问题
8	了解金钱的作用,树立正确的金钱观	这周内容是全新的,学生有新鲜感,上课积极性高,接受度不错	这周主要从熟悉钱、购买力、钱的分配、花钱等角度探讨金钱观,比较贴近学生的生活,课堂反应热烈
9	了解工资的概念和工资分配的方法	这周承接上周的教学情境,对同一主人公的工资进行分配,并详细了解工资分配的方法	这周的内容较为程序化,需要学生具备一定的逻辑思维能力,所以某班的学生接受度较高,另一班只有两位A层学生接受度较高,而其他学生只能参与课堂的部分练习。之后应该将课堂设计更为趣味性,将较为复杂的内容拆分,让B层和C层的学生更为容易参与和理解
10	了解储蓄和理财的含义;了解储蓄的操作方法	这周课程以操作为主,用情景模拟的方法让学生了解柜台存钱、ATM机存钱的方法和流程	由于无法真正去到银行体验,所以只能用图片、视频、教具来模拟储蓄的流程,而学生在模拟过程中会出现比较懵的情况,需要教师不断指引和说明。社会适应课上比较多这类型的设计,以后可以尝试运用图片或文字进行提示

143

续表

11	了解消费的含义,树立正确合理的消费观	这周从买东西出发,让学生在实际生活的应用中对消费的基本概念有所了解	由于长期缺乏基本的消费经验,学生对消费这个概念知之甚少,原本打算用苹果、鸡蛋这些较为常见的商品作为切入点,但在课堂中发现,学生对饮料、零食的了解更多,所以在教授过程中临时增加了购买饮料和零食的讨论,以此增强学生对"在合理的价格区间内,选择最能满足需求的商品"这一消费观念的理解
12	了解常见的购物软件	这周开始介绍网购软件,让学生对各类型的网购软件有一个基本的了解,不与时代脱节	学生基本没有接触过网购软件,仅一两名学生听说过淘宝、京东,所以这节课主要从定义、特色两个方面来介绍,让学生对购物软件有一个初步的印象,本节课基本完成了这个任务
13	了解淘宝购物的方法	这周比较细致地讲解了淘宝购物的基本流程	学生能比较清晰地知道淘宝的用途和淘宝购物的基本流程,但是具体操作起来还是比较懵,不太清楚怎样选择合适的商品,不能独立网购,这是后面在现实生活中需要多次练习的
14	了解京东商城购物的方法	这周和上周淘宝购物进行对比,讲解在京东商城购物的基本流程	学生有了上周的基础,这个教学过程走得比较流畅,对于大部分问题,都能很好地回答。在京东和淘宝进行比较时,学生还不能自主比价,只能简单地比较价格,很难结合优惠比价,需要老师引导
15	了解使用美团订外卖的方法	这周主要讲解在美团平台订外卖的方法和注意点	因为最近一直在讲网购相关的知识,所以学生比较容易理解课堂内容,主要通过视频展示整体步骤、教师分步骤讲解操作方法和注意点、实景练习的过程来讲授的,大部分学生都能较好地理解学习内容。C层学生能知道在美团上可以订外卖,而步骤则较难掌握
16	了解友情的含义;了解正确交友的方法和态度	这周开始主要教授情感体悟方面的内容。主要从友情的定义、交友方式和朋友相处的注意点这些方面来展开讲解	学生一开始对这个概念比较生疏,知道"我有朋友",但是只觉得朋友是玩伴,而没有更深层次的理解。课堂上,学生通过教师的讲授,拓宽了对朋友含义的理解,了解了交友的态度和方法
17	在课堂游戏中了解维持友情的做法	这周主要通过做游戏的方式体悟维持友情的方法	本周课程是对上周课程的承接,学生在上周课程的基础上,通过两个游戏(一个个人游戏、一个团体游戏),体会到信任和合作在友情中的重要性
学期总结	一、教学内容 旅游出行;社区功能;工资、储蓄、消费;友情与亲情。 二、教学效果 (一) 旅游出行 A层学生:掌握了一些公众号查询旅游攻略的方法,理解旅游计划的含义,能够参与旅游计划的制作。 B层学生:知道可以在网上查询旅游攻略。理解旅游计划的含义。 C层学生:知道旅游的含义。		

续表

（二）社区功能
A 层学生：了解一些社区场所的功能，能够在成人指引下去社区正常活动，并利用社区机构解决问题。
B 层学生：知道一些社区场所的名称，能够在成人指引下参与社区活动。
C 层学生：能够在成人帮助下参与一些社区活动。
（三）工资、储蓄、消费
A 层学生：理解工资的意思，具备正确的金钱观和消费观，知道储蓄的含义。
B 层学生：理解工资的意思，知道储蓄的含义。
C 层学生：难以理解教学内容，只能参与一些课堂活动。
（四）友情与亲情
A 层学生：能理解友情和亲情的含义，了解一些维持友情和亲情的方法。
B 层学生：对友情和亲情的理解比较表面，知道友情和亲情的重要性。
C 层学生：知道朋友和家人是自己亲近的人，但是对友情和亲情这样的抽象概念难以理解。
三、教学反思
由于本学期所教两个班均为毕业班，所以在内容的选择上除了依据课标之外，也和学生未来生活挂钩，试图做一下学生社会适应方面的衔接。效果不如预期，但是也有一些作用，尤其是 A 层和 B 层的学生，通过学习在这些方面都有了更深层次的理解，有利于其将来融入社会，但由于部分内容较为抽象，C 层学生很难理解，只能参与少部分课堂活动，获得一些学习体验，而不能习得这部分知识，这是未来需要改进的地方，应该增加可供 C 层学生理解和学习的、更为实用的社会适应知识。

2. 竞赛

职业高中各专业在学期中采用丰富的竞赛活动，让学生将理论应用于实践，巩固学生的学习成果、技能，展现学生职业教育风采。以高星级饭店运营与管理（洗衣服务方向）的"布草折叠"竞赛为例，竞赛主要分为初赛与决赛，比赛内容共有四项，分别为"仪容仪表""自我介绍""毛巾折叠"和"服装折叠"。学生需要根据要求依次完成指定项目，教师将根据选手现场表现及布草折叠完成的时间和质量进行打分（表 5-15）。

表 5-15 元平特校职业技能竞赛（初赛）布草折叠评分表

项目	要求细则	分值	扣分	得分
仪容仪表 （10 分）	总体要求：干净整洁、得体大方（不符每项扣 0.5 分） (1) 仪容：男生发型前不过眉、后不过领、侧不过耳；女生头发整洁、不凌乱；男生不留胡须；手部干净，不留长指甲（以平视手掌看不到指甲为宜），不涂指甲油、不戴首饰。 (2) 仪表：服装整洁、挺括，无破损、丢扣；鞋干净、无损。 (3) 礼貌：注重礼貌礼节，面带微笑	0		
整理床垫 （5 分）	位置正确、平整	5		

145

续表

项目	要求细则	分值	扣分	得分
铺床单 (25分)	一次抛单定位(两次扣2分,三次及以上不得分)	5		
	不偏离中线(2 cm以内不扣分,2~3 cm扣1分,3 cm以上不得分)	5		
	床单正面朝上(抛反不得分)	3		
	床单表面及四周平整、平滑	4		
	四角均匀、紧密,包角式样及角度一致(90°或45°)	8		
套被套 (35分)	从床尾一次将被套甩开平铺在床上(两次扣2分,三次及以上不得分)	5		
	羽绒被芯按顺序塞入被套,四角到位,饱满均匀	6		
	被套正面朝上,表面平整,中线不偏离床单中线(中线扣分同床单)	7		
	被芯入被套后甩平,允许首尾各一次(三次抛单扣3分,四次不得分)	5		
	棉被与床头平行,被头翻折45 cm(3 cm以内扣1分,超出不得分)	6		
	床尾棉被盖住软垫,两侧距地相等,尾部自然下垂	6		
枕头 (15分)	四角饱满到位,外形平整挺括,枕芯不外露	5		
	枕头中线与床单中线对齐,枕头边与床头平齐(中线扣分同床单)	5		
	枕头开口统一朝左	5		
综合印象 (10分)	总体效果:三线对齐,平整美观;操作符合卫生标准	5		
	操作过程动作娴熟、敏捷,姿态优美,能体现岗位气质	5		
不跑床、不跪床、不撑床(违反一次扣1分,以此类推)				
操作时间:　　　分　　　秒				
实际得分(满分100分)				

(二) 总结性评价

1. 学业水平测评表

为考查心智障碍学生对于每门课程知识与技能的掌握程度,学校设计学业水平测评表,通过教师对学生学习目标的掌握情况进行测评,了解学生在课程中的优势与薄弱项,同时教师给予针对性建议,明确日后学习与训练的重难点,有助于下一学期课程的学习与教学。(表5-16、表5-17)

表 5-16　元平特校学生学业水平测评表

学生姓名		班级		学科		测评教师		
序号	学　习　目　标					完全掌握	部分掌握	未掌握
1								
2								
3								
……								
建议								
备注								

表 5-17　元平特校"社会适应"课程学生学业水平测评示例

学生姓名	陈×	班级	××	学科	社会适应	测评教师	徐×	
序号	学　习　目　标					完全掌握	部分掌握	未掌握
1	了解深圳公园预约买票的方法						√	
2	了解深圳的主要景点					√		
3	了解制订旅游计划的方法						√	
4	学会制订一份旅游计划						√	
5	了解社区常见功能机构的作用					√		
6	了解手机挂号、取号看病的基本流程						√	
7	了解医院柜台挂号、取号看病的基本流程						√	
8	了解金钱的作用,树立正确的金钱观					√		
9	了解工资的概念和工资分配的方法						√	
10	了解储蓄和理财的含义						√	
11	了解储蓄的操作方法						√	
12	了解消费的含义,树立正确合理的消费观					√		
13	了解常见的购物软件					√		
14	了解淘宝购物的方法						√	
15	了解京东商城购物的方法						√	
16	了解使用美团订外卖的方法						√	
17	了解友情的含义;了解正确交友的方法和态度					√		

续表

18	在课堂游戏中了解维持友情的做法	√		
19	了解亲情的含义	√		
20	掌握维持家庭和谐的方法		√	
建议	希望该生今后多多增强金钱和消费相关的基础知识			
备注				

2. 学科知识检验卷

每学期末,各个学科将采用纸质测验的方式检验学生对于知识的掌握、熟悉度,以利于接下来课程的教学。(图 5－1)

2022—2023 年度第一学期 · 深圳元平特殊教育学校
食品营养与卫生 · 检测卷

考生须知

1. 本试卷满分 150 分,考试时间 90 分钟。
2. 答题前,考生务必将自己的姓名、学号用黑色字迹的签字笔或钢笔填写在试卷上。
3. 适用班级:2206,出卷人:董灵恩。

一、单项选择题(本大题共 15 小题,每题 2 分,共 30 分)

【　】1. ______因参与体内多种酶促反应,故有“主力维生素”之称。
A. 维生素 B_6　B. 维生素 B_1　C. 维生素 B_1　D. 维生素 B_2

【　】2. “一代甲,二代傻,三代四代断根芽”说明了______对人体的重要性。
A. 铁　B. 蛋白质　C. 碘　D. 钙

【　】3. 多数蛋白质的平均含氮量为______。
A. 50%　B. 6%　C. 16%　D. 20%

【　】4. ______不具有必需脂肪酸的生理活性。
A. 亚油酸　B. 亚麻酸　C. 花生四烯酸　D. 油酸

【　】5. 不能为人体生命活动提供能量的物质是______。
A. 纤维素　B. 淀粉　C. 肌糖原　D. 肝糖原

【　】6. 在所有维生素中,最不稳定的是______,最稳定的是______。
A. 维生素 A、维生素 D
B. 维生素 B_1、维生素 C
C. 维生素 B_1、维生素 B_2
D. 维生素 C、烟酸

【　】7. 以下天然糖中最不甜的是______。
A. 果糖　B. 蔗糖　C. 半乳糖　D. 葡萄糖

【　】8. 在人体生命活动中糖原和脂肪都是______。
A. 总能源　B. 储备能源　C. 重要能源　D. 直接能源

【　】9. 膳食中酪氨酸和胱氨酸丰富时机体对______的利用率提高。
A. 甘氨酸、丙氨酸　B. 苏氨酸、谷氨酸　C. 苯丙氨酸、甲硫氨酸　D. 赖氨酸、缬氨酸

【　】10. 下列有关微量元素的叙述中是错误的。
A. 微量元素是机体所必需的,但需要量很少
B. 微量元素是维持生命活命活动所可缺少的
C. 微量元素是占人体重量万分之一以下的元素
D. 人体内全部微量元素之和仅占人体重量的 0.01%

【　】11. 含维生素 E 丰富的食物是______。
A. 水果　B. 蔬菜　C. 植物油　D. 肉类

【　】12. 生化分析某有机样品,得知该物质含有碳、氢、氧、氮等基本元素,这种物质最可能是______。
A. 淀粉　B. 脂肪　C. 蛋白质　D. 葡萄糖

【　】13. 幼儿不宜多食______,因其会影响食物中钙的吸收。
A. 菠菜、茭白　B. 荞麦、燕麦　C. 牛奶、鸡蛋　D. 猪肝、虾皮

【　】14. 糖类是人体能量的重要来源,占人体每日所需能量的______。
A. 20%~25%　B. 40%~50%　C. 60%~70%　D. 80%~90%

【　】15. 淘米过度或煮稀饭加碱,很容易使______流失或破坏。
A. 生育酚　B. 维生素 C　C. 硫胺素　D. 视黄醇

二、多项选择题(本大题共 15 小题,每题 2 分,共 30 分)

【　】16. 脂肪的熔点与______的含量有关。
A. 低级脂肪酸　B. 脂溶性维生素　C. 磷脂　D. 不饱和脂肪酸

【　】17. 人体需要的六大营养素包括______。
A. 氧气、水　B. 糖类、脂类　C. 蛋白质、维生素　D. 无机盐、水

【　】18. 钙的主要食物来源有______。
A. 奶类　B. 豆类　C. 虾皮　D. 蔬菜

【　】19. ______是必需氨基酸。
A. 赖氨酸、苯丙氨酸　B. 色氨酸、谷氨酸　C. 甲硫氨酸、甘氨酸　D. 苏氨酸、缬氨酸

【　】20. 微量营养素是指______。
A. 蛋白质　B. 维生素　C. 糖、脂肪　D. 无机盐

【　】21. 混合钙池是指分布在______等中的钙。
A. 骨骼　B. 软组织　C. 细胞外液　D. 血液

【　】22. 人体肠道微生物能合成的维生素是______。
A. 维生素 K　B. 钴胺素　C. 吡哆素　D. 叶酸、泛酸

【　】23. 维生素 C 的食物来源是______。
A. 鲜枣　B. 绿豆芽　C. 大米　D. 苦瓜

【　】24. 下列不属于双糖的是______。
A. 半乳糖　B. 乳糖　C. 果糖　D. 麦芽糖

【　】25. 在化学组成上,蔗糖不是由______缩合而成的。

图 5－1　元平特校学科知识检验卷示例

3. 学生综合素质评价表

学校关注心智障碍学生综合素质的培养,在基于“五育并举”理念的基础上设计学生综合素质评价表,全方位考查整个学期学生的成绩与成长。同时,教师需要在学期末对学生的长处与短处进行评价,以利于学生的发展。(表 5－18、表 5－19)

表 5-18　元平特校学生综合素质评价表

班级：××	姓名：××	××学年度第×学期	
科目	评价	科目	评价
……	……	……	……
教师评价			

表 5-19　元平特校吴×学生综合素质评价表示例

班级：××	姓名：吴×	××学年度第×学期	
科目	评价	科目	评价
实用语文	A	康复训练	B
社会适应	A	中西面点	A
工美艺术	A+	心理健康	A
体育健康	A	唱游律动	B
日常清洁维护	A	衍纸	A+
团队活动	A	班会	A
德育考核	优秀	获奖情况	
教师评价	你尊敬老师，团结同学，热爱劳动，所以大家都喜欢你。你能严格遵守学校的各项规章制度；学习不够刻苦，有畏难情绪；平时能用心参加体育锻炼和有益的文娱活动。今后如果能注意分配好学习时间，全面发展，均衡提高，相信你会成为一名更加出色的学生		

第四节　综合康复高中教育课程

综合康复高中教育共开设基础课程、活动课程、社团课程、专业课程四类课程。本节将从课程内容、课程实施、课程评价三方面介绍综合康复高中教育课程。

一、课程内容

综合康复高中以《培智学校义务教育课程标准》为理论指导、《职业教育改革实施方案》的具体精神为参照，设定课程结构。课程设置考虑中重度心智障碍学生的需求和特点,构建了由基础课程、活动课程、社团课程和专业课程组成的课程体系。基础课程体现对学生素质的最基本要求,着眼于学生适应生活、适应社会的基本需求;活动课程主要是指班会、团队活动、课外活动等,主要着眼于学生思想道德修养、集体活动参与意识和能力的培养;社团课程着眼于学生个别化发展需要,注重学生潜能开发、缺陷补偿以及融入社会的生活、休闲需要;专业课程在高二、高三年级进行开设,聚焦学生的职业体验、职业态度和职业技能的培养。

(一) 基础课程

生活语文:本课程旨在提高学生适应生活的语文素养,在语文学习过程中培养学生热爱祖国、人民、中国共产党,促进形成健康的审美情趣、积极的生活态度和正确的价值观,掌握与其生活紧密相关的语文基础知识、技能,可以在生活实践中学习运用语文知识和技能,为其适应生活和社会打下基础。[1]

生活数学:本课程旨在让学生获得适应社会生活和进一步发展所必需的数学的基础知识、基本技能、基本活动经验,学会运用数学的思维方式进行思考,增强解决日常生活中简单数学问题的能力,增强在生活中运用数学的信心,养成良好的学习习惯,具有一定的科学意识。

社会适应:本课程旨在帮助学生了解基本的生活常识,掌握必备的适应性技能,养成良好的行为习惯,形成基本的生活适应能力以及良好的品德,成为适应社会生活的公民。

劳动技能:通过学习本课程,学生可以学会自我服务劳动、家务劳动、公益劳动、简单生产劳动技能,形成独立或半独立的生活能力,为平等参与社会生活和就业打下基础。

唱游与律动:通过音乐实践活动,学生能感受、发现、领略音乐艺术的魅力,学习基本的音乐知识,获得基础的音乐能力,提高听觉、认知、语言、动作、沟通交往的能力,培养对音乐的兴趣和生活的热爱,实现课程的教育、康复功能,达到愉悦身心、发展智能、陶冶情操、健全人格的目的。

绘画与手工:本课程旨在提高学生视觉、观察、绘画、手工制作能力,初步学会发现美、感受美、表现美,发展审美情趣,提高审美能力,学会调整情绪和行为,促进社会适应能力的提升。

体育健康:本课程旨在发展学生体能,开发潜能,促进功能康复和补偿,培养参

---

[1] 中华人民共和国教育部.教育部关于发布实施《盲校义务教育课程标准(2016年版)》《聋校义务教育课程标准(2016年版)》《培智学校义务教育课程标准(2016年版)》的通知[EB/OL].(2016-12-01)[2023-05-26].http://www.moe.gov.cn/srcsite/A06/s3331/201612/t20161213_291722.html.

与运动的兴趣和爱好,逐步养成体育锻炼的好习惯,基本形成健康的生活方式和积极进取、乐观开朗的人生态度,为融入社会打下基础。

信息技术:本课程旨在让学生了解信息技术基础知识,初步掌握信息技术基本技能,初步具备运用信息技术解决日常生活中实际问题的意识和能力,能够按照法律、文化和道德规范的要求使用信息技术。

康复训练:本课程旨在通过康复训练,改善学生在动作、感知觉、沟通与交往、情绪与行为等方面的功能障碍,提高其注意、记忆、言语、思维、情绪等发展水平,促进其潜能开发,为学生适应日常生活与学习活动,以及终身发展奠定基础。

综合实践:本课程旨在引导学生在积极参与实践的过程中,提高学生对自然、社会和自我的整体认识,发展学生的生活自理、适应社会的能力,提升其参与社会实践的能力,培养学生的社会责任感以及良好的个性品质。

(二) 活动课程

班会:综合康复部班会把握针对性、系统性、时代性,[1]组织班会活动时将活动的目标与内容系列化、专题化,旨在让学生的思想和行为在活动中得到健康、全面、和谐发展,提升学生的思想素质与道德品质。[2]

思想品德:学生的思想品德素质包括道德素质、思想素质、政治素质以及与这些素质相关的心理素质。思想品德是做人的基础,直接影响学生的世界观、人生观、价值观。[3] 本课程旨在通过系统的课程安排以及丰富的活动,提高学生的思想品德素质,让心智障碍学生成长为品德高尚的社会人。

课外活动:参与本课程活动时,学生可以根据自身的兴趣确定是否参加以及自由选择活动内容。本课程注重学生的主体性活动、重视体验和实践学习。[4]

心理健康:本课程立足正面培养,善于发现心智障碍学生的闪光点,重点围绕培养学生的积极心理品质,创设各类主题与展示活动,[5]有计划、有目的地对学生心理素质的各个方面进行积极的教育和辅导,促进学生整体素质提高。[6]

---

[1] 苏伟群. 主题班会引领班主任专业发展[J]. 思想理论教育,2008(8):27-28.
[2] 张桂兰. 寓素质教育于班级管理与班会活动之中[J]. 中南民族大学学报(人文社会科学版),2003(S2):336-337.
[3] 王玲,胡玲. 思想品德课教学如何发挥学生的主体性[J]. 课程·教材·教法,1998(12):29-33.
[4] 高峡. 关于活动课程性质和定位的几点认识[J]. 课程·教材·教法,1998(11):28-30.
[5] 赵小红. 培智学校积极心理健康教育对策研究[J]. 中国特殊教育,2010(11):46-50.
[6] 毛颖梅. 培智学校开展心理健康教育的问题与建议[J]. 中国特殊教育,2005(1):76-79.

（三）社团课程

学校根据心智障碍学生的身心发展特点、潜能设置 14 门课程，分别为衍纸、编织、书法、乐创、科创、健身、球技、跆拳道、光影、黏土、园艺、芳香、打击乐、饰品。学生及其家长可以根据学生本人的兴趣爱好、能力特点以及发展方向自主选择参与课程。

（四）专业课程

家政服务：家政服务专业课程是一门以学生生活为基础，注重帮助学生建立自我服务意识，掌握基础家政技能，培养学生动手能力和家庭服务能力的综合性课程。课程内容主要涉及整理收纳、简单烹饪、居家清洁等与学生生活密切相关的领域。本课程注重让特殊学生从资源消耗者转变为资源创造者，提升特殊学生的自信心和社会融入能力，减缓特殊家庭的经济压力，并争取为心智障碍学生创造就业机会。

园林绿化：园林绿化专业课程是一门贴合学生生活经验与常识，融知识理解、实践探索、研究学习为一体的综合性实践课程。本专业课程根据大龄重度孤独症学生的障碍特点与心理疗愈需求，以及未来居家生活、社区生活的需求进行设计，创设了以园艺实践为主线的课程内容，让学生在掌握简单园艺生产与加工技能的过程中，提高生活适应能力、劳动技能和休闲娱乐能力，培养良好的劳动习惯，增强劳动意识。本课程注重教学与学生当下及未来生活的联系，为学生毕业后的就业或居家休闲生活创造更多选择。

工艺美术：工艺美术专业课程是一门以适应生活为导向，以艺术专业能力为本位的艺术类实践课程。艺术创造可以提供有益的疗愈性出口，有助于中重度孤独症学生表达情感、释放焦虑和改善社交技能。本专业课程从课程目标、课程设置、课程内容等方面充分考虑了学生的认知和思维方式特点，旨在发展孤独症学生细致入微的注意力和手眼协调能力，激发他们的创造力和自我表达能力，挖掘他们的独特天赋和技能，帮助他们建立自尊心和自信心，为毕业后更好地融入社会做好准备。本课程通过艺术创作，在不受传统语言沟通限制的环境中培养学生用自己的方式表达思维和感受，在陶冶学生艺术情操的同时提供有益的情绪价值。

二、课程实施

基于学校的课程设计理念与目标，综合康复高中合理编排课程，组织课程，促进资源的合理安排，充分满足心智障碍学生的需求，提升教学效果。

（一）课程编排

综合康复高中于高一开设 13 门公共基础课程作为必修课，旨在提升学生综合技能，为学生学习专业课程打好基础，同时评估学生能力，为学生下一学年的专业选择做铺垫；高二减少 8 节公共基础课，将之改为专业课，学生根据所选择的专业进行走班制上课，通过学习专业核心课程强化学生专业基础知识，固化专业课程学习；高三在高二的基础上再减少 4 节公共基础课，共设置 12 节专业课程，学生在选定专业课程的基础上选择专业发展方向，依据学生所选专业方向在目标专业间进行走班上课，强化课程模块化学习。（表 5－20）

表 5－20 元平特校综合康复高中每周课时安排表

课　程	年级 高一	年级 高二	年级 高三
思想品德	1	1	1
社会适应	2	2	2
生活语文	2	2	1
体育健康	2	2	2
综合实践	2	2	1
唱游律动	2	2	2
社团活动	2	2	2
信息技术	2	2	2
康复训练	2	2	2
生活数学	2	2	0
绘画手工	4	0	0
劳动技能	4	0	0
专业课程（园林绿化、现代家政、工艺美术）	0	8	12
心理健康	1	1	1
班会活动	1	1	1
课外活动	3	3	3
每周课时总计	32	32	32

（二）课程组织形式与特色

元平特校在充分考虑综合康复高中心智障碍学生的身心发展特点、能力与潜力的基础上，在课程组织的五个阶段认真开展工作，即前期设计、课前准备、课堂教学、课后巩固、总结评价。[①] 下面将以元平特校综合康复高中身体协调性训练教案为例，阐述教师在各个阶段所做工作。

1. 前期设计

在前期设计阶段，教师根据学生的情况、教学目标进行教学方案的设计。教师在充分了解学生情况的基础上将学生分组，根据学生现有能力进行分层教学，例如，"A层学生：身体协调能力较好，模仿能力强，注意力较集中，能听指令并完成相应动作要求；B层学生：身体协调能力一般，模仿能力一般，能在教师的引导辅助下完成上课内容；C层学生：身体协调能力较差，注意力不集中，对指令不理解，需要在教师的辅助下完成上课内容"。同时，教师要明确教学目标，在设计总体目标的基础上，为不同组学生设置分目标，例如，"总目标主要分为主目标、技能目标、情感目标。主要目标：通过组织教学，能够使80%以上的学生完成练习，掌握协调性的训练方法；技能目标：发展学生的核心力量和身体协调性，在训练过程中掌握节奏，灵活变化；情感目标：提高学生的团结互助能力，培养纪律性和组织性"，分组目标则为"A组：上下肢协调配合，能够独自且流畅地完成身体协调性训练；B组：能够在教师的引导下完成身体协调性训练；C组：能有意识地参与进课堂，在教师的辅助下用其他动作方式完成训练"。

2. 课前准备

教师在课前提前告诉学生下节课需要学习的内容，给学生时间与机会去做好学习准备，以提高学生的课堂参与度与教学效果。

3. 课堂教学

基于班级人数与心智障碍学生的障碍程度，综合康复高中教育中的课程均设置主课教师与辅管教师，以保障每位学生都能得到关注与个别指导。教师将课程内容拆分成螺旋式任务，每个任务之间相互衔接，学生在完成学习任务的同时，习得知识与技能。在课堂教学中，教师采用丰富灵活的教法与学法，提升课堂的趣味性、学生参与课堂的积极性。下列表5-21是身体协调性训练课程教学示例。

[①] 薛永基，回慧娴，吴成亮. 基于参与式教学的研究生课程组织与实践——以农村公共管理课程为例[J]. 学位与研究生教育，2021(5)：21-26.

表 5‑21　元平特校综合康复高中身体协调性训练课程教学示例

教学方法	教法:讲解示范法、激励教学法 学法:对比学习法、模仿学习法、自主练习法等		
教学资源	地点:雨棚篮球场　　　　　　　　教具:圈圈、锥形桶、垒球、音响		
课时安排	教师活动	学生活动	组织要求
教学过程	(一) 课堂常规 1. 集合整队,课堂常规。 2. 师生问好,点名。 3. 提醒学生注意安全问题。 4. 宣布课堂内容。 (二) 准备活动 热身(四个八拍): 第一节　头部运动 第二节　肩部运动 第三节　扩胸运动 第四节　腰部运动 第五节　膝关节运动 第六节　弓步压腿 第七节　手腕踝关节 (三) 训练项目 1. 直臂俯卧横向平移:手臂与肩同宽俯卧在地面上,保持躯干稳定呈直线;靠近圈圈一侧的手先平移到圈圈里,同侧的脚再平移,随后异侧手脚再移动,直到平移出所有圈圈后折返回到原位。(完成两组。训练过程中,注意提醒学生手先动、脚再动,开始阶段设置指令 1 是手,2 是脚,第一组先按照教师的指令进行训练,第二组可以让学生脱离指令完成) 2. 平移+叠金字塔:学生平移出圈圈后,保持直臂俯卧的姿势进行叠金字塔的训练;左右手交替将锥形桶按同样的颜色分开,随后再交替重叠在一起。(完成一组。注意提醒学生一只手掌握一种颜色,有序地完成训练) 3. 举腿绕圈:学生坐在地上,双手放置臀部两侧,上半身保持挺直,收紧核心;双腿并拢,用双脚内侧夹紧垒球,放在锥形桶的右侧,随后举腿向上绕过锥形桶放在右侧,以此往返。(完成两组,每组 10 次。训练过程中,注意提醒学生尽量保持腿部贴紧,夹紧垒球,直到完成训练)	学生按一字横队站好,向教师问好,听口令进行稍息、立正,能力好的学生,一同做热身运动。 组织图 1 　△　　　△ 　○○○○○○○○ 　　　　● 学生认真跟做热身操,重点是下肢肌肉的拉伸、激活。 (○:学生　●:主课教师　△:辅管老师,下同) 组织图 2 △　　△ ○　⇩ ○　◎　● ○　◎ ○　◎ ○　◎ ○ ○　▲ 　　▲ 　　▲ 学生认真有序完成训练,过程中增加动感的音乐,最大限度激发学生的兴奋性;部分学生可以采用另一种方式完成训练。 组织图 3 　　▲○　△ 　　▲○ 　　▲○　△ 　●▲ 　　▲○ 　　▲○ 　　▲○	教师整队,学生站一列横队,快、静、齐。点到,学生举手答到。 学生两臂侧平举散开,充分活动各个关节,避免肌肉拉伤。 学生在训练过程中注意安全,在难度高的动作中,教师及时鼓励学生,给予学生信心。 教师动作标准示范,个别指导辅助。

续表

教学过程	（四）接力训练 学生呈一列纵队坐在垫子上，教师在队伍的第一位跟随学生一起进行接力训练，将垒球按照举腿绕圈的方法，传递给下一位学生，随后将腿绕回原位等待下一次接球；最后一位学生将球放入盆中后再进行下一个球的传递。（辅管教师在一旁辅助学生，注意交接的流畅性） （五）整理活动 放松训练：站一排横队，教师和学生一起做放松操，调节呼吸，抖动四肢，全身肌肉放松。 六、讲评、总结、下课	学生认真学习模仿动作方法和要领。 组织图4 ⇩ ●○△ ▲○ ▲○△ ▲○ ▲○ ▲○ ▲○ 教师和学生一起参与接力，训练过程中增加动感的音乐，提升集体氛围，同时培养同学们之间的默契，共同进步，团结互助。 组织图5 △　　　　△ ○○○○○○○ ●	在接力训练中，教师要求学生有序进行，尽可能让学生独自完成，激励学生坚持完成训练。 学生跟随教师做放松运动，拉伸全身肌肉，缓解疲劳，提高运动能力。

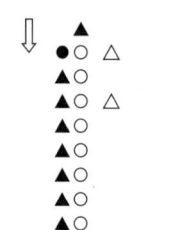

4. 课后巩固

经过课堂教学后，教师及时对学生学习情况进行总结，并布置有针对性的作业、训练任务等，同时积极与家长交流、合作，家校协同巩固课堂教学成果。

5. 总结评价

教师在每节、每周、每学期课程结束后均需要对课程教学、学习情况等进行反思、总结、评价，并填写相关评价表、测评表等，对学生进行进展性评价与总结性评价，保障教师能够根据学生的能力与教学效果，及时调整教学方法、策略等，提升教学效果与学生的学习质量。

（三）选课形式

元平特校综合康复高中设置基础课程与活动课程提升心智障碍学生的能力，探索学生的兴趣，发掘学生的特长，并在课程中潜移默化地激发学生的职业意识，为高二的专业课程学习做好准备。在高二开学前，学校通过召开家长会的方式，让家长充分了解综合康复高中教育专业课程设置情况以及课程目标等，引导家长结合心智障碍学生的身心特点、能力与潜力、兴趣与爱好、优势领域等，为学生进行选课。完成选课后，学校组织班主任、任课教师对家长选课的情况进行分析，并结合学生实际发展需求进行调整,最终确定学生的专业课程。

三、课程评价

综合康复高中根据各个课程的总目标与具体要求,建立科学合理的教学评价标准,制定适应课程特点的评价方法。在进行课程评价时,教师应明确评价主题、评价方式、评价过程的功能与定位,实行多元评价。

(一)进展性评价

进展性评价重点考查心智障碍学生在课程学习过程中表现出来的学习态度、参与程度和核心素养的发展水平。进展性评价应该统筹安排评价内容,评价内容具有侧重点并关注各个学段的水平进阶,评价要真实、完整地记录学生参与课程活动的整体表现,关注学生在课堂中表现出来的社会交往、社会适应和思维创新等多方面的能力。同时,进展性评价还要注重评价的多元性,主要体现在评价主体要包括教师、家长及学生等。通过多主体、多角度的评价反馈,全面了解学生对课程内容的掌握程度,发掘学生个体的潜能。其中,教师应该依据每节课、每周的学习内容、学习主题和学生实际学习表现进行及时、有效的记录与评价。以下表 5-22、表 5-23 为元平特校综合康复高中教育每节课程、每周课程的评价示例表。

表 5-22 元平特校综合康复高中课程节评价表

学生姓名		课题	
评价教师		授课时间	
课堂表现(评分等级 0~3 分)			
健康状态		情绪状态	
注意力水平		感知觉水平	
模仿能力		创新能力	
课堂目标完成度	知识与技能		
	过程与方法		
	情感态度价值观		
作品展示			
教师评价			

表 5-23　元平特校综合康复高中课程周评价表

学生姓名		周主题	
授课教师		授课周数	
综合表现(评分等级 0~3 分)			
学习态度	正确安全地使用学具		
	保持桌面整洁		
	积极参与课堂活动		
实践能力	合作性创作		
	模仿性创作		
	创造性创作		
教师评价			

（二）总结性评价

1. 学业水平测评表

为考查心智障碍学生对于每门课程知识与技能的掌握程度，学校设计学业水平测评表，教师通过对学生学习目标的掌握情况进行测评，了解学生在课程中的优势与薄弱项，同时教师给予针对性建议，明确日后学习与训练的重难点，有助于下一学期课程的学习与教学。下面，以元平特校综合康复高中工艺美术专业课程为例（表 5-24）。

表 5-24　元平特校综合康复高中工艺美术专业课程学业水平测评表

学生姓名		班级		学科		测评教师			
序号	学习目标						完全掌握	部分掌握	未掌握
1	学习和认识什么是超轻黏土，它有什么特性、如何使用								
2	了解超轻黏土制作的基本知识和技法以及重要性								
3	学习几款超轻黏土基本造型，感受黏土在手中多种变幻的乐趣								
……	……						……	……	……
18	知道昆虫的基础造型与色彩，创意捏塑								
19	知道鸟的基础造型与色彩，创意捏塑								
20	知道海洋动物的基础造型与色彩，运用黏土塑造章鱼								

续表

建议	
备注	

2. 毕业评价

根据专业课程设置的主题内容,教师将在高三下学期进行系统的毕业评价,以考查学生于两学年的专业课学习后在知识、技能、学习方法等方面的掌握情况。以工艺美术专业课程为例,教师进行毕业评价后,将会为心智障碍学生颁发不同等级的"特殊学生工艺美术师证"。同时,学生在毕业前期可在校园、社区等举办工艺美术作品展与作品义卖活动,还可用义卖所得购买工艺美术作品制作的原材料及工具赠予学生,此类活动的表现也可作为学生毕业评价的衡量标准。

第六章　心智障碍学生高中教育教学

　　教学是教育的主阵地,高质量教学是高质量教育的根本所在,也是高质量教育的基本保障。[①] 心智障碍学生高中教育的具体目标因其分流路径不同而有所差异,但最终目标仍然是使他们能够独立生活,掌握一技之长,自食其力。而实际上,社会需求在不断变化,职业岗位存在增减,相应的技能需求也随之变化。这些市场变动对心智障碍学生高中教育文化和职业教学质量提出了"市场导向,保质应变"的更高要求。在教学实践中,高质量教学体现出育人性、主体性、公平性、创新性和智能化等基本特征。[②] 科学合理的教学设计是高质量教学有序高效开展的基本保障。元平特校心智障碍学生高中教育教学的核心根据是元平特校课程方案和学生生涯规划。元平特校坚持个性化教学设计理念,结合课程方案和学生个性生涯规划展开实际教学;同时坚持深度教学理论,创设沉浸式的真实教学情境,推动学生自身对学习过程的深入参与。元平特校根据中高职教育、职业高中教育和综合康复教育三种不同路径的课程方案和生涯规划,进行了三个类别的教学设计,并通过课堂教学和校外实训加以实施。

第一节　教学设计

　　教学设计的质量影响着教学质量和效率,有效的教学设计是教学成功的必要条件。它遵循科学理论和教育规律展开,并在教学实践过程中不断优化。学习者是检验教学设计有效性的主体,以学习者为中心开展和优化教学设计,能够切实提高教学成效。本节从教学设计理念、教学设计策略和教学设计的卓越追求展开论述,并介绍元平特校心智障碍高中教育教学设计质量提升过程中的实践探索及成效。

[①] 徐继存.高质量教学的时代内涵[J].课程·教材·教法,2023,43(2):9-11.
[②] 李森.新时代高质量教学的基本特征与实践路径[J].课程·教材·教法,2023,43(2):12-16.

一、教学设计理念

教学设计理念是指在教学设计过程中所遵循的基本思想、原则和指导方针。教学设计理念相互融合和补充,共同指导教学设计的实践。教师在实际的教学设计过程中,应根据具体的教学情境和需求,灵活运用设计理念,构建符合实际、富有成效的教学方案。

(一)个性化教学

心智障碍学生个体在家庭情况、知识基础、学习能力和个人发展目标上存在多元化,因此元平特校实行个性化教学。元平特校依据前期入学评估、教学过程性评估以及学生生涯规划方案,具体分析学生的知识水平、学力状况和发展需求,制定长短期个别化教学目标。

心智障碍学生具有鲜明的个体性,能力情况和职业发展需求差异大,元平特校根据学生不同学习特性和能力水平,充分匹配学生学习需求,为学生提供个性化的教学设计。个性化教学设计主要包括科学先进的教学理念、精准全面的学情分析和教学重难点分析、动态分层的教学目标、精简切合的教学内容、分层差异的教学方法、合理运用的教学媒体、可操作化的教学过程设计和真实有效的教学反思等。

个性化教学设计要求根据班级心智障碍学生具体能力水平,精简甄选关键部分作为教学内容,切合心智障碍学生现实生活需求和未来就业需求。元平特校基于三种培养路径,分别制定不同的个性化教学内容,力求使不同能力水平的学生实现最优发展。具体教学内容差异以元平特校心智障碍高中学生个别化教学设计为例,如表6-1所示。元平特校根据评估分流,规划了中高职、职业高中和综合康复高中三种不同发展路径,相对应的教学设计也有所不同。同时教学设计还要充分结合班级学生具体能力层级情况,科学合理地制定分层教学目标,并在实际教学实践过程中,根据学生课堂表现和过程评估反馈,及时动态调整具体教学目标,并安排差异性的课堂任务。

表6-1 元平特校基于三种培养路径的差异化教学设计

分类	教学目标	教学内容	教学重难点
中高职	中职阶段以升入高职为目标导向	主要包括公共基础课(思想政治、职业生涯规划、职业道德与法律等)和专业技能课程(高星级饭店运营与管理专业系列课程、工艺美术专业系列课程)。 教师通过分析解构中高职教学大纲和教材,结合学生的身心特点及接受程度,选择适合的教学内容组织教学	重点:专业操作技能教学与职业素养教学。 难点:综合素质教学,专业核心理论知识的深度教学

续表

分类	教学目标	教学内容	教学重难点
职业高中	以就业为导向	以培养核心素养为本位,教学内容主要包括基础课程、辅助课程和专业课程。教师参考普通职业教育专业教材,针对学生实际情况对学习内容进行多次加工,选择匹配学生认知能力水平的专业课基础内容开展教学。教学内容侧重职业技能实践操作	重点:尊重学生的差异性,帮助学生选择合适的专业学习,并根据学生的不同情况,开展个性化教学。 难点:核心职业素养、岗位技能的教学
综合康复高中	以社区康复为导向	教学内容设计以生活基础知识和技能教学为主,重视生活技能的培养。教学内容包括公共基础课、专业课程和康复类课程	掌握基本生活技能,学会基本专业技能流程,具备一定劳动能力

(二) 深度教学理论

深度教学注重发挥学生学习的主动性,强调完整深刻地处理知识,将所学知识应用于实践,增强学生知识学习的意义感、自我感和获得感。深度教学的"深度"是建立在完整地、深刻地处理和理解知识的基础之上的。① 从知识论和学生发展的角度探讨,心智障碍学生高中教育的深度教学具有三个特性:自主性、成长性、终身性。

自主性体现在激发学生对文化知识和职业技能进行深度学习的欲望上。知识具有强烈的依存性,是特定的环境背景及特定的思维方式的产物,② 离开环境背景谈知识,则知识容易沦为晦涩难懂的符号和干涩抽象的概念,使教学刻板、学习无味。基于深度教学理念,心智障碍高中教学应该与学生的真实个性需求和现实职业环境相联系,提前深入真实职业现场观察和体验,为学生创造与知识和生活对话、体验的空间,引导学生了解不同职业岗位所需要的知识技能,对专业课程的学习产生兴趣,意识到专业课程学习的必要性。元平特校建设专业教学场所,真实还原各职业岗位工作环境,让心智障碍学生在模拟职业岗位环境中学习专业知识和职业技能,突出教学的学生自主性、成长性,鼓励学生在做中学、在学时做,探索自主经验,满足学生自主性操作、实践和学习需求。

成长性体现在学生文化知识和职业技能在教学过程中不断提升,并在这一过程中培养起独立生活意识、职业道德意识、终身学习意识,完成从学校到岗位的身心准备。③ 成长性教学是建立在学生的生涯规划和个别化教学基础上的执行环节。教师

---

①② 郭元祥.论深度教学:源起、基础与理念[J].教育研究与实验,2017(3):1-11.
③ 何凤梅,陈逸怀.面向智能时代职业技能培养的深度教学探究[J].远程教育杂志,2022,40(5):40-49.

在评估阶段了解学生基本能力水平、已有知识水平,综合学生专业意愿,确立学生生涯规划,并根据生涯规划制订个别化教学计划。在课程实施阶段,成长性则体现在个别化教学计划的动态调整之中。每一阶段的教学内容和难度,都要考虑心智障碍学生当前学习状况,并不断做出合理提升和调整,这一措施贯穿学生高中教育全过程,并最终形成学生发展记录。

终身性体现在学生身心多方面的能力培养需求上。心智障碍学生在学习知识和技能过程中面临诸多困难,涉及情绪管理、肢体协调、专业选择、人际关系、求职技巧等多方面,这些都需要在教学中逐一回应。

心智障碍高中教学需要把知识建立在充分真实、贴近生活的环境背景中,突出知识来源与生活实际的强关联性,让学生在日常生活和工作中遇到特定情境时能将其与所学知识相联系,从而有效应用所学内容,提升学习质量。

二、教学设计策略

(一)知行合一

"行是知之始,知是行之成",中国著名教育家陶行知先生主张最自然质朴的教学模式应当是"在做中学",而后"学以致用"。"知"和"行"是学习过程中的内化和外显,"行"即实践,既是知识的来源,又是知识所用之归处。陶行知指出:"思想与行为结合而产生的知识是真知识,真知识的根是安在经验里的。"[1]元平特校教学设计也主要遵循在做中学、边学边做、学以致用、常用精熟的理念。教学设计重视创设仿真模拟教学情境、强化职业情境教学指导策略,引导学生学会在模拟真实的职业实践场景中探索和发现知识,学习专业理论和技能。

1. 仿真模拟实训基地

课堂即岗位,教学即生活。元平特校专业课程教学设计实现了"课堂+基地"的做中学模式,教师让课堂进驻实训基地,在仿真模拟场景中讲授专业知识,指导学生在实践探索中学习专业基础理论,掌握专业技能,提高学习自主性。

元平特校根据目前就业市场需求情况、心智障碍学生能力水平以及学生个别化需求,开设包括中西面点、中餐烹饪、洗衣服务、客房服务、汽车装潢与美容、电子商务、市场营销、行政事务助理、邮政快递运营、插花艺术、园林艺术、绘画手工、中国结艺、餐饮服务、民间传统艺术共计15个中职专业方向。每个专业配备相应的仿真模拟实训基地,购置市场一线精良的设施设备,构建仿真性职业学习环境。同时元平

---

[1] 陶行知.陶行知全集[M].成都:四川教育出版社,2005:141-142.

特校构建了模拟企业运行的校内服务型实训基地,如"元平觅途超市""元平蛋糕店""元平茶吧""元平快递服务驿站""元平花店""元平洗车中心""元平洗衣房"等。专业学生在模拟企业作业训练中既能学以致用,熟悉技能流程,提高职业技能,又能体验实际工作的真实感,为适应工作场景打下基础。

2. 模拟实践教学系统

遵循生态发展理念和马克思主义系统观的理论和方法论指导,不同专业、不同课程的教学设计只有相互贯通、互联互促,才能形成全校合力、宜教宜学的职业教育教学资源生态系统。为盘活各不同专业建设的仿真模拟实训基地,充分使用空间资源和课程教学产能,元平特校基于教职工OA(办公自动化)系统构建了联动全校专业实践运营的"模拟实践教学系统"(图6-1)。

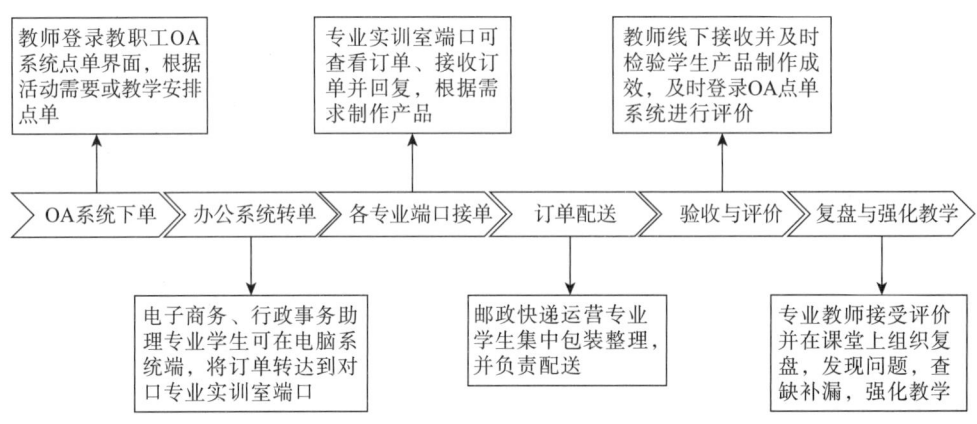

图6-1 模拟实践教学系统流程图

该系统通过模拟外卖等网络平台的网络下单流程,将教学实践训练和专业技能考核融入这一过程,并最终通过评价与复盘回归课堂教学。以中西面点专业为例,教师通过系统下单,需要15人份瑞士卷蛋糕。订单需求经过行政事务助理专业学生处理,通过OA系统转接给中西面点专业实训教室端口。中西面点实训教室接收到订单派遣后,面点专业教师指导学生制作对应数量的产品,检查无误后集中转送至邮政快递运营基地进行包装和配发,邮政快递运营专业学生进行产品配送。下单教师接收到订单产品后及时核验,并登录OA系统进行订单评价,按照预期目标分别对各环节各岗位学生实践中的表现进行反馈。最后由各专业教师归纳整理,组织实训后的复盘反思与强化教学,在课堂上带领学生共同查收客户评价,具体分析操作过程中出现的问题,讨论优化方案,不断在模拟实践中提升学生的技能水平和操作能力,强化职业素养。

（二）以学促教

教学设计的质量提升是一个不断在实践中深化、可持续发展的过程，它受教学经验是否丰富、教学阶段的变化、教学对象的差异多样、教学环境的改变等诸多因素的影响而不断发展进步。"以学促教"的教学设计策略要求教师在学习运用先进教学设计理念的基础上，进行基于学生具体学情的个性化设计，根据学校组织特点、学生学习需求变化、能力发展动态评估状况和素养形成规律等不断改进教学设计，形成"以教学设计指导教学与学习—以学情调整教学设计—以新设计促进学生学习"的以学促教螺旋上升发展路径。

以元平特校"走班制"教学组织形式下的教学设计策略为例。元平特校尊重学生的差异性，在职业高中阶段实行"三年三选"走班制的教学组织形式。学生根据能力水平、兴趣和爱好、专业水平等情况，每学年在15个专业方向中选择一门作为主修专业，每年可选择不同专业学习，即三年上三门专业课。在上专业课期间，学校实行混龄教学，三个年级选择相同专业的学生在对应的专业课功能室里学习。通过"走班制"教学，学生可以体验学习不同的专业课程知识，体验不同专业的教学形式和职业环境。通过这种灵活的方式，能力较强的学生可以学习更多元化的专业知识，能力相对较弱的学生可适宜调整自己的专业选择，从而让每位学生尽可能选到适合自己的专业，更好地促进个人专业技能的发展和职业素养的提升。

教学设计上也适应这一组织形式，实行"一专业一设计，一班级一整体"的教学设计策略结构。教师根据专业课班级学生的具体学情，设计整体的组织策略和课堂教学活动，同时考虑分层目标下的个性化教学，并在课堂教学中根据学生习得情况，及时调整教学设计，优化教学方式，提升教学质量。

（三）校企合作

校企合作是职业教育发展的生命线，是职业教育生机与活力的根源所在。校企合作不仅能够为学生提供工作机会，让其感受更真实的工作场景，同时有利于教师及时了解市场最新的岗位能力需求，从而不断调整教学内容，贴近市场实际。

元平特校通过校企合作策略强化专业课程教学设计的针对性和专业性，加速推进职业教育教学，致力于校企共育共融打通学生实习和就业通道。元平特校与企业在"现代学徒制"和"三进三出"合作模式基础上，结合心智障碍学生的身心特点，共同探索实践教学设计策略，构建"就业支持以点带面，共育共融助残成才"就业模式，不断拓宽教学实践平台，深化产教融合，帮助学生在教学中实现校企过渡适应，稳定就业(图6-2)。

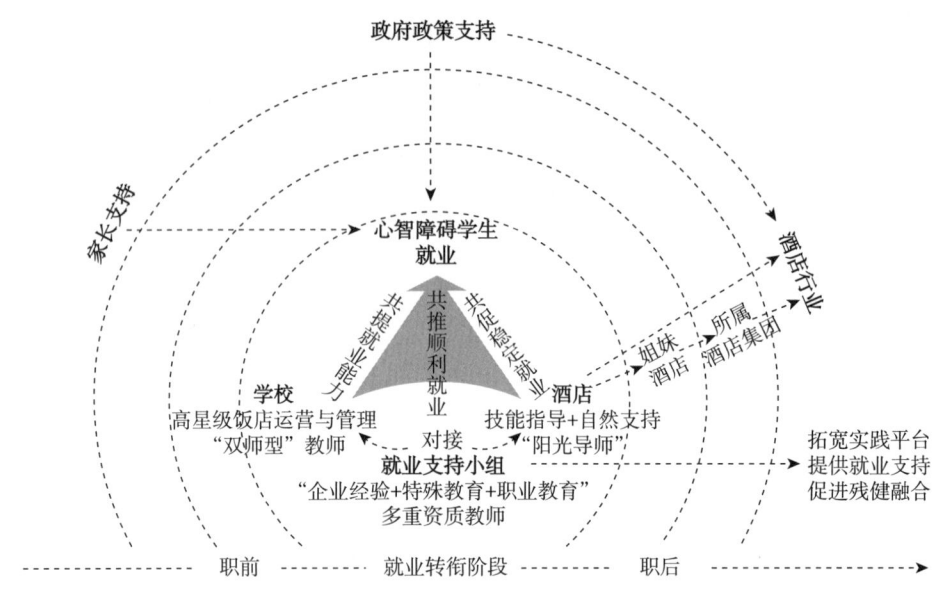

图6-2 "就业支持以点带面,共育共融助残成才"就业模式——以酒店行业为例

  首先,发挥协作教学设计功能。根据心智障碍学生的特点,校企共同探讨教学管理与培训方法,开发适合学生学情的岗位流程与标准,充分发挥综合实践与活动等共育功能,提前做好就业转衔工作,共同提升学生就业能力,促进人职匹配,让心智障碍学生的职业教育更具方向性和科学性,有效培养可就业人才。

  其次,以点带面拓宽教学实践平台。元平特校建立就业支持小组与企业高效沟通,积极挖掘合作酒店并展开深入合作,再以点带面挖掘合作酒店的姐妹酒店及所属酒店集团乃至酒店行业的合作机会,酒店集团及行业协会再发挥自身影响力,带动更多酒店及酒店集团与元平特校合作,形成规模效应。目前元平特校已建立校外实习基地58个,校企合力拓宽心智障碍学生的实践平台,开发更多适合学生的就业岗位,拓展产教融合的深度和广度。通过派遣学生前往企业进行顶岗实习、企业派遣专业人员到元平特校为学生授课的形式,使校企合作更加紧密,为学生的职业技能教学培训和就业开辟更多路径。

  再次,共建学生就业支持团队。校企融合共建就业支持团队,根据学生的特点和酒店的需求,共同开展心智障碍学生个别化就业支持工作,提供一系列就业转衔服务,帮助学生解决其就业初期乃至更长时间里所面临的职业适应问题,视具体情况逐渐降低支持频率,帮助学生最终实现顺利、长期、稳定就业。

  校企共育共融教学设计策略,不仅有利于心智障碍学生机能康复,顺利融入社会,还可使企业员工重建对特殊群体的认知,不断提高接纳度,为学生日后实习就业创造良好的人文环境,以达到残健融合。同时,这对提升特殊家庭幸福度,帮助学生过上高质量的生活有着重要现实意义,对促进社会和谐稳定发展有着积极作用。

三、教学设计的卓越追求

（一）更高追求：特殊教育办学质量评价

2022年11月1日,教育部根据中共中央、国务院印发的《深化新时代教育评价改革总体方案》和《国务院办公厅关于转发教育部等部门"十四五"特殊教育发展提升行动计划的通知》精神,制定了《特殊教育办学质量评价指南》(以下简称《指南》)。该《指南》强调了加快适宜融合的总目标,对评价结果运用提出了更高的要求,指出要深化特殊教育教学改革,朝着高质量发展推进。

《指南》中对教学方面提出三个关键指标,即优化教学方式、开展多元评价、康复辅助支持。这三个教学指标均围绕实现学生适宜发展展开。下面是从《指南》中提炼的高中心智障碍高质量教学卓越追求指导内容。

1. 高质量教学追求

《指南》在优化教学方式指标中,对于教学方案设计,要求针对学生个体需求制定个别化教育教学方案,根据班级学生实际情况,或设计缺陷补偿训练,或促进潜能开发引导,有针对性、有效组织实施教学。在教学方法上,《指南》提出充分运用教具开展直观性教学和启发式、探究式教学,强化学生参与内生动力。在教学环境上,对教学物理资源和社会资源开发和支持提出了丰富、适宜和伙伴化要求。

2. 多元评价追求

在多元评价指标中,《指南》明确提出开展多元化、个别化的过程性评价,充分发挥评价结果对教学优化的重要作用。在评价过程中,在方式内容上遵循合理便利原则,突出社会适应能力与劳动技能的综合评价。

3. 康复辅助与支持

康复辅助与支持指标中,康教结合仍然是核心,《指南》对个别化针对性康复训练和康复教学提出了质量要求,即在康教结合过程中实现学生认知发展、沟通与交往、情绪与行为等方面能力的充分发展,康复为教学提供支持,教学也为康复提供活动和机会。

（二）实践探索：开展高质量教学改革

特殊性离不开普遍性,解决矛盾的特殊性问题,离不开普遍性原理和方法论的指导。元平特校推进心智障碍高中高质量教学改革,严格以教育部指导性文件标准作为卓越追求的目标指引,结合实际开展教育教学工作实践,并不断深化推进。元平特校高质量教学改革主要从教学主体和教学客体两个方向展开,教学主体是学生与教师,改革内容包括不断革新学生知识、技能与素养,提升教师教学能力等;客体包括教学环境与教学方法,改革内容包括更新教学环境、改进教师教学方法等。通过不断演进和优化,元平特校高质量教学改革实践逐渐形成体系(图6-3)。

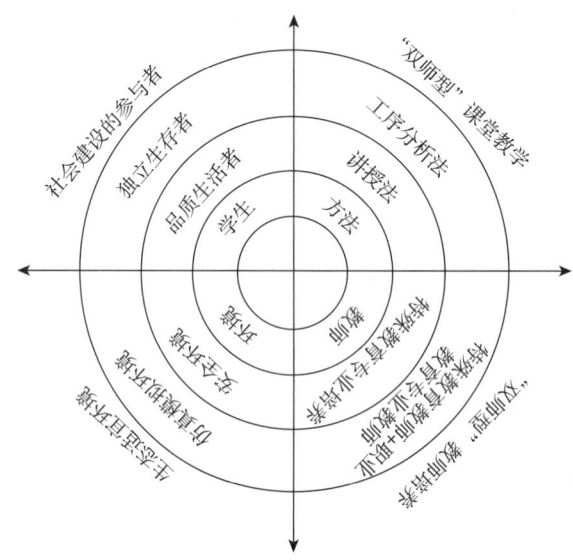

图6-3 元平特校高质量教学结构演进示意图

1. 学生身份构建与新时代相融

在多年的特殊教育教学实践探索中,元平特校对学生的教学目标从"掌握生存技能"到"学会有品质的社区生活",再到"人人拥有参与社会生产和建设的职业技能",与时俱进,以人为本,聚焦心智障碍学生。元平特校致力于提升心智障碍儿童青少年教育服务能力,开发学生职业潜能,帮助其建构社会身份认同。

2. 师资培养与新教学需求接轨

元平特校师资能力培养方向从强化特殊教育专业型教师到丰富师资类型,增加职业教育专业教师引进和培养,满足特殊教育高中职业教育教学需求。当前,根据社会职业能力需求市场变化、学生能力情况和实践探索经验,元平特校推进"双师型"教师培养模式,即任课教师同时具备特殊教育专业素养和特定职业教育专业技能与素养,建设专业扎实和技术全面的复合型教师队伍。

3. 教学方法与教学质量要求适应

元平特校教师在课堂教学中不再以简单教具支持下的讲授法为主,而开始主动探索根据具体学情与教学质量要求,将教学目标与内容精准匹配,设置有趣生动的教学情境,采用项目式、任务式教学方式,鼓励学生发现探究并积极实践,提高学生技能学习成效。同时专业课程教学实行"双师"协同,采用两位复合型教师同时开展课堂教学活动的形式,两位教师相互配合,有针对性、有质量地精准支持不同层次、不同支持需求的学生,从而高效开展专业教学,保障分层教学的质量与效率。

4. 教学环境优化与市场职业需求匹配

心智障碍高中教育教学环境从保证基本安全、能够教学的环境,逐渐优化为构建仿真模拟功能室,建立职业专业教学适宜场所,为优质教学活动提供环境支持。而在实现心智障碍学生适宜发展的更高目标指导下,元平特校推进建立生态适宜教学环境,在课堂教学目标之外,注重学生自然生态体验与学生个体在学校环境中的心理关怀,构建完整的职业生态学习环境,同时保障自然生态体验,盘活仿真模拟功能室生态链接,把专业教学、心理康复、人际互动融合在生态适宜的教学环境中,促进师生全面发展。

第二节 中高职的教学

在广东省教育厅和深圳市教育局的支持下,元平特校与深圳职业技术大学合作开办了中高职班,打通特殊学生的职业上升通道。学生在元平特校学习三年后,可参加转段考试,合格者可以参加高职阶段学习。中高职班级以轻中度心智障碍学生为主,学生通过考试选拔而进入中高职班级,文化课成绩相对突出,在认识理解、语言表达、情绪控制和生活自理等方面有更好的表现。中高职班级的教学分为课堂教学和校外实训两部分,课堂教学包括公共基础课程和专业技能课程;校外实训则与企业对接,深入岗位一线开展实践学习。中高职贯通能够减少心智障碍学生职业发展阻碍,但其过渡阶段仍然面临转衔挑战与风险。因此中高职教学需要关注学生多方面的能力发展,规避单一发展的生涯风险。

一、课堂教学

中高职目前开设高星级饭店运营与管理、工艺美术两个专业,课堂教学内容主要包括公共基础课和专业技能课。其中,专业技能课包括专业基础课、专业核心课和专业技能拓展课。专业技能课除了教授学生基本的专业理论知识,还会设置丰富多彩的实践训练。中高职实践训练有校内外实训、顶岗实习等多种形式,能够充分满足心智障碍学生的技能练习需求。为了帮助学生顺利实现从中职到高职的转衔,朝着高素质技术人才的目标不断靠近,中高职教学强调全过程的"教学即评估"的教学模式,根据教学情况积极调整教学内容和教学方法,为不同学习进度的学生提供适合的个性化支持,以期获得更好的教学效果。

(一)"教学即评估"教学模式

"教学即评估"是一种将评估嵌入教学全过程的教学模式。教学即评估,评估即教学[①],教学与评估密不可分。教学过程处处存在评估,处处需要评估,无论是教师与学生之间的问答,还是在实践教学活动中教师观察学生并适时提供指导,这些既是教学环节,又是评估行为,二者不应相互割裂。每一个参与到教学过程的成员都可以是评估者,既包括教师,也包括学生自身以及旁听者,其中,教师是最重要的评估者。评估的目的是改进教学,促进学生可持续发展。

"教学即评估"教学模式的突出优势在于对异质性班级学生群体教学的实用性和灵活性。心智障碍学生虽然经由评估测试选拔进入中高职班级,但其能力水平本身存在较大差异,而培养目标却是同质性的,这对专业教学目标、教学内容和方式的个性化调整提出了较高的要求。而"教学即评估"能够穿插在教学的全过程,评估方式遵循方便性原则,"怎么方便怎么来",随手随时记录,实时监测了解不同学生的发展情况,把握课程进度和教学内容难度,便于精准提供恰当的个别化支持。另外,教学过程中的评估是实时生成的,具有灵活性,能够帮助教师及时回应学生突发的教育需求。例如,教师在教学讲授环节通过观察和提问评估发现,A 层学生基本掌握了某知识点,B 层部分学生不能理解,C 层学生完全不理解,那么教师在下一环节巩固练习时就会根据评估结果做出教学调整,即及时巩固 A 层学生的学习成果,帮助B 层学生解决理解上的难点,同时重新简化目标知识,降低学习要求,协助 C 层学生加深对知识点的认识。

(二)"教学即评估"的实践应用

"教学即评估"的内容按评估时间划分,则包括即时性评估和阶段性评估;按评估主体划分,主要包括学生评估和教师评估。学生评估项目包括准备状态自我评估、企业标准任务自评、课堂学习任务操作程序与标准自评,教师评估项目包括实践操作评分、班级教学进度评估、课堂教学实时评价、平时作业评分记录、职业技能竞赛评分、期末学业水平测试等。

---

① 张俊."活"的儿童观察评估:南京鹤琴幼儿园的研究与实践[J].幼儿教育,2021(16):4-7.

学生评估的主要作用是给学生提供自我评估清单，引导学生养成在工作和学习之前自我审视的习惯，自我检查着装、卫生、行为是否符合规范，是否做好工作和学习准备等。这一评估项目大多以屏幕投影展示清单，以集体逐条对应—各自单独自查—相互评价的方式进行，并不需要复杂记录，便于组织。

教师评估分为教学前的计划性评估和教学过程中的即时性评估以及教学成果的诊断性评估。为减轻教师课堂教学压力，教师的即时性评估从简从速，主要以课堂即时性白板评价为主，教师根据课堂观察、问答和学生表现随时随手记录，在教学环节过渡时迅速做出评估并调整决策。下面以课堂教学实时评价为例进行展示（表6-2）。

表6-2 课堂教学实时评价记录表

姓名	任务1	任务2	任务3	任务4	任务5
李××					
王××					
张××					
高××					
苏××					
龚××					
黄××					
杨××					
戴×					

二、校外实训

元平特校不仅在学校内部开展丰富多彩的校内实践项目，还会定期有计划地组织学生前往合作企业进行校外实训，增强学生对企业的直观认识，提高专业技能，培养吃苦耐劳的敬业精神，培育沟通合作能力和责任意识，为学生未来顺利实现顶岗实习和就业打下坚实基础。以高星级饭店运营与管理专业为例，该专业学生主要安排在高星级饭店为主的校外实训基地，实训岗位包括餐饮、前厅、客房等，旨在让学生在真实工作环境中熟练掌握操作技能，感受酒店企业文化，接受酒店人文环境的熏陶，适应企业严明的管理制度，提高综合职业能力，为融入酒店工作环境，顺利踏上饭店运营与管理的职业道路奠定基础。

在贯通培养模式下，元平特校对中高职班级校外实训的组织、实施和管理进行专门规划,即高一参观了解、高二体验学习、高三跟岗顶岗实习(前半年跟岗实习,可在多个岗位交叉培训实习;后半年在一个固定岗位顶岗实习)。由班主任担任实习指导老师,参与管理协调。带队教师一般在实习第一周每天到企业现场指导,其后每两周安排一天到酒店进行现场指导,其余时间通过电话等其他方式与学生、家长及实习单位保持联系,及时了解学生存在的困难并提供学生个别管理、心理教育和职业教学等多方面的支持指导。同时带队教师对联系时间、联系方式及联系内容做详细记录,填制实习指导日志,并在实训结束后与企业单位共同评估学生实训表现,发现问题,并回到课堂教学中及时纠正解决。

元平特校工艺美术专业校外实训介绍

技艺的习得离不开真操实练,元平特校积极安排工艺美术专业学生开展校外实训。本学期已开展的校外实训活动包括以下几种。

一、校外参观

组织学生前往校外参观美术作品,在欣赏和品味中不断培养审美情趣,激发创造力。2023年9月6日,工艺美术专业学生前往深圳图书馆参观"艺梦世界 向阳而生"学生作品美术展,他们在享受视觉盛宴的同时,提高了对艺术的感知与理解能力。

二、非遗项目活动

2023年10月底,为了丰富学生课程,提升美术素养和技能,拓宽实习就业渠道,元平特校与深圳职业技术大学紧密合作,将非物质文化遗产课程纳入中高职工艺美术班专业选修课程,每周邀请非遗传承大师和深圳职业技术大学非遗共创创客社团教师进入校园,为学生带来精彩的非遗艺术课程。例如,"聂氏麦秆画"非遗传承人聂亚平大师带领学生了解麦秆画的主要特点,并制作生动有趣的鸽子麦秆画;景泰蓝技艺传承人彭丽大师讲解非遗景泰蓝的历史文化,并通过"现场示范+视频演示"的方式指导学生体验采用掐丝工艺制作可爱的小兔子……课程内容丰富,形式多样,学生既了解了不同种类的非遗文化历史,又近距离观摩了非遗大师的高超技艺,还亲自动手制作了精美的非遗作品。徜徉在非遗艺术海洋中,学生们被非遗技艺和中华传统文化的独特魅力深深吸引,体会到中国历史文化的悠久与博大精深,也坚定了保护以及传承非物质文化遗产这一传统文化的信念。

学生们不仅认真学习非遗课程,还被邀请参加深圳职业技术大学非遗共创项目,和非遗共创创客社团师生共同实践、磨炼技术。在大家的共同努力下,非遗共创项目在"建行杯"第九届中国国际"互联网+"大学生创新创业大赛深圳职业技术大学红旅赛道创意组选拔赛中荣获二等奖。

三、教学实例

前厅服务与管理是中高职班中职阶段高星级饭店运营与管理专业的一门专业必修课,本次教学实例介绍选取"受理散客电话预订"一课。本课为实训课,教师运用任务驱动及情景模拟法,创设任务情境,引导学生进行实践操作,并使用灵活丰富的方式评价学生的操作情况,贯彻"教学即评估"的理念。以下为本课的教学设计与策略分析。

(一)教学设计背景分析

1. 教材分析

本课内容参考教材《前厅服务与管理》(第二版)(高等教育出版社)第二章第一节"受理电话预订的程序与标准"内容。预订是饭店的一项重要业务,饭店在前厅部均设有预订处。通过预订,饭店可以提前占领客源市场,提高客房出租率。完成散客电话预订的受理,是一名合格的前厅部员工应掌握的重要技能。

2. 学情分析

该次教学班级为中高职高星级饭店运营与管理班,包含智力障碍、精神障碍、听力障碍等障碍类型的学生,共9人。依据个性化教学和个别化教育计划,根据学生的心理认知能力和知识接受程度,将本班学生分为两层,即A层学生与B层学生。

A层学生:黄××、李××、李××、苏××。

该组学生心理认知能力和知识接受程度都较好,能主动配合教师教学,掌握散客电话预订的受理步骤及标准,具有独立完成电话预订业务的能力,具备与客人沟通协调的能力。

B层学生:林××、童××、杨××、吴××。

该组学生心理认知能力和知识接受程度较次之,但亦能在教师的引导下,根据散客电话预订的受理步骤及标准,完成电话预订业务,具备基本的沟通协调能力。

3. 教学目标

A层学生:

① 教导学生掌握散客预订流程,使学生能够独立完成客房部电话预订模拟练习。

② 教导学生理解散客电话预订受理的服务标准。

③ 引导学生树立职业意识，提升学生的信息收集、分辨及记录能力。

B层学生：

① 教导学生理解散客预订流程，使学生能够根据书面提示完成电话预订模拟练习。

② 教导学生了解散客电话预订受理的服务标准。

③ 引导学生树立职业意识，提升学生的信息收集、分辨及记录能力。

4. 教学重难点

本课教学重点为掌握散客电话预订受理的服务程序与标准，难点为受理散客预订程序的实际应用。

5. 教学方法

根据学生情况，A层学生进度快，适用讲授法、任务驱动法；B层学生接受知识较慢，适用易于理解、感知的情景模拟法。根据以上教学方法选择恰当的教学用具，如有声动画多媒体课件、板书、纸质客房预订单、仿真客房功能室。

（二）教学活动设计分析

1. 任务导入

（1）小剧场导入。

教师呈现情境视频：电话预订员小明第一天上岗，同学们觉得他需要提前做好哪些准备呢？

设计意图：教师以具体形象的真实酒店客房服务工作视频，打开课堂情境，引导学生关联实际生活情境，展开联想，鼓励学生发言。

（2）教师发放任务清单。

模拟受理散客预订：学生观看小剧场情境视频，结合所学电话预订知识，思考老师提出的问题并积极发言。

设计意图：让学生了解课堂活动内容，明确学习任务。小剧场的导入方式，能活跃课堂范围，吸引学生注意力，将学生带入课堂主题，教师顺利提出任务清单，明确本节课学习内容。

2. 实训准备

（1）复习关联。

教师播放电话预订模拟视频，引导学生复习受理电话预订程序步骤分解：问候客人—聆听客人预订要求—询问客人姓名—推销房间—询问付款方式—询问客人抵达情况—询问特殊要求—询问预订代理人情况—复述预订内容—完成预订，向客人致谢。

设计意图：通过客房预订对话视频演示，引导学生认识预订的概念、内容、方式、用语及意义，关联并复习巩固上节课所学的电话预约程序步骤知识。从易到难，从简单电话预订丰富情境，增加客房预订相关专业内容，增加电话预订的应用情境，进一步训练 B 层学生对电话预订技能的熟练程度，A 层学生则重点学习客房预订服务相关的新知识。

（2）情境材料解析。

教师下发纸质情境材料，讲解不同房型、房态及相关细节。

（3）教师示例。

教师模拟客房部电话预订的实际场景：讲解主要步骤，强调注意细节，结合电话预订程序及标准表为学生进行现场客房预订实训示范。

设计意图：帮助学生学会解读视频，具体详细了解实训情境中的人物、事件、环境景物、任务内容等；引导学生学会根据他人行为展开观察、分析和模仿。

3. 实训过程

（1）小组练习。

发放《客房服务教学成效评价标准（电话预订程序与步骤考核表）》（表 6-3）和《客房预订单》（表 6-4），根据学生学情，将 A、B 层次学生按照合作学习策略分为 4 组，每组 2~3 人。学生展开练习时，教师进行个别指导。

表 6-3 客房服务教学成效评价标准（电话预订程序与步骤考核表）

序号	考核内容	考核要求	评分标准	配分	扣分
1	仪表仪容仪态	服装整洁得体，工牌佩带正确，面容修饰自然，行为举止规范有礼	有一项不符合要求，扣 2 分，扣完为止	10	
2	接听电话	电话铃响三声内接听	此一项不到位，扣 2 分	2	
3	问候客人	礼貌用语；报部门；语调诚恳热情；使用客人语言进行回答	每出现一处错误或遗漏，扣 2 分，扣完为止	10	
4	询问客人订房要求	询问客人要求、抵达日期、预住天数等信息	每出现一处错误或遗漏，扣 2 分，扣完为止	10	
5	询问客人姓名	中文字要询问清楚，防止同音字；英文要询问准确拼法；最后要复述确认	每出现一处错误或遗漏，扣 2 分，扣完为止	6	
6	介绍房间	使用正确的报价方式进行报价，直到客人满意	报价方式错误扣 2 分，房间楼层位置、数量等不符合客人要求扣 2 分，客人不满意等扣 2 分	10	

续表

序号	考核内容	考核要求	评分标准	配分	扣分
7	询问联系方式及付款方式	询问清楚并准确记录	忘记询问每项扣2分,记录错误每项扣2分,扣完为止	6	
8	询问抵达方式及时间	抵达方式及时间;是否需要接站或接机;向客人说明房间保留期限	忘记询问每项扣2分,记录错误每项扣2分,扣完为止	8	
9	担保预订	如客人抵店时间超过18点,要求做担保预订	忘记询问每项扣2分,记录错误每项扣2分,扣完为止	6	
10	询问特殊要求	询问并准确记录特殊要求;对本饭店不能达到的要求要诚恳道歉并提出解决办法	每出现一处错误或遗漏,扣2分,扣完为止	10	
11	复述内容以确认	对表中内容进行复述	忘记复述每项扣2分,复述错误每项扣2分,扣完为止	10	
12	填写预订表	规范、完整、准确地填写预订表	每出现一处错误或重要遗漏,扣2分,扣完为止	8	
13	道别	礼貌道别	没向客人礼貌道别扣2分	2	
14	建立相关档案	输入电脑或档案资料存档	档案建立不全,扣2分	2	

注:满分是100分,60分为及格。

表6-4 客房预订单

NO. 预订号:_____				
□新预订	□更改	□等候	□取消	
客人姓名	房间数量	房间种类	客人人数	房价	协议单位名称
预计到店日期	预计离店日期	抵达航班/车次		离开航班/车次
付款方式	□公付 □含早	□自付 □15%服务费	是否确认	□是 □否
备注/特殊要求	□预付款或支票 □加床 □其他	□信用卡 □婴儿床		□转账 □双人床
联系人姓名	联系电话或传真号码	预订人/经手人		预订日期

(2) 个人情境考核。

每位学生依次抽取情境角色卡,由教师扮演顾客,依次与每位同学展开不同任务情境下的电话预订模拟。教师参照考核表对每位同学的完成情况进行打分。

(3) 小组评价。

教师通过学生的实训情况进行个别点评,强调所需注意细节。学生相互进行练习,分别扮演顾客与电话预订员。学生之间以小组为单位组织互评及自评,按小组顺序发言,评选优秀客房服务员,并分享学习心得体会。

设计意图:本课的教学重点是要求学生掌握散客电话预订受理的服务程序与标准,为此,授课教师组织学生开展电话预订的模拟练习。为了督促学生落实预订服务程序标准,关注模拟练习时的操作细节,学生完成电话预订模拟练习后,教师对照电话预订程序评价标准逐一打分,并反馈给学生,让学生及时了解自己的完成情况,知晓存在的问题和需要改进的地方。同时,角色扮演的形式便于学生从做中学,加深对电话客房预订程序的记忆和理解。以评促学,检查学生对于受理电话预订的掌握程度,通过模拟考核,提升学生的表现欲和成就感。通过多元评价,教师可以全面了解学生知识掌握情况,实现教学即评估,评估即教学。

4. 课堂总结

教师归纳总结本节课所学的内容,对学生表现进行整体点评,并对学生提出期望,帮助学生树立信心,明确努力方向,强化职业意识,促进职业技能发展。

第三节　职业高中的教学

职业高中以轻中度心智障碍学生为主,学生的能力水平和知识经验基础有一定差异,部分情绪稳定、动手操作能力较强、发展程度较好的学生能按要求独立完成学习任务,而情绪控制和操作能力较弱的学生则需要教师指导和辅助。这一阶段教学内容以职业技能和职业素养为主,教学中重视实践操作,教学流程从理论学习到实践练习,并最终回归生活实际进行应用。

一、课堂教学

职业高中开设公共基础课程、专业课程和辅助性课程,其中专业课程占比最重。所有课程为专业课程服务,辅助专业知识和技能学习。公共基础课程中的实用语文和社会适应等教学内容紧密贴合学生专业和职业实际,为专业课程奠定基本文化知识基础;辅助性课程如康复服务、就业跟踪、转衔服务等,为学生就业提供直接关联支持。下面将以专业课课堂教学为例,介绍元平特校职业高中设计科学有序的教学流程,采用高效的教学方法,探索高质量的课堂教学模式的具体做法。

（一）教学流程

　　元平特校职业高中的基本教学流程为创设情境—理论教学—演示操作—差异教学—回归生活。教学环节设计遵从个性化教学和深度教学理念，主张尊重学生的自主性，重视成长性，兼顾终身性。创设情境是课堂教学的第一环节，教师创设问题情境，激发学习热情，引导学生主动探索问题。在理论教学环节，教师借助多媒体工具、设备和材料实物以及自制教具，展开理论讲授，详细讲解理论知识，强调专业技能操作流程和注意事项。其间穿插演示操作，教师现场分步骤演示，并强调操作中需要遵守的规范。教师演示完成后，学生动手自主操作练习，此环节中教师进行差异化教学，根据学生学习能力和习得情况提供针对性指导。学生动手实践结束后，教师需要引导课堂回归教学主题，复习巩固所学知识，并拓展迁移到更广阔的生活实际，让学生认识到专业知识技能不仅可用于工作岗位，同样还能帮助解决日常生活中的问题。

（二）教学方式

　　考虑到学生存在能力水平差异和实行走班混龄教学，职业高中课堂实行"双师"协同教学。"双师"有两层含义，一方面指由校企双导师进行工作坊课堂教学，共建课程、共同实施课程教学；另一方面指具有"双师"资格的校内教师开展工作坊教学，有效提升学生的技能水平和综合素质，同时切实推进元平特校"双师型"教师队伍建设。① 心智障碍职业高中教学不仅需要特殊教育专业素养，还需要职业教育专业素养的支持。元平特校根据发展实际，积极打造校内"双师型"教师，安排教师与对接企业开展顶岗锻炼培训，充分培养特殊教育骨干教师复合型能力，打造"双师型"职业教育师资团队。

　　心智障碍高中职业教育的"双师"课堂以个别化专业教育支持为核心，在同一课堂里，A、B 两位教师交互协同，实现有效教学，关注各层级的学生，提升教学质量。下面以元平特校洗衣服务方向"立式成衣包装机的使用"教学设计为例，具体分析"双师"协同课堂教学在理论教学、演示操作、差异教学、生活拓展四个环节的教学实施情况。

案例背景介绍

　　该教学设计知识点选自洗衣服务专业书籍《服装洗熨设备与技术》第八章"服

---

① 郭均栋. 职业教育"双师"创客工作坊教学模式探究[J]. 教育与职业，2021(13):97-101.

装洗熨服务的管理"部分内容,着重引导学生学习包装机的使用步骤。教学设计"立式成衣包装机的使用"共两个课时,本节课为第一课时,重点学习包装机使用步骤中"套袋子"和"拉杠杆"两个难点步骤;第二课时练习包装机完整的使用步骤。

洗衣服务方向班级学生已经认识洗衣服务实训室里的常用设备,可以说出常用设备的名称和基本功能,能够对设备的操作步骤进行理解和记忆,具备学习本课的认知基础。同时全部学生均具备一定的动手和操作能力。通过前期学习,学生已经了解包装机的主要结构和功能。

立式成衣包装机操作步骤少,简单易上手,学生操作难度小,但操作动作如果不到位,容易造成操作失误或出现安全隐患,所以需要对重点动作进行反复强化和练习,强调安全事项。另外,立式成衣包装机的拓展延伸以及迁移应用,对学生来说是有难度的。

1. 理论教学环节中的"双师"协同

理论教学环节,a 教师创设情境,导入课堂主题,并讲解相关理论知识;b 教师则负责对所讲知识点进行解释补充或简单演示。例如,在"立式成衣包装机的使用"一课中,理论教学环节"双师"分工设计如下:

a 教师引导学生回顾立式成衣包装机的功能和主要结构,如操作杆、挂钩、电源开关、包装袋等。b 教师对 B、C 层学生进行提示,辅助学生观察设备。

2. 演示操作环节中的"双师"协同

演示操作环节,b 教师负责整体流程的操作示范,讲解注意事项;A 教师从旁协助,辅助演示的顺利进行。例如,在"立式成衣包装机的使用"一课中,演示操作环节"双师"分工设计如下:

a 教师播放立式成衣包装机的使用演示视频,引导学生初步感知包装机的使用步骤,同时强调操作时的安全事项。b 教师结合创编的步骤儿歌,对包装机的使用步骤进行示范操作,并强调重点动作"套袋子"和"拉杠杆"的操作要点。

3. 差异教学环节中的"双师"协同

学生在该环节开始实操练习,a、b 教师分别负责指导不同层次的学生。a 教师负责 A、B 层学生,指导学生进行巩固训练;b 教师负责 C 层学生,指导学生理解知识点,练习基础技能。例如,在"立式成衣包装机的使用"一课中,差异教学环节"双师"分工设计如下:

演示示范结束后,教师将学生分成两组,引导两组学生轮流使用未通电的包装机进行重点动作操作练习。a 教师带领学生实际操作,指导学生在包装机上轮流练习。b 教师带领学生模拟练习,练习将包装袋套在椅背上。两组轮换练习。两位教师结合操作要点及时评价。

两位教师共同引导学生完成知识任务单，a 教师鼓励能力较好的 A、B 层学生将任务单空白处填写补充完整，b 教师指导 C 层学生以粘贴形式完成填空。

4. 生活拓展环节中的"双师"协同

a 教师在生活拓展环节归纳课堂教学的知识点，评价学生的课堂表现，鼓励不同学习成效的学生分享讨论；b 教师则对知识点进行拓展迁移，引导学生思考在具体生活情境下更好地应用本课所学知识和技能。在"立式成衣包装袋的使用"一课中，生活拓展环节"双师"分工设计如下：

b 教师播放课件，创设情境："衣服终于在洗衣师们的努力下包装好了。现在让我们把包装好的衣服送回给客人吧！"a 教师指导学生在送衣时使用服务用："客人，您好！您的衣服已洗好了，请查收，谢谢！"从而贴近生活情境，培养学生服务意识。

本节课课堂教学案例设计由两位教师协同完成，两位教师在课堂讲授时分工明确，交叉合作，当一位教师负责理论知识讲解时，另一位教师则协同负责实操动作演示。但根据课堂实际需求，"双师"协同时教师也会灵活调整个人教学轨迹，围绕教学核心活动紧密配合。完整的"双师"协同课堂上，两位教师并不是单一固定的主讲与辅助的关系，而是共同参与到课堂之中，交互协同，角色变换，共同完成讲解、实操以及作业练习的环节。他们通过默契配合、精心组织教学内容，帮助学生充分参与活动和练习，从而更高效地掌握重点知识和操作技能。

二、校外实训

开展校外实训是学生感知真实工作环境，提升职业技能的重要途径。元平特校与企业深入合作，创建校外实训基地，开拓职业实训渠道，让每位学生都有校外实训的机会。考虑到心智障碍学生的身心特点，在安排学生校外实训时，元平特校遵循以下原则。

（一）因人设岗

在开始校外实训前，元平特校就业支持小组派遣教师前往企业对接沟通，通过投送学生简历和面谈等方式，让企业充分了解学生的具体情况和个人特长。企业根据学生特长和企业岗位实践能力要求设岗，让学生能够去适合其能力和身心特质的岗位实习。因人设岗一方面有助于心智障碍学生更好地适应岗位并完成工作任务，从而获得成就感和自信心，进一步激发工作热情和动力，另一方面也有利于企业充分开发员工优势能力，因材设岗，提高经营效率。

（二）时间灵活

与中高职的实训模式明显不同的是,职业高中学生校外实训时间和时长并不固定。元平特校根据学生年龄、年级、专业类型、知识经验和职业能力水平的不同情况以及企业岗位情况,灵活安排不同学生多批次、多地点、多岗位进行校外实训。实训时间的动态安排与每次实训评估结果相联系,若学生适应良好或需要更多实践锻炼则增加实训时长;若学生专业素养有欠缺,则转校内强化教学,组织再评估、再实训。

（三）多方支持

职业高中学生在校外实训期间,除了有元平特校就业支持小组教师和班主任持续性的支持,还有企业经验丰富的职工作为"阳光导师",手把手对学生进行指导,帮助学生尽快熟悉企业工作环境和岗位工作内容。在工作之外,"阳光导师"也会关心学生生活并提供支持,引导学生顺利展开岗位人际交往和社会关系建构,促进学生与同事相互了解,和睦相处,从而顺利适应新环境。

案例6-2

王桢(化名),深圳博林天瑞喜来登酒店洗衣房员工,2019年2月25日开始实习,2019年7月1日转为正式员工。在个人努力以及"阳光导师"和同事们的支持帮助下,王桢很快适应了酒店环境,并一直认真工作。根据个别化就业能力评估,王桢的认知能力、沟通表达能力较好,数字识记能力较好,喜欢微笑、积极回应、服务意识强。经过就业支持小组教师的沟通,酒店领导赞同因材设岗建议,用人所长,特别为其设置非洗衣房固定区间工作的客衣服务工作,充分发挥王桢专业服务优势。王桢每天早上6点30分天没亮就出门,工作到晚上才回来,父母看着心疼,好几次都劝说她换一份工作。但王桢说自己非常喜欢和珍惜这份工作,每天一想到要去上班就干劲十足。她不仅认真对待每项工作任务,还制定了长期的职业发展规划。王桢自身能力得到充分发挥,创造性自我价值得到实现,对新岗位充满热情,得到部门和同事的高度认可,因工作表现优异,两次荣获酒店"关爱之星"称号。

三、教学实例

高炜(化名)同学是元平特校职业高中的学生,情绪稳定,有较好的认知、表达以及动手能力,在校主修客房服务和洗衣服务。在课堂教学中,教师为其设计简洁的操作步骤解析图,使他更容易理解专业理论知识。教师根据高炜的课堂学习情况及时评估,并布置适宜的课堂练习,帮助其及时巩固所学知识。在专业技能实践操作中,高炜完成精细动作类任务比较吃力,教师及时关注到他的困境,并提供必要的帮助,不懈地指导他对照操作标准和流程进行反复练习。在教师的耐心指导和他个人的努力练习下,高炜较好地掌握了专业课程理论知识和基本操作技能。在每学期的理论书面测试和实操考试中,高炜表现优秀,成绩突出。

高二时,高炜在就业支持小组教师的带领下前往深圳东海朗廷酒店进行职业体验。客房部行政管家为随行师生详细介绍了客房的各类设施设备功能与用途,并带领学生开展客房内部"酒店床铺的清洁整理"实践演示教学,组织学生就地动手实践操作。高炜非常珍惜职业体验机会,积极与主管互动,仔细观察,认真操作,得到了客房部主管和员工的认可。

高三时,经个人投送简历和学校推荐,高炜获得前往深圳大中华希尔顿酒店实习的机会。2023年10月18日元平特校就业支持小组成员和班主任陪同他和家长前往酒店,就业小组教师向酒店介绍高炜的在校表现情况和个人情况,并与酒店共同商议适合他的工作岗位,最后为他安排酒店制服房实习岗位。酒店人力资源部根据高炜的能力,决定让其独立完成办理入职和上岗程序,开始入职能力训练。

2023年10月23日,高炜顺利完成入职,独自完成所有手续中各类表格的填写,自行前往更衣室更换制服,并认真在制服房"阳光导师"的指导下快速适应新环境、新工作,至今表现优秀,获得了领导和同事的一致好评。以下为高炜的就业支持过程记录,见表6-5。

表6-5 学生校外实训工作体验支持记录表

学生姓名:高炜　　体验单位:大中华希尔顿酒店　　填表人:王老师

日期	支持过程	支持类型	公司反馈
2023年 9月22日起	(1) 组织班级学生撰写并修改面试简历。 (2) 组织学生召开模拟面试班会,包括自我介绍、模拟问答	集中培训	
2023年 9月25日	(1) 指导学生练习社交礼仪,如基础的敲门、关开门、站姿、坐姿等。 (2) 观察并指导学生与他人沟通时的技巧和礼仪	个别支持	
2023年 10月8日	面试前集训:得知面试机会后,对学生进行个别化训练,从自我介绍、礼仪及问答等方面着手,提高学生的面试能力和适应能力	个别支持	

续表

日期	支持过程	支持类型	公司反馈
2023年10月17日	(1)就业指导教师、班主任教师、学生家长及学生参观工作场所及活动场地。 (2)经理带领高炜熟悉从地铁到员工通道的路线。 (3)商议入职事宜,包括确定岗位、上岗时间,准备入职材料等	个别支持	酒店方面对高炜的表现十分满意
2023年10月18日—10月20日	对学生加强针对性训练。 (1)礼仪训练:作为服务行业的从业者,需要加强服务意识,面对客人、长辈、领导及女性,需要帮忙开门、礼貌让行等。 (2)沟通交往:与他人交流时要与人进行对视,不要眼神躲避;要积极主动问好,和人进行简单交流。 (3)工作环境:帮助学生巩固复习其参观的工作场地及环境。 (4)工作内容:叮嘱学生遇到问题主动寻求帮助,并且要做好吃苦耐劳的心理准备,遵守工作的规章制度	个别支持	
2023年10月20日	指导学生准备入职材料,并做好入职最后的准备工作	个别支持	酒店负责人员对于高炜能够独立准备好相关材料及主动提问的行为,给予高度评价
2023年10月20日—10月24日	入职后,班主任教师每晚与学生沟通交流工作适应情况,了解学生对于工作强度、人际关系、酒店文化等方面的适应程度,对于上下班通勤情况进行了解并强调出行安全	个别支持	酒店负责人员对于高炜快速适应酒店生活给予高度评价

第四节　综合康复高中的教学

综合康复高中以中重度心智障碍学生为主,他们障碍程度相对较重,各项能力较弱,情绪及行为问题明显,需要长期康复教学支持。因此,综合康复高中的教学是指向生活能力的教学。生活能力指的是在日常生活中保证生存的能力。[①] 对于中重度心智障碍学生而言,他们能力发展水平相对比较低,掌握基本的生活能力至关重要,包括最基本的语言认知、简单计算、认识物品、独立出行、日常购物等等。在满足学生基本生活技能学习和综合康复需求的基础上,综合康复高中为学生提供实用的

---

① 苏红.指向生活能力的培智职高数学教学设计研究[D].宁波:宁波大学,2023.

基础专业技能课教学和大量丰富的综合实践教育,为中重度心智障碍学生更高质量地实现社区融合助力。

一、课堂教学

(一)指向生活能力的主题教学内容

元平特校依据心智障碍高中学生的身心发展特点、生活实际以及基础职业技能的特殊需要,设计与教学内容相匹配的单元主题(表6-6),通过不同主题将社会适应、生活语文、信息技术、综合实践、心理健康、康复训练、唱游律动等联动起来。教学主题以生活基础知识和独立生活技能为主,突出认知与行为康复,康复教学内容穿插于课堂,目标是提高学生生活能力和进行认知行为康复。运用主题教学将康复高中各学科与专业教学串联贯通,形成有具体生活化联系的学科知识和技能体系,体现教学的系统性、整体性,便于学生学习,同时有利于教学活动设计与康复训练活动的密切联系(表6-7)。蒙氏教具用于主体单元教学,对心智障碍学生的感觉统合失调进行干预,可以促进其大脑发育、帮助其智力发展、改善其行为能力和提高其生活自理能力等等。

表6-6 综合康复高中学科主题单元一览表

		第一单元	第二单元	第三单元	第四单元
高一	上	我是高中生	和谐大家庭	社区生活真方便	职业与休闲(一)
	下	我爱春天	居家安全	深圳的夏天	职业与休闲(二)
高二	上	青春期的我	秋天来了	我的家真干净	奇妙的冬天
	下	自我照顾	照顾家人	垃圾分类	服务我们的人
高三	上	我是成年人	一日生活	社区安全	职业体验(一)
	下	我毕业了	家庭活动	安全出行	职业体验(二)

表6-7 综合康复高中各学科单元主题教学设计(节选)

第二单元 家庭活动	美好的餐后时光	生活语文:《看电视》,人教版一年级下册第5课 社会适应:《这些事我来做》,选自部编版小学《道德与法治》四年级上册第5课 综合实践:掌握文明进餐的方法 唱游律动:欣赏《金扁担》 心理健康:做个受欢迎的人 康复训练:跟着音乐学习广场舞 体育健康:团队排球 信息技术:学习操作腾讯会议虚拟会议厅状态栏与工具栏

续表

第二单元 家庭活动	快乐的周末	社会适应:《周末巧安排》,选自部编版小学《道德与法治》二年级上册第2课 综合实践:鼓励周末出去游玩,了解周末的活动安排 唱游律动:歌曲《苗家儿童庆丰收》 心理健康:赞美的力量 康复训练:跟着音乐学习广场舞 体育健康:排球击球练习 信息技术:学习修改腾讯会议虚拟会议厅个人名称
	热闹的生日会	生活语文:童话故事《小猴过生日》 社会适应:绘本《最棒的生日》,现代出版社 综合实践:感受参加生日聚会的欢乐,进行模拟游戏——欢乐聚会(装扮材料:裙子、皇冠、领带、领结、面具等) 唱游律动:歌曲《唱给妈妈的摇篮曲》 心理健康:小黑鱼 康复训练:跟着音乐学习广场舞 体育健康:排球垫球练习 信息技术:学习在腾讯会议虚拟会议厅进行广播语音聊天
	幸福的旅行	生活语文:《我多想去看看》,部编版五年级上册第3课 社会适应:绘本《和爸妈去旅行》,北京联合出版公司 综合实践:设计一次难忘的毕业旅行 唱游律动:歌曲《唱给妈妈的摇篮曲》 心理健康:南瓜汤 康复训练:跟着音乐学习广场舞 体育健康:排球游戏 信息技术:学习通过手机腾讯会议APP进入腾讯会议
	综合活动	社会适应:学生周末实践——家庭聚餐 综合实践:综合活动——班级聚餐 唱游律动:歌曲《乡间的小路》 心理健康:我合作我快乐 康复训练:跟着音乐学习广场舞 体育健康:排球规则讲解 信息技术:学习用手机腾讯会议APP建立会议和邀请、推送会议号码及链接

(二) 以康复为导向的蒙台梭利教学

1. 蒙台梭利教学

蒙台梭利教育理念包含以下几个方面:① 使人成为人,即通过教育使人具备思维和认知能力。② 自发性的智能,即通过教育引导人的求知欲和好奇心,从而形成认知。③ 人的创造性,通过经验认知和想象,激发创造新事物的能力。④ 协助孩子自我发展,尊重并支持孩子的个性发展。⑤ 有准备的环境,提供良好的、能够为儿童的教育起到促进作用的外部环境。⑥ 给孩子自由。① 蒙台梭利教学运用于心智障碍学生的高中教学,通过引导探究,提高学生学习积极性,着力改善学生认知发展,促进其情绪与行为矫正、肢体功能等康复,使康复高中的学生习得完整的生活能力。

2. 蒙氏教具应用于综合康复高中教学的策略

(1) 在文化知识教学中的应用。

在文化基础课教学活动中,蒙氏教具一般用于数学课堂,用作实物教学教具,便于学生操作以及集中学生注意力。教师围绕教学目标展开教具演示和动手操作,学生一边操作教具,一边听教师知识讲解,这一方式能够加强学生的动手能力,使学生们更好地理解简单的数字运算。以形象的教具操作带动抽象的知识学习,这样才使得教学用具的使用变得有意义。

(2) 在康复教学中的应用。

① 改善心智障碍学生行为能力。蒙氏感官教具可以训练学生的平衡能力、协调能力、大肌肉群的能力等,使智力障碍儿童运动能力、行为能力得到不同程度的补偿和矫正,适当满足社会生活中对行为能力的需求。

② 用于注意力训练,改善注意力过度分散。蒙氏教具色彩鲜艳,饱和度高,容易吸引心智障碍学生注意力,使其注意力集中到教学活动中。

3. 蒙氏班级建设

元平特校根据康复高中学生具体能力水平评估情况,以蒙氏教学理念、教学方法和教学器具环境为基础,以康复教学为目标,组建蒙氏班级。依据学生的现有能力,设计蒙氏教学理念指导下的教学方案,帮助学生掌握基本的生活技能,学会独立生活,学习认识和适应基本的社会规范,促进学生融入社会。基于学生学习和教学需要,蒙氏班级设置了多样功能分区,营造了与生活融合的文化环境。

(1) 分区域空间环境。

蒙氏班级作为职高阶段重度障碍学生较多的班级,其教学目标主要围绕康复基础上的良好生活习惯和学习习惯的培养。在班级环境布置上,结合蒙氏教育理念,教师将教室的空间区域有效规划,分区域布置。教室功能分区是指按照报到区、活动区(根据具体康复目标,细分为生活区、感官区、语言区、数学区、科学区、艺术区)、卫生区、物品摆放区等进行分区域空间建立,教师按区域投放符合班级学生实际情况的多样蒙氏教学具、辅具和其他活动材料。

---

① 玛丽亚·蒙台梭利.蒙台梭利早期教育法[M].蒙台梭利丛书编委会,译.北京:中国妇女出版社,2017:145.

(2) 主题文化环境创设。

蒙氏班级教师每学期根据课程标准和班级学生学习进度,制订本学期个别化康复教学计划,确定 1~2 个教学主题,紧密围绕主题核心,组织学期系列课程教学设计,开展前后贯通一致的教学活动,便于学生联系前后知识,掌握系统化生活知识。教师遵循真实而自然的原则,依据教学主题和学生的学习特点创设真实而灵活的主题学习环境。蒙氏班级学生在有秩序、有规律、具象化的学习环境中,感知真实世界,亲身体验,亲身经历,掌握在生活中发现和学习知识、把知识用于生活的基本能力和意识(图 6-4)。

(a)

(b)

图 6-4 主题实景教学

(3) 活动式工作任务图卡。

蒙氏班学生以孤独症学生为主,根据其具有视觉优势的学习特点,以及学生最近发展区评估,班级为学生量身定制个性化的活动式工作任务图卡(图 6-5)。各科任课教师根据本学科教学内容制作精简操作化的教学任务清单,并用简笔图画形式表达任务工作要求,制作出对应的任务图卡。每次课前,教师根据每位学生能力水平投放不同类型的任务卡,学生根据任务卡完成各自的专属工作任务。工作任务卡具有具象化示意、持续性提示任务内容、指向性强的特殊优势,相较于教师口头传

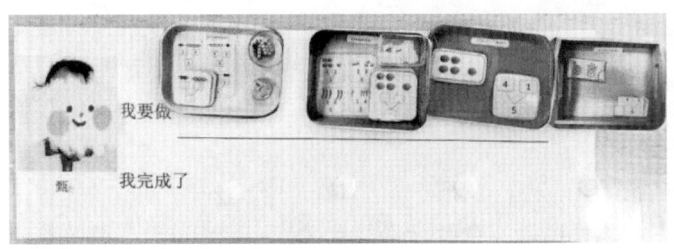

图 6-5 学生工作任务图卡

达任务,更具有教学实用性。任务图卡的学习实践方式帮助学生提高工作的目的性和积极性,提升学生的秩序意识,提高了课堂效率,有效辅助落实各学科教学目标的可视化达成。

(4) 主题核心的协作教学。

每个蒙氏班配有蒙氏教师 4 名,班级管理员 2 名。蒙氏教师分别负责生活语文、生活数学、劳动技能、社会适应和绘画手工等学科教学。在学期初的班级主题计划制订中,4 位蒙氏教师协同讨论,根据主题教学需要,合作制订科学系统的个别化教学计划,制定各具体学科的教学目标、教学活动环节和教学内容,讨论适合不同层次和经验基础的学生的差异化教学方法,以由点及面的发散式知识构架,互相协助共同落实主题教学。

在具体的教学中,各任课教师根据主题内容合作设计制作并投放具有层次性的、材料丰富的个别化教具(工作任务图卡)。教师和班级管理员随时观察学生任务工作情况,适时提供恰当的支持,辅助学生解决工作中的困难,帮助学生掌握工作方法,达到学习目标。

案例 6-3

深圳元平特校康复部蒙氏主题"健康生活"教学设计

教学主题:分苹果——有余数的除法

● **教学内容**

一、线上工作

1. 分苹果。

2. 认识有余数除法算式里的各部分名称。

二、个别工作

1. 数与量的对应。

2. 分一分。

3. 搭一搭。

4. 圈一圈。

5. 算一算。

● **直接目标**

A 层学生:能正确理解有余数除法的含义,准确指认算式里的各部分名称,体会余数比除数小的规律。通过搭一搭活动,准确写出有余数除法的算式。

B层学生:能理解有余数除法的含义,指认算式里的各部分名称,体会余数比除数小的规律。通过个别工作,感受平均分中有分完和分不完的情况。

C层学生:在老师的辅助下指认除法算式里的各部分名称,通过个别工作,感受平均分中有分完和分不完的情况。

● **间接目标**

1. 提升专注力、观察力和秩序感。

2. 增强健康生活观念。

● **教学准备**

蒙氏教具、音乐等。

● **教学过程**

一、走线

播放轻音乐走线。

师:同学们,今年苹果丰收了,我们去摘苹果吧!

教师带着学生把树上的苹果摘下来放到筐里。

师:摘完苹果,让我们坐下来歇一歇吧。(学生拿着垫子在线上坐下)

二、线上展示

师:老师带来了一个有趣的工作。

1. 取工作毯铺好。

2. 取工作。

3. 分苹果。

1) 数出大家一起摘的苹果总个数。

2) 摆出3个盘子,分苹果。

用除法算式表示出来,复习算式各部分名称。

3) 摆出4个盘子,分苹果。每个盘子里可以放几个?还剩几个?

用有余数的除法算式表示出来,认识余数,体会余数比除数小的规律。

4) 散圈活动。

C层学生数出每盘有几个苹果。

B层学生正确读出有余数的除法算式。

A层学生正确说出有余数的除法算式里各部分代表什么。

4. 个别展示。

两个学生为一组,搭一搭,并写出有余数的除法算式。

三、学生个别工作

分苹果(有余数除法)各区域工作安排(表6-8)。

表6-8 分苹果(有余数除法)各区域工作安排(节选)

区域	名称	图片
数学区	分一分模型工作	
语言区	"健""康"字的描红工作	
感知区	有规律地穿珠工作	
艺术区	健康生活涂色工作	
科学区	健康生活图配文工作	

四、走线下课

师:我们今天一起通过分苹果学会了什么知识?

师:今天,我们通过分苹果活动学习了有余数的除法,认识了有余数除法算式里各部分的名称。在后面的学习中,我们将用有余数除法知识解决游玩中的租船、租车等问题。

（三）渗透社区康复的专业课教学

综合康复高中开设三门专业课程，包括园林绿化、家政服务和工艺美术。专业课教学内容以生活实用技能为主，贴近学生实际生活需求。教师在教学中开展多种形式的家校社协同教育活动，充分开拓和利用社区资源，展现真实的校社互动场景，引导学生运用专业技能知识解决问题，促进学生与小区、家庭等社会群体进行互动，为学生社区康复助力。

以下是园林绿化专业课程"土培郁金香"教学设计，教师通过创设接到土培郁金香订单的情境，引导学生认识郁金香种球，并学习土培郁金香的步骤，最后开展实践操作，完成土培郁金香订单，实现校社互动。以培育郁金香专业技能课为例，社区康复教学设计主要包括教学内容分析、学情分析、教学目标、教学环境与教学资源、教学过程、学习评价等内容。

1. 教学内容分析

社区康复专业教学的教学内容分析主要是分析本课时在单元中的位置、学习内容对发展学生能力的功能价值、蕴含的正确价值观念等。

本课"土培郁金香"属于模块四综合应用中阳台园艺的内容。结合实际，对于身处寸土寸金的深圳的人们，阳台是实现这一梦想的绝佳平台，而阳台园艺也悄然成为一种时尚和潮流。

前一单元主要学习的是种子种植，通过点播、条播、撒播种植香菜、红菜苔。本单元学习鳞茎繁殖，种植品种包括小葱、郁金香、百合。前一课学习内容是用葱头种植小葱，本课学习郁金香的种植，两者种植的方式有相似之处，新旧知识联系较多。学生在学习种植郁金香的过程中，可以继续练习基本工具的操作、了解郁金香栽培管理、加深对鳞茎繁殖方式的认识，提高劳动技术素养。

2. 学情分析

社区康复专业教学的学情分析是指分析全班学生与本课时学习他们已有的相关经验、认知与能力基础、兴趣与发展需求、发展路径等。考虑中重度心智障碍高中学生整体较被动且注意时长较短，教学中需要提供游戏、结构化的操作活动和强化物。若班级孤独症学生多，需要提供显著视觉提示。这一阶段年度教学行为训练上，继续侧重培养学生遵守上课常规、增加注意力时长，以及基本工具的使用、专业技巧。

该班13名学生，障碍类型主要是智力障碍5人、孤独症8人，障碍程度主要为中重度。以认知经验为基础可将学生分为三个层次：A层学生认知、沟通及动作操作能力较好，课堂参与度较高，能和老师有较好的互动；B层学生有一定的认知和语言表达能力，发音均存在模糊不清的情况，能配合老师进行课堂互动；C层学生在认知、沟通理解方面能力弱,能尝试发音,能回应老师的一些简单指令,课堂参与需要利用强化物刺激和教师肢体协助。

本班学生前期学习了用葱头种植小葱,有铺陶粒、覆土、播种的经验,基本了解简单的种植过程,大部分学生能完成基本操作。其中A层学生可独立或在少量的语言提示下完成简单种植,B层学生能在语言和少量肢体辅助下完成简单种植,C层学生能在较多肢体辅助下完成。

3. 教学目标

设置差异性目标,根据课程标准、个别化教育计划和学生实际,描述学生经历学习实践过程后应达成的目标(表6-9)。

① 目标1:通过教师对郁金香种植步骤的介绍,A层学生知道并说出种植的步骤,B层学生看图说步骤,C层学生在提示和辅助下说或指步骤。

② 目标2:通过教师对郁金香土培技术的操作演示,A层学生能独立模仿种植,B层学生能在提示下根据操作指南完成种植,C层学生能在辅助下根据操作指南完成种植。

③ 目标3:通过对郁金香的了解和培植技术的学习与操作,学生能获得劳动的乐趣,并提升对美好实物的欣赏能力,同时养成良好的劳动素养,提高照顾花草乃至他人的意识,提升家庭责任感。

表6-9 社区康复专业教学目标设计

学生层次	A	B	C
目标1	○	○	◎
目标2	●	○	◎
目标3	●	●	◎

注:●表示独立完成,○表示少量语言提示,◎表示语言提示+肢体辅助。

4. 教学环境与教学资源

渗透社区康复的专业课教学环境和资源具有特殊性。教学环境上,一般需要校园仿真现实场地或社区真实环境。教学资源一般需要社区工作人员或家长协同提供。这一特殊教学形式是促进家校合作、元平特校与社区合作教育的重要途径。

场地:园林绿化户外实训基地。

资源:相关图片、作业练习、花盆、种球、陶粒、营养土、铲子、洒水壶。

5. 教学过程

园林绿化课是一门专业课程,其终极目标是培养学生种植、养护植物的技能,希望学生毕业后可以利用此技能找到一份工作,所以在教学环节开始时会模拟上班情境,培养学生良好的工作习惯和工作意识。

课前动员—接收任务订单,情境启动—认识郁金香—土培郁金香的过程与栽培步骤—实践操作—巩固练习—课后任务。

发起社区任务的一般是教师、家长或者社区人员,通过电话、视频、微信消息或邮件等方式线上向该专业班级发起相应任务订单,招募工人。教师接单后为学生讲解订单要求,引入社区活动主题,并在这一过程中穿插地址认识、导航的使用、如何与他人获得联系等生活基本知识和技能。

6. 学习评价

与情境开启时的工作模式相对应,评价制度是设立工资制度。订单发起的客户(一般是教师或者社区人员及家长)根据学生出勤、学生专业操作成果、学生自评以及教师评价进行第三方评价和工资报酬发放。建立可视化、具象化的奖励激励机制,既贴合职业岗位实际,又能直接激发学生学习动力和实现学习获得感的可视化。其中教师和社区订单客户对学生的工资评价标准如表6-10所示。

表6-10 社区康复专业课程工资评价表

评分准则	3分	2分	1分	0分
动手参与种植活动的程度	全程参与	较多参与	偶尔参与	没有参与
种植过程的熟练程度(垫垫、加土和底肥、放种球、覆土、浇水)	非常熟练	比较熟练	一般熟练	不熟练
维护操作区域干净程度	非常干净	比较干净	一般干净	不干净
善后工作(收拾卫生、归还工具)	独立完成	提示完成	辅助完成	未完成
总　分				

注:教师和社区订单用户根据评分准则对学生的表现进行评分,得分与工资直接挂钩。课程结束后,教师根据学生所得总分为其结算工资(每5分可兑换代币1元)。

二、综合实践

实践,既是知识的来源,又是知识所用之归处,对认知的形成起着指导性作用。对中重度障碍特殊学生而言,实践活动空间还是康复的综合场所。为充分利用周末及寒暑假时间,让学生在家庭生活、社区生活中得到更多实践提升机会,综合康复高中班级在每周末、寒暑假定期开展学生综合实践活动。

（一）综合实践设计

1. 前期准备

为增强活动的科学性、有效性、生活性，元平特校会组织前期情况调查，结合往期经验和社会热点，组织家长填写线上问卷，了解学生周末和假期生活状态、活动偏好及对实践活动的期待。根据调查结果和学生实践教学计划，全面、综合地分析，制定学生综合实践活动方案。

2. 实践内容

（1）周末综合实践。

教师根据前期调查和本周课程内容以及学生近期生活情况，选取趣味生活主题，如冷点心制作、蜜饯制作、节日手工制作等，在教室的品书坊、冬藏坊、赏味坊等活动空间中开展主题综合实践。由教师设计活动方案、准备材料并组织开展。

（2）寒暑假生活实践。

综合实践项目涵盖户外活动、"我与我家"、休闲娱乐等学生自主每日打卡活动及劳动技能、康复训练、绘画与手工等教师指导实践活动。学生根据实践手册的指引和家长的指导完成实践活动内容，家长同步记录学生的完成过程并分享至班级群打卡，教师将根据学生的实际操作情况给予指导及反馈。

3. 家校协同

教师线上教学指导家长参与活动开展，可以参与准备材料、经验指导、辅助操作等，充分发挥家长在家校合作中的重要作用，实现"家校社"联动育人，与家长们共建教育生活氛围，让课堂教育、元平特校教育进家门，让家庭教育更加科学化、专业化，推动家长从"看管者"和"陪护者"转变成"参与者"和"引导者"。学生在教师、家长的共同支持下在家庭中学有所得、学有所获，实现教育的空间与时间延伸，回应深度教学理念的成长性与终身性。

（二）校内综合实践案例

元平特校校内综合实践教学一般以班级活动功能区和校园作为实践场所，以课堂教学的形式开展与生活相关的实践操作活动教学。下文以综合康复高中经典蒙氏综合实践教学案例"咸金橘"制作教学设计为例，具体介绍校内综合实践教学设计的策略和多元目标。

该案例使用"双师型"课堂教学展开活动，采用支持型与互补型相结合的协同策略，分工明确，课堂管理和教学组织具有目的性和计划性。案例综合了四重科目教学目标，综合了巩固游戏、手工、生活适应与康复律动四重教学知识和技能，使学生在生活实践中应用知识、学习知识,同时学会生活。

蒙氏教学案例:"双师"课"咸金橘"制作教学设计(节选)

班　级	2009 班	教学时间	第十五周
授课教师	邓老师、黄老师	课的类型	综合实践
学情分析	本节课授课对象是综合康复二年级学生,平均年龄18岁,基本为中重度智力障碍。本节课大体将学生分为了 A、B、C 三组。A 组学生精细动作较好,有一定的语言能力,能理解简单指令(两步),能主动参与课堂活动;B 组学生精细动作较差,能在教师的引导下配合教学活动,能理解一步简单指令,语言表述模糊;C 组学生各种能力较弱,在教师辅助下可参与简单教学活动		
教师分析	邓老师是位教龄10余年的经验丰富的语文老师,擅长知识的讲解,对学生情绪把控和课堂气氛把控佳;黄老师经验较浅,但是该班班主任,对学生情况熟悉,比较能安抚学生,此外比较擅长活动设计和手工制作		
同堂模式	支持式(　) 　　平行式(　) 　　互补式(　)		
主题分析	学生对水果的喜爱超乎我们的想象,每次分享水果时,大家情绪都很高。金橘是在秋冬季节市面上比较常见的果实,含有丰富的维生素C,营养价值很高。在广东,金橘除了直接食用,还有另外一个食用方法——制成盐渍金橘即咸金橘。咸金橘对于缓解喉咙疼痛有一定效果,可以泡水喝,也能加入雪碧等汽水中,还能用来调味,比如咸金橘蒸鱼。基于以上,本节课选择这一具有地域特色的内容。此外盐渍也是冬藏食物的重要手段,也符合本学期的教学主题——冬日美食家		
教学内容	1. 认识金橘:摸形状、看颜色、闻气味。 2. 了解关于金橘的习俗。 3. 制作咸金橘		
教学目标	● 知识与技能 A 层学生:会观察和描述金橘的外形特征,了解金橘在广东与哪些习俗有关;明白咸金橘的制作原料是金橘和盐,了解咸金橘的大致制作流程。 B 层学生:在引导下观察金橘,在引导下了解金橘与哪些习俗有关;认识咸金橘,知道咸金橘的制作方法。 C 层学生:通过闻和触摸认识金橘,在协助下将红包挂在金橘树上;知道咸金橘。 ● 过程与方法 A 层学生:通过观察金橘,了解金橘有关的习俗;结合示范和口头指导,能独立完成咸金橘的制作过程。 B 层学生:通过引导提示和动作辅助认识金橘以及了解与金橘有关的习俗;经过实践操作能基本完成制作咸金橘的过程。 C 层学生:通过活动在辅助下指认金橘并了解与金橘有关的习俗;在辅助下完成制作咸金橘的投放环节。 ● 情感态度价值观 引发学生对咸金橘的兴趣,激发学生热爱生活的感情		

续表

教学重难点	重点:动手制作咸金橘;难点:学生通过认识金橘的外形特征以及了解与金橘有关的习俗,学习制作咸金橘并掌握制作的程序
教学准备	杯子、水壶、金橘、盐、密封罐(无水无油)、标签纸、流程图、流程图练习、其他练习、视频、白板、平板、字卡
教学方法	讲授法、引导法、示范法

教学过程			
教学环节	邓老师活动	黄老师活动	学生活动
走线环节	邓老师带领学生用勺子持金橘走线	播放走线音乐《心声》,注意在线上引导学生走线	跟随教师走线,并做相应的动作
导入环节	金橘盆栽:同学们,在我们的生活中有各种形态的水果,今天这节课我和黄老师要给大家展示一种特别的水果——金橘	黄老师引导学生回答问题	说出所观察到的

本案例在环境创设方面进行了综合区域联合,根据课堂发展需要在教室设有品书坊、冬藏坊、赏味坊,准备大量真实的上课素材,丰富实践环境基础;课堂结构分为"创设环节——导入新课""实景呈现——示范归纳""实践操作——循环训练"与"评价激励——总结课堂"四个部分,实现逻辑性与趣味性统一。作为综合实践课程,它涵盖了实用语文、社会适应、劳动技能等多个科目的内容,并始终围绕"咸金橘"开展教学,通过丰富的环境创设、"双师"分场域的课堂以及丰富的个别化工作设计,最终让学生了解"咸金橘",能够动手制作"咸金橘"。

三、教学实例

根据放假时长的不同,假期综合实践的目标具有较大差异,长假期期间的综合实践活动包括居家实践,如果蔬、花草培育、家庭娱乐或休闲活动;还包含较多的户外实践任务,如社区互动、外出旅行、参观、普通出行等活动。长假期的实践目标多为社会能力强化、家庭交流与康复、社区康复等。周末实践活动类型一般包含于长假期实践活动中,活动目标较具体、简单,以居家和社区活动实践任务为主。周末综合实践的目标多为家庭生活能力训练、家庭交流和生活知识强化等。综合康复实践活动在寒暑假的实践任务设计偏向周期性打卡和长线型操作任务,不能在短期内完成,并且具有周期变化性,注重保持长时间内的学习和实践习惯。周末实践以一周内短期活动日记的形式开展,具有日变化特点,偏重学生心理感受和具体体验记录,注重生活能力的培养。下面分别展示寒暑假综合康复实践教学设计(案例6-5)与周末实践教学设计案例(案例6-6),进行具体对比和分析。

案例 6-5

职业教育康复高中寒暑假综合康复实践

××××年××月××日　星期×　城市＿＿＿＿　天气＿＿＿　气温＿＿＿℃

课　程	劳动技能	模块	植物养护
作业内容	我给植物浇浇水		
作业目标	（1）掌握判定泥土干湿的方法； （2）掌握植物的基本浇水方法。		
材料工具	盆栽植物、洒水壶、喷水壶、弯嘴水壶、水		
作业要点	一、手指测干湿 　　浇水前将手指伸入泥土大约至1指关节处，感受土壤湿度。如果手指拿出泥土时没有沾染太多泥土，能轻松拍掉，则需要浇水；如果手指拿出泥土时沾染泥土，且不易抖落，或者感觉潮湿，那么可以再等几天浇水。 二、浇水的方法 **1. 用洒水壶浇水** 　　①接水：洒水壶接满水；②提水：握住把手，拿起；③对土：壶嘴对准土壤；④浇水：在土面环绕植物根茎画圈圈浇水，底部渗水时停下。 **2. 用喷水壶浇水** 　　①接水：拧开盖子，接满水后，拧紧盖子；②拿壶：拿起水壶，食指中指扣住握把；③对土：壶嘴对准土壤，食指中指内扣，壶嘴即可喷出水；④画圈式浇水，底部渗水，停下。 **3. 用弯嘴水壶浇水** 　　①接水：拧开盖子，接满水后，拧紧盖子；②拿壶：握住壶身；③对土：壶嘴对准土壤，挤压出水，放松回水；④画圈式浇水，底部渗水时停下。		
拓展内容	浸盆法 **1. 适用情况** 　　①土壤特别疏松，喷壶浇水会把土冲走；②植物过干，需要急救；③保证植物彻底浇透。 **2. 操作方法** 　　①准备一个大盆，装入适量水；②将植物正放入其中，全部土壤泡入水中，不冒泡时即为浇透；③植物拿出，放到通风处。		
注意事项	（1）夏天清晨浇水，冬季中午浇，春秋早晚浇； （2）浇水注意慢浇，少量多次； （3）浇水后静置一段时间（5~10 min），将托盘积水倒掉。		

学习情况评价					
步　骤	去叶	剪茎	装水	插瓶	换水	去蕊
完成情况	独立完成☐ 提示完成☐ 辅助完成☐	独立完成☐ 提示完成☐ 辅助完成☐	独立完成☐ 提示完成☐ 辅助完成☐	独立完成☐ 提示完成☐ 辅助完成☐	独立完成☐ 提示完成☐ 辅助完成☐	独立完成☐ 提示完成☐ 辅助完成☐

续表

每日记录	
运动打卡	
散步□ 跑步□ 打球□ 游泳□ 其他_____	（请贴上今日运动精彩瞬间的照片）

案例 6-6

周末实践——我的食谱

亲爱的同学：

合理健康的饮食是我们拥有健康身体的前提保障，可以帮助我们保持心情舒畅、控制体重、缓解压力等。健康饮食非常重要，让我们一起制定食谱吧！

健康小任务

（1）请记录"我的一周食谱"，要注意荤素搭配哦！

我的一周食谱			
	早餐	午餐	晚餐
7月15日（星期六）			
7月16日（星期日）			
7月17日（星期一）			
7月18日（星期二）			
7月19日（星期三）			
7月20日（星期四）			
7月21日（星期五）			

（2）请在下面的方框中贴上你的周末烹饪或用餐照片。

我的收获和感想

(1) 今天的心情指数(点亮的星星越多,表示越开心)。

☆ ☆ ☆ ☆ ☆

(2) 我的感受(请用书写、绘画或者请爸爸妈妈帮忙记录的方式在下方表达你的感受)。

第七章　心智障碍学生高中教育组织管理

全面质量管理理论源于美国的阿曼德·费根堡姆,他指出,"全面质量管理是为了能够在最经济的水平上并考虑到充分满足用户要求的条件下进行市场研究、设计、生产和服务,把企业各部门的研制质量、维持质量和提高质量活动构成为一体的有效体系"。随着全面质量管理理论不断推行,学校教育也引入了有关概念,并发展出了教育质量管理有关特点。学校管理是学校通过一定的机构和人使学校沿着一定的方向维持学校按教育规律进行正常运转,使其获得不断发展和提高的手段。它是达成学校教育目标、提高工作效果的一种总体作用。其功能是对学校教育总过程的一切活动和资源进行计划、组织、指挥、监督和调节,以便实现全面提高教育质量的目的。深圳元平特殊学校发展的高中教育是职业教育、特殊教育及医疗康复的有机结合,也需要通过适宜的管理体制来统筹规划,以求稳定持续且高质量地发展。

第一节　管理体制

体制一般指定型的规则和制度,包括机构设置、职能、作用等。在教育领域中,教育体制是教育机构与教育规范的结合体、统一体,它是由教育的机构体系与教育的规范体系所组成的。高中教育的管理体制包括组织体系与相应的制度支持。组织体系包括负责教学实践的实施体系、负责统筹规划的管理体系及负责促进职业高中科研项目的研究体系。而管理制度则为组织体系的运行提供理论基础和实践准则。

一、管理体系

体系泛指一定范围内或同类的事物按照一定的秩序和内部联系组合而成的整体,是不同系统组成的系统,指的是若干有关事物或某些意识相互联系的系统而构成的一个有特定功能的有机整体,如思想体系、作战体系等。系统的社会学定义为:

由若干要素以一定结构形式联结构成的具有某种功能的有机整体。系统之间不是相互孤立的,而是互相联系的。2022年4月20日,第十三届全国人民代表大会常务委员会第三十四次会议通过《中华人民共和国职业教育法》修订,其中第十八条规定:残疾人职业教育除由残疾人教育机构实施外,各级各类职业学校和职业培训机构及其他教育机构应当按照国家有关规定接纳残疾学生,并加强无障碍环境建设,为残疾学生学习、生活提供必要的帮助和便利。国家采取措施,支持残疾人教育机构、职业学校、职业培训机构及其他教育机构开展或者联合开展残疾人职业教育。

元平特校早在2002年就成立了高中职业教育班,目的是打算有筛选性地接收本校学生和外校学生。经历了8年的探索与发展,学校在职业教育模式中打好了地基,并于2010年,学校成立职业教育教学部,目标同样是有筛选性地接收本校学生和外校学生,但是对学部的规模进行了扩充,含有1个教学组、6个心智障碍班级,统称为R职班。自2011年开始,学校开始接收所有适龄的深圳市户籍心智障碍学生。2015年,学校将1个教学组变为2个教学组,分别是职业训练教学组和综合康复教学组。其中职业训练教学组的学生学习职业训练课程和文化基础课程,综合康复教学组学习综合康复课程和文化基础课程。2017年,学校成立职业康复教学组,与职业训练、综合康复教学组并列,职业康复教学组的学生学习职业训练基础课程、综合康复课程和文化基础课程。2019年,所有班级按照入学年份命名,不再分职业训练、职业康复、综合康复3个教学组,而直接称为第一教学组、第二教学组和第三教学组。2020年,学校成立职业教育教学一部和职业教育教学二部,两个部针对学生程度开设不同的职业训练专业。2022年,学校在职业教育教学一部增设中高职贯通培养"三二分段"专业。(图7-1)

二、管理制度

规章制度的制定是组织管理运作的重要手段,也是一种重要的管理方式。深圳元平特殊教育学校在组织管理中,坚持和加强党的全面领导,不断完善党组织建设机制,推动党建工作与教育教学、德育和思想政治工作深度融合,保障正确办校方向。为全面贯彻党的教育方针,坚持社会主义办学方向,落实立德树人根本任务,学校制定了行政管理、安全管理、教职工管理、教育教学管理、学生管理、后勤管理等一系列规章制度。在行政管理方面,有各部门职能、行政管理人员工作规范、工作要求等制度;在安全管理方面,有安全管理细则100条、安全检查、应急预案、事故责任追究等制度;在教职工管理方面,有教师职责、行为规范、请休假等制度;在教育教学管理方面,有教学常规、教科研管理、功能室管理等制度;在学生管理方面,有学生日常

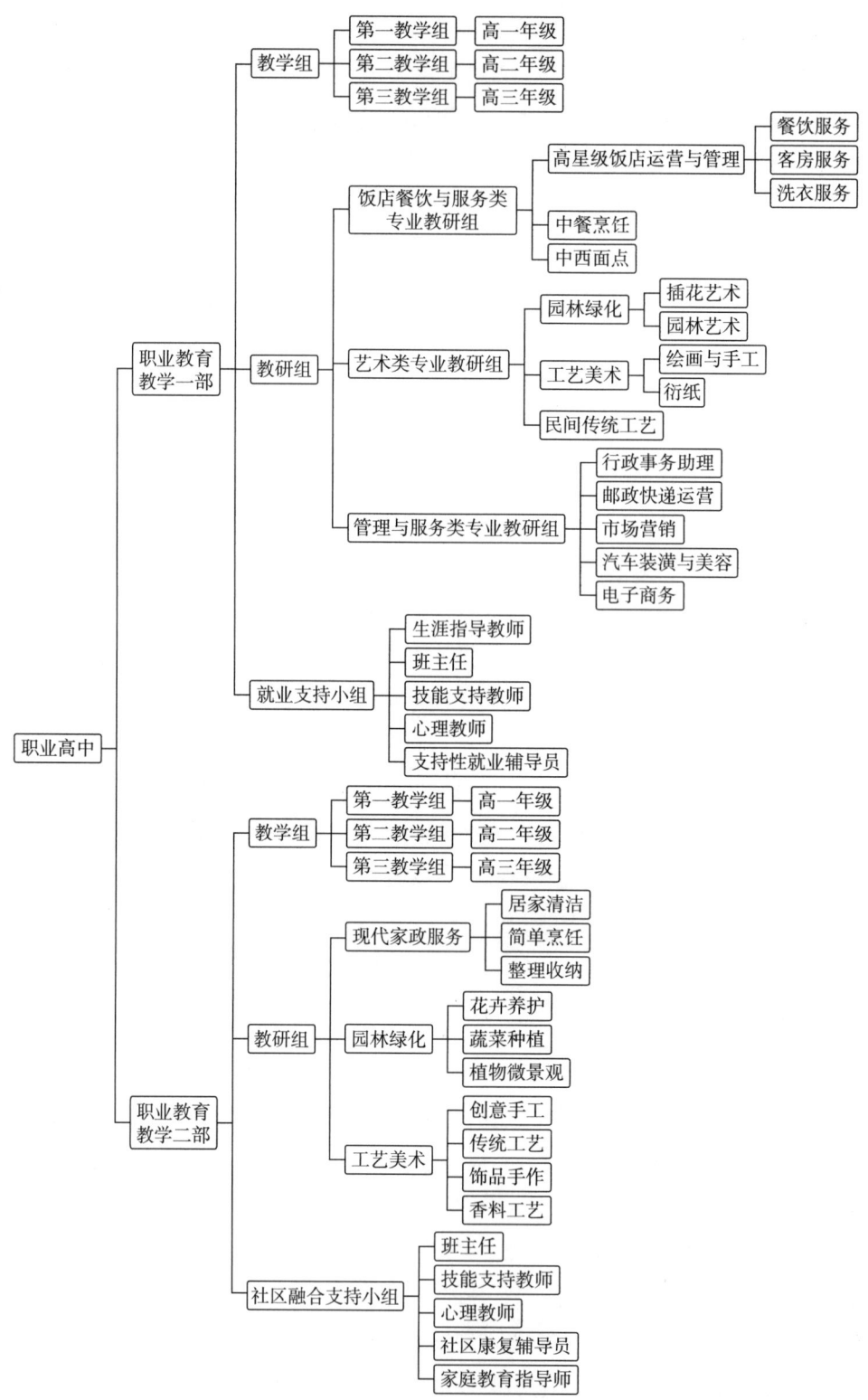

图 7-1 元平特校职业高中管理体系设置图

行为规范、学籍管理、纪律要求、宿舍管理等制度。下面主要以职业教育实训室管理以及学生校外实习管理为例,介绍学校在高中教育中的管理制度。

(一) 实训室管理制度

根据《中华人民共和国教育法》(2021年修正)第三章第二十七、二十九条规定,学校作为教育机构要组织实施教育教学活动,离不开符合规定的教学场所及设施、设备。高中教育中尤其是职业教育涉及多种设备使用,因此学校对各专业技能实训室都制定了相应的规章制度,以确保师生行为合规,防止发生安全事故,规范教学管理,充分利用学校教学资源,提高实训设备的完好率和利用效果,保证实训教学工作的顺利进行。

元平特校根据不同专业不同教室需要制定相应的规章制度,以确保教师工作规范、学生学习安全及师生教学效果。各个功能室使用的规章制度一般涉及安全、卫生、礼仪等方面。共性的规章制度具体如下所示。

1. 专人负责管理,负责安全、卫生及总体管理工作。

2. 教室管理员应加强教室硬件、软件、工具及各种设备的管理,做好保养工作。设备维护保养分为日维护、月维护和学期维护。

日维护:对设备进行检查、擦拭、消毒、调整,并保持环境清洁。

月维护:每月安排半天时间对设备进行加电、测试和性能检查。

学期维护:主要工作包括检测设备技术指标、调整参数、消除隐患,确保设备正常运转,以保证教育教学工作不因设备故障而间断。

3. 学生上课时应按照任课教师指定的座位对号入座,未经任课教师同意不得更换座位。

4. 学生在操作前,应检查相关设备是否工作正常,如有问题应主动向任课教师提出解决;在上课期间应保持安静,禁止喧哗、走动,讨论问题要小声;下课时有秩序地离开教室。

5. 学生在操作时,应服从任课教师的指导,做好相关防护。未经任课教师同意,不得擅自使用教室内各种工具。

6. 学生上课时应遵守操作规程,严禁破坏设备,严禁在教室内用工具玩耍、打闹。

7. 不允许携带食物和饮料到教室上课;教室应该保持干净整洁,不得乱扔废物,严禁将液体倒入机器及设备中,不允许在教室进行饮食。

8. 任课教师在上课前应对相关设备进行安全检查,如发现问题及时填写《故障及维修记录表》，并通知教室管理员。

9. 任课教师在上课结束后，应确保相关设备正常关闭后，切断教室的总电源，关好窗户，锁好大门，方可离开。

10. 教室管理员要认真做好教室的用电安全、防火、防盗，设备安全操作及工具安全使用等工作；消防设施需定期检查，并摆放于安全、方便之处；各种工具需定期检查、清点，并摆放整齐。

11. 非相关专业任课教师需要使用教室上课时，应提前向教室管理员提出申请，而且在上课过程中也应遵守本制度。

实训室的设施设备和使用需求有所不同，因此各个实训室也有其针对性的特殊要求，例如，工业美术专业配有手工操作室、绘画室及衍纸操作室3个功能室。工业美术专业课程主要以学生动手操作为主，因此管理制度主要关注教学具使用、课堂安全注意事项、设备材料管理、卫生管理以及教师教学注意事项等方面。高星级饭店运营与管理专业配有洗衣训练室、布草训练室、仿真客房、餐饮服务训练室、茶艺室及共用的综合训练室等7个实训室。高星级饭店运营与管理专业的功能室以真实的工作情景配备相应的工作设施，因此在管理方面主要针对功能室的卫生管理、工具及设施使用流程及维护管理、课堂安全管理等，以保证学生在使用对应设备时操作安全，教师教学过程中也能有应对策略。汽车装潢与美容专业实训室，需要特别强调汽车美容与装潢产品材料的选用，设备、工具的使用，注意器械设施的使用安全、操作规范。中西面点实训室、中餐烹饪实训室则需要在管理制度中特别强调使用厨具刀具、对食材进行处理、使用明火、卫生消毒、预防烫伤等事项的规范。

（二）学生管理制度

元平特校发展高质量高中教育，也离不开对学生进行的管理。不论是学生常规学习活动管理、行为规范管理，还是职业教育管理，都遵循"以人为本，全面发展"的基本理念。较为突出的是职业教育中学生的实习管理。学校设立了三方实习协议、实习培训协议等对学生实习进行前置的保障；研发就业支持记录系统，支持对实习活动进行设置，能够对学生进行岗前评估、实习跟踪、就业评价，也能录入实习企业库、学生库，形成一个完整自治的生态系统，对学生实习工作进行支持及管理。《元平特校校外实习管理制度》具体内容如下所示。

元平特校校外实习管理制度

为保障我校学生校外实习人身财产安全，同时根据用人单位的实习教学需要，为提高学生的实践技能，按照上级和学校的有关规定和要求，特制定《元平特校校外实习管理制度》。

一、用人单位职责

1. 根据教学计划和要求,制订实习计划,并提前两周以上提交学校。

2. 加强对学生的思想政治教育和纪律教育。

3. 负责学生在实习期间的常规管理。

4. 选派一名实习指导教师跟踪管理,随时与学校联系了解学生情况,及时处理实习问题。

5. 用人单位负责学生实习期间的接送车辆及路途中的管理工作。

6. 按规定时间足额交缴实习产生的相关费用。因用人单位原因不能履行协议时,学校有权不退还用人单位已交纳的费用。

二、学校职责

1. 学校根据用人单位的实习计划,安排好与教学要求相适应的实习设备、器材等必需的实习条件。

2. 安排有相应项目实训资格的指导教师进行学习技能训练与指导,保证足时、保质完成实习教学内容。

3. 学校对学生进行实习期间的安全、操作规程等教育和管理。

4. 学校应为学生提供必要的住宿条件,保证工作的环境无毒、无害、无污染,劳动强度应在学生能承受的范围之内,不得违犯《中华人民共和国劳动法》相关规定和广东省教育厅等五部门关于转发《职业学校学生实习管理规定》的通知要求(另附)。学校保证学生在实习期间的安全并承担安全责任和管理责任。

5. 学校不得单方变更议定的实习时间安排及实习内容,需调整计划时应双方协商解决。

6. 对于学校在议定的实习计划,用人单位按时足额交缴实习相关费用后,因学校原因不能履行协议时,学校应在一个月内足额退还用人单位已交纳的费用。

7. 实习结束,学校应给学生做好鉴定,并将学生实习情况如实反映给用人单位。

三、学生职责

1. 服从实习单位的岗位安排。

2. 勤学上进、认真踏实、吃苦耐劳,提高专业技能和适应能力。

3. 自觉遵守学校实习管理规定和用人单位所在岗位的规章制度。

4. 严格遵守安全操作规程、安全生产,避免事故的发生。

5. 团结互助、互帮互学、取长补短,不断提高工作效率及技能水平。

6. 积极认真地完成好实习任务,按时、按进度计划完成实习报告、实习月记的写作。

7. 遵纪守法,不酗酒,不涉足淫秽物品,不参与封建迷信活动、赌博、盗窃、传销等非法活动。

8. 学会调节与控制情绪,遇到违法事件,要及时报警或及时告知实习指导老师,一定要确保自身生命安全不受侵害。

9. 学生要自觉遵守所在单位的作息制度,按时就寝,不得影响他人的工作、学习及休息。

四、校外实习规定

1. 到学校指定的用人单位实习,不服从安排就视为放弃实习机会,造成损失由学生本人负担。

2. 自己找实习单位实习的学生必须提前告知班主任,并出具实习单位接收证明。

3. 学校和用人单位统一组织安排的实习面试,不参加的学生均视为放弃面试的机会;面试合格而不按时到企业报到的学生,均视为学生本人放弃学校安排的实习机会。

4. 学生必须按时到学校指定用人单位参加面试,被录用学生应按用人单位规定的报到时间准时到该用人单位报到,逾期报到,用人单位拒收该生,学校不予再安排实习单位。

5. 实习期间学校不给学生调整实习单位,学生不得擅自离开用人单位。

6. 由学校安排进用人单位实习后,要自己调换实习岗位或实习单位的学生,应先向岗位负责人和人力资源部相关负责人提出申请,同时上交新实习单位的接收证明。

7. 在实习期间被辞退的学生,学校根据用人单位辞退证明决定是否重新安排学生实习。如因用人单位倒闭或自身生理原因被企业辞退的,学生可找学校重新安排实习单位。如因违反用人单位规定或社会治安管理条例,工作态度恶劣不服从管理等原因被辞退的实习学生,学校不再重新安排学生实习。

8. 学生实习期间,如无特别注明,学校不担保实习期间的工资和生活待遇。

9. 学生应在实习结束后将毕业鉴定表交给实习指导老师。

10. 未经实习单位和学校的同意,因个人原因中途离开实习单位,需按协议条款承担违约责任及学校的处理。

五、学生违纪处罚规定

1. 面试合格而不按规定时间到用人单位报到或实习过程中擅自离开用人单位的实习学生,学校不再另外安排实习。

2. 实习学生在实习过程中未经允许自己调换单位的，学校将不负责学生在新用人单位的管理。

3. 实习学生因违反用人单位的规章制度退还校方，学校根据用人单位所出具的辞退书按规定给予处分，取消实习资格，情节严重者将不予毕业，校方也将不给学生安排就业。

4. 实习学生在校外实习期间无故擅自离岗的，均视为该生放弃实习机会，学生必须回校上课。

5. 实习学生在校外违反《学生守则》的有关规定，按学校有关规章制度进行处分。

6. 实习学生违反用人单位有关安全操作规程造成事故，由学生本人承担责任。

7. 实习期间在校外有违法行为，受到公安机关处理的学生，学校不发放毕业证书，且不再安排就业，违法情节严重将按法律程序交公安部门依法处理。

第二节　班级管理

班级是学校的最小组织单位，是学生们日常学习和交流的重要场所。为了保证班级秩序井然、学习氛围浓厚、团结友爱、和谐共处，建立完善的班级管理制度显得尤为重要。班级作为学校中的基本单位，是学生完成学业、发展人际关系和个人素质的主要场所。班级管理的好坏将直接影响学生的学习和生活。班级管理状况良好的班级，学生学习主动性强、氛围活跃、情感交流融洽、人际关系和谐，能够有效地促进学生成长成才。而班级管理不善的班级，则会造成学生的学习兴趣不高、人际关系不和谐、班级纪律松散等诸多问题，严重影响班级的正常运作和学生的发展。因此，建立完善的班级管理制度具有极其重要的意义。

一、中高职班级贯通管理

2022年9月，在广东省教育厅和深圳市教育局的重视与支持下，学校与深圳职业技术学院（现为"深圳职业技术大学"）合作开设"中高职贯通培养三二分段"中高职贯通班，首年开设专业为高星级饭店运营与管理，2023年除原专业继续招生，新增工艺美术专业。中高职贯通班学生在元平特校进行三年中职教育之后，参加由深圳职业技术学院组织命题的转段考核，顺利通过考核的学生将参加高职阶段学习。

中高职贯通班学生全程五年在元平特校完成专业学习，前三年由元平中职教师根据贯通培养方案开全、开足所有课程；后两年，通过转段考核的学生将继续在元平特校学习，此阶段由深圳职业技术学院派遣专业教师来元平特校为学生授课。由于中高职学生全程在元平特校学习，因此将由元平特校持续负责学生管理。

"三二分段"五年一贯制的班级管理，既让学生有一个稳定的学习环境，也让班级管理更加顺畅。元平特校的教师对各类特殊学生有充分的认识与了解，熟悉学生的障碍特点，也更加了解学生的学习特点。班主任了解学生中职三年的学习过程和学习习惯，能帮助高职教师更快地了解学生，快速进入更加精深的专业学习，为高职学习奠定良好基础。

中高职贯通班班主任从接班伊始就制订长、短期班级管理计划，建立学生成长档案帮助学生明确专业学习方向，负责班级学生所有事务的协调管理。班主任与学生的共同协作实现了中高职贯通班的高效管理与运行。

目前元平特校中高职贯通班设有两个专业，分别是高星级饭店运用与管理专业和工业美术专业。两个专业都是和深圳职业技术大学对接，高星级饭店运营与管理专业是和高职阶段酒店管理与数字化运营专业对接，工艺美术专业和工艺美术品设计专业对接。截至2023年9月，高星级饭店运营与管理专业共有两个班级，高一、高二各一个班级；工艺美术专业有高一年级一个班级。

三个中高职班级人员配置一致，一位班主任全面负责班级所有事物，一位辅管班主任配合班主任完成班级管理工作，一位班级管理员主要管理学生的课间纪律和在校生活方面的事务。三位老师协同管理，一旦学生出现危机事件将由三位老师共同负责。在学生五年的中高职学习中，班主任、辅管老师、班级管理员无特殊情况不做调动。

中高职三个班级的学生各有特点，在实际的班级管理中，班主任因材施教使用的管理方法各不相同。以下介绍四种班级管理策略。

第一，班级自治策略，即在班级管理中制定班干部职责表进行分工合作，培养学生的自主管理能力。具体操作如图7-2所示。

第二，同伴互助策略，学生之间根据学业水平、社交能力、特长爱好等，以组内异质或组内同质的方式，主要以自愿原则组成帮扶小组。同伴间相互监督，相互支持。帮扶小组充分发挥能力较强学生的优势，将这类学生作为优势学科的小老师，为其他同学答疑解惑。例如，中餐服务课进行小组合作时，组长带领组员快速高效完成任务。

第三，个别化辅导策略，即根据学生问题及学生基础能力，对班级每位同学至少每周一次定期进行个别化辅导，方式主要以引导式聊天为主，此外还协助学生制订并监督落实简单的进步计划、成长计划等。在学习上，教师会辅导学生的弱势学科，

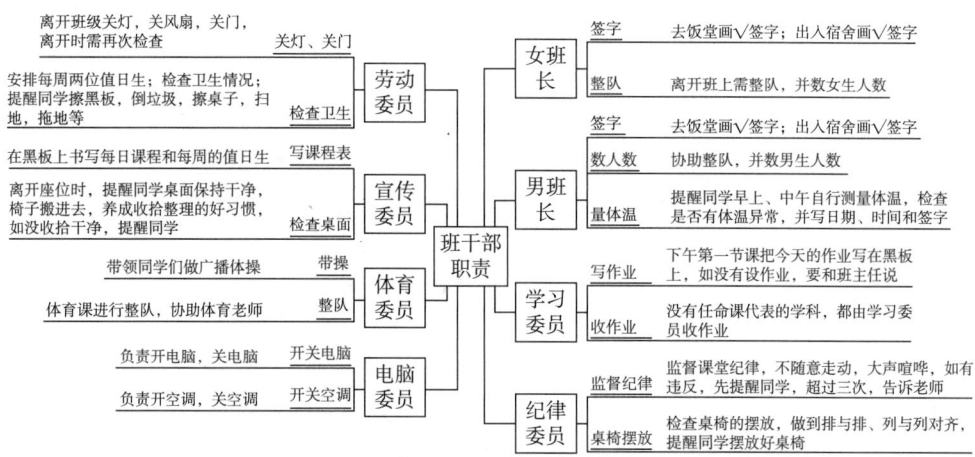

图 7-2 高星级饭店运用与管理专业 2309 班班级自治图

提升优势学科或特长。例如，为识字能力弱的学生发放字卡，每周进行辅导，检查学习进度和效果；为喜欢数独和朗读的学生进行提升指导。

第四，心理健康共建策略，方式分别是心理团体辅导、心理个别化管理、班级日常心理课管理三种。面对学生普遍存在的情绪问题或者青春期心理问题，教师及时做心理团体辅导，定期为有情绪、心理问题的学生做心理个别化管理。此外，在班级日常教学中，教师关注学生情绪和心理问题，将心理课融入其他科目，例如，和生活适应、道德法律等任课教师沟通，穿插心理辅导内容。此外，与班级心理课教师保持密切沟通，上好每节心理课，以确保学生身心健康成长。

二、传统编班与专业班双轮驱动

在综合高中根据入学测试成绩等因素将学生分流安置之后，进入职业高中的学生根据"同班异质，异班同质"的原则，将不同障碍类型、不同能力水平的学生进行相对平行编班，由此形成了学生的固定班级，此乃传统编班。传统编班有固定的班级位置和班主任，班主任负责学生在校期间的所有事务。学校综合根据就业市场需求、学生能力及兴趣开设了丰富的中职专业课，截至 2023 年 9 月，共有 9 大类 15 个中职专业方向，分别为电子商务类、公共管理与服务类、工商管理类、道路运输类、文化艺术类、旅游服务类、餐饮类、林业类及邮政类。学校安排每年开展一次专业选课，为满足不同学生的不同学习需求，传统编班的学生可以依据自身特长、兴趣爱好、家长意愿自由选择专业，原则上每一年所选专业都不同，由此每位学生中职阶段最多可以学习三个不同的专业，充分探索自身的职业偏好和兴趣点。每一年选择相同专业的学生形成了一个专业班，专业班的学生将在周一第三、四节，周二至周四上午的四节课到所选专业功能室上课。由此,每位中职学生将有一个固定的传统班级和三个不同的专业班。

传统班级和专业班结合的形式帮助学生在本阶段最大限度地发展自己的兴趣爱好和职业偏好,也能在学习不同专业的基础上,扩宽学习场地,认识不同的学习伙伴,培养社交能力,促进专业学习与社会适应等各方面能力均衡发展。

三、双班主任协同管理

学校在进行传统编班时,综合考虑教师的学历专业背景、特殊教育工作经验分配班级两位主、副班主任。例如,安排特殊教育专业背景的教师与专职技术(如中式厨艺、电子商务)专业背景的教师一起管理班级,特殊教育专业背景的教师更加了解特殊学生的障碍特点和学习特点及需求,特教老师与专业老师进行学生信息共享,专业教师在教学时能更好地根据学生特点进行因材施教。同理,学校也会将专业为学科背景但特殊教育工作经验丰富的教师搭配专职技术教师管理班级,这样的组合让心智障碍高中生的管理更加顺畅和高效。

随着班级管理经验的增加,专职技术教师在和学生的持续不断接触、交流中也越发了解特殊学生的学习特点,为更有效的专业课堂教学持续赋能。在班级管理的实践中,专业教师成长为具有特殊教育实践能力的"双师型"教师。

通过持续不断的努力,元平特校有了越来越多具备职业资格证书的特殊教育教师和具备特殊教育教学实践能力的专职技术教师,双班主任协同管理既为心智障碍学生的顺畅班级管理保驾护航,也为心智障碍学生的扎实职业技能提供保障。

第三节 校企协同管理

《中华人民共和国职业教育法》第四十条规定:职业学校、职业培训机构实施职业教育应当注重产教融合,实行校企合作。职业学校、职业培训机构可以通过与行业组织、企业、事业单位等共同举办职业教育机构、组建职业教育集团、开展订单培养等多种形式进行合作。国家鼓励职业学校在招生就业、人才培养方案制定、师资队伍建设、专业规划、课程设置、教材开发、教学设计、教学实施、质量评价、科学研究、技术服务、科技成果转化以及技术技能创新平台、专业化技术转移机构、实习实训基地建设等方面,与相关行业组织、企业、事业单位等建立合作机制。开展合作的,应当签订协议,明确双方权利义务。元平特校在实行校企合作时,也注重对学生、企业各方因素的管理。在实习开展前,学校需要与企业建立合作关系,为学生开展实习工作提供场地和其他相应便利;需要对人员进行安排布局,以确保实习工作顺利展开;需要对学生进行相应培训和安全教育并为学生购买保险,保证学生在实习过程中的人身安全;需要签订三方协议,以合同的方式确认学校、用人单位、学生三方的权利和义务,为实习工作做出书面表现形式、可存档的保障。

一、签订协议,明确权责

(一)校企实习协议书

在实施校企合作前,学校会与企业签订《校企实习协议书》,学校作为甲方,实习机构、公司或企业作为乙方,来规范各方职责与义务。协议书具体内容如下。

实习协议书

甲方:
地址:
负责人:　　　　　　职务:校长
联系人:　　　　　　办公电话:　　　　　　手机:
邮箱:
乙方:
地址:
负责人:　　　　　　职务:
联系人:　　　　　　办公电话:　　　　　　手机:
邮箱:

根据甲方的实习教学需要,为提高学生的实践技能,经甲乙双方共同协商决定,乙方同意为甲方学生提供与学习相关的实习(实训)岗位。实习(实训)时间、地点、内容、要求等另附,双方就实习(实训)具体事宜达成如下协议。

一、甲方职责

1. 根据教学计划和要求,制订实习计划,并提前两周以上提交乙方。
2. 加强对学生的思想政治教育和纪律教育。
3. 负责学生在实习期间的常规管理。
4. 选派一名实习指导教师跟踪管理,随时与乙方联系了解学生情况,及时处理实习问题。
5. 甲方负责学生实习期间的接送车辆及路途中的管理工作。

6. 按规定时间足额交缴实习产生的相关费用。因甲方原因不能履行协议时,乙方有权不退还甲方已交纳的费用。

二、乙方职责

1. 乙方根据甲方的实习计划,安排好与教学要求相适应的实习设备、器材等必需的实习条件。

2. 安排有相应项目实训资格的指导教师进行学习技能训练与指导,保证足时、保质完成实习教学内容。

3. 乙方对学生进行实习期间的安全、操作规程等教育和管理。

4. 乙方应为学生提供必要的住宿条件,保证工作的环境无毒、无害、无污染,劳动强度应在学生能承受的范围之内,不得违犯《中华人民共和国劳动法》相关规定和广东省教育厅等五部门关于转发《职业学校学生实习管理规定》的通知要求(另附)。乙方保证学生在实习期间的安全并承担安全责任和管理责任。

5. 乙方不得单方变更议定的实习时间安排及实习内容,需调整计划时应双方协商解决。

6. 对于乙方在议定的实习计划,甲方按时足额交缴实习相关费用后,因乙方原因不能履行协议时,乙方应在一个月内足额退还甲方已交纳的费用。

7. 实习结束,乙方应给每生做好鉴定,并将学生实习情况如实反映给甲方。

三、本意向书一式二份,实习单位及学校各执一份。

四、其他未尽事宜,双方协商解决。

甲方代表：　　　　　　　　　　乙方代表：
（盖章）　　　　　　　　　　　（盖章）
　年　月　日　　　　　　　　　　年　月　日

（二）学生实习三方协议

学校会要求企业、学校及学生签订三方协议,企业为甲方、学校为乙方、学生为丙方,以明确学校在将学生送往企业进行实习前,需要达成什么条件、提供什么支持、履行怎样的义务;明确企业在接受学生进行实习时,提供怎样的保障、规定实习时间、有怎样的权利及义务;明确学生在企业进行实习时,需要遵守什么要求、需要提供何种资料、有什么权利及义务。下面是学校学生实习的三方协议。

元平特校学生实习三方协议

甲方：

地址：

联系人：

联系电话：

乙方：元平特校

地址：深圳市龙岗区西环路138号

联系人：

联系电话：

丙方：(学生) 详见附件

甲乙丙三方经一致协商,根据《中华人民共和国民法典》就乙方的在校学生即丙方前往甲方实习事宜协商一致,因此本协议并非受《中华人民共和国劳动合同法》规范,甲丙双方之间不成立劳动关系,各方达成协议如下。

一、甲方职责

1. 甲方根据乙方安排的时间前往学校与参加面试学生进行职业讲座和面试。面试结束当日甲方给予乙方面试结果。

2. 甲方经面试接受乙方学生合计____名在甲方实习,实习自_____年____月____日起至_____年____月____日止。

3. 免费提供宿舍住宿,并提供免费膳食。

4. 甲方提供有限的应急药品,但不负责丙方在_____就诊的任何费用;丙方在_____外、非工作原因或非上班时间造成的任何事故或意外,甲方将概不负责。

5. 在丙方实习期间均到岗实习的前提下,甲方向丙方提供实习津贴为每人每月人民币_____元。

6. 甲方为丙方每人购买雇主责任险,由甲方负责承担保险费。在实习过程中丙方发生人身伤害事故的,甲方协助丙方向保险公司索赔,并以保险公司赔偿为限承担责任,除此之外甲方不承担任何责任。

7. 在丙方顺利完成实习的前提下,甲方将向丙方颁发实习证明;如果丙方因非不可抗拒因素未能完成实习,甲方有权不颁发实习证明。

二、乙方职责

1. 乙方保证安排到甲方实习的丙方年满18周岁以上,具有真实、有效的身份证明,是乙方的在校学生,持有市、区级正规医院一年内的体检合格证明。甲乙丙三方确认丙方在甲方实习期间,与甲方不存在任何形式的劳动关系。

2. 乙方对丙方进行实习前的思想道德、组织纪律和安全保障等方面的教育，提高丙方对实习重要性的认识，以保证实习工作的顺利进行。

3. 乙方协助甲方做好丙方的思想工作和组织管理工作，指导教师应及时了解实习生情况，与甲方共同完成对实习生的指导。

4. 乙方指派_____老师为丙方实习期间的指导老师，联系电话是_____。乙方如果需变更指导老师，需提前七天书面通知甲方，并征得甲方的书面同意。实习指导老师负责进行跟踪管理，了解丙方的实习情况，做好定期检查，并配合甲方做好丙方的日常管理工作。

5. 乙方为丙方在实习期间每人购买人身意外保险，由乙方负责承担保险费。在实习过程中丙方发生人身伤害事故的，乙方协助丙方向保险公司索赔，并以保险公司赔偿为限承担责任。

6. 丙方和甲方在实习期间所发生的争执和纠纷，乙方有义务协助沟通和解决。

7. 丙方在工作期间因违反操作规则而损坏设备设施，给甲方造成一定经济损失的，甲方将告知乙方，乙方有责任协助甲方向丙方索赔。

8. 丙方在甲方实习期间，若因自然灾害、疾病或非人为造成的意外事故等造成伤亡，或因违反操作规程或酗酒、斗殴、交通事故等原因造成伤亡，乙方除协助丙方监护人处理相关保险索赔事宜外，不承担其他赔偿责任。

三、丙方职责

1. 丙方负责提供下列有效证件，并前往其所在地卫生防疫部门体检，获取健康证：

1）本人身份证复印件两份

2）健康证原印件一份

3）一英寸免冠彩色照片两张

4）宿舍登记一英寸照片两张

5）学生证复印件一份。

2. 丙方在甲方实习期间的具体工作时间由该学生所实习的部门安排。甲方因生产经营需要安排延长工作时间的，甲方将安排补休或额外给予丙方实习补贴，补贴数额参考甲方的相关规定。

3. 实习期间，丙方必须遵守社会治安条例以及甲方各项规章制度，严禁从事违法活动。一旦证实丙方违反，一律提前解除实习，由驻场老师遣返学校，其返程所有费用由丙方本人负责；甲方对丙方从事违法活动产生的后果不承担任何责任。因丙方的违纪行为造成甲方或第三方损失的，甲方有权要求其承担相关赔偿责任。

4. 丙方在实习期间，需积极参加甲方的各种职能培训并通过相关考核。

5. 丙方在甲方实习期间的法定节假日、事假及病假参照甲方《员工手册》规定执行,所有的假期必须得到部门经理及人力资源部书面同意后方可生效。

6. 丙方如因健康或特殊个人原因需要提前终止实习,乙方必须提交有关证明文件并获得甲方书面同意,且需提前七天书面通知甲方。

7. 丙方在工作期间因违反操作规则而损坏设备设施,给甲方造成一定经济损失的,丙方依法承担相应责任。如因丙方责任造成甲方对第三方承担责任,丙方依法承担相应责任。

8. 丙方在实习期间发生人身伤害事故的,对于超出甲方及乙方购买的保险理赔范围的部分由丙方自行解决。

四、协议生效及其他

1. 本协议一式三份,甲乙丙三方各持一份,经三方签字盖章后生效。未尽事宜,由双方协商解决,协商不成的,任何一方有权将争议提交甲方所在地人民法院管辖处理。

2. 有下列情形之一的,甲方有权解除本协议。
1) 乙方未履行本协议约定相关职责,严重影响甲方正常生产经营导致损失的;
2) 丙方严重违反甲方规章制度的;
3) 丙方严重失职,给甲方造成重大损害的;
4) 丙方因身体原因不能继续进行顶岗实习的;
5) 丙方发生重大违法行为,依法被追究刑事责任的。

3. 甲乙丙三方因履行本协议而相互发出或提供的所有通知、文件、资料,均以本协议首页所列明联系方式送达,一方联系方式如有变更,应当自变更之日起三日内书面通知他方,否则应当承担相应不利后果。

附件:《实习生人员情况确认表》

甲方: 乙方:元平特校

甲方章: 乙方章:

日期: 日期:

丙方(签字):(详见附件)

丙方法定代理人(家长)(签字):

日期:

二、成立小组，分工合作

在学生进行实习前,学校会成立就业支持小组,为学生的实习工作提供支持和保障,如校企协调员和实习指导老师。

校企协调员主要负责代表就业支持小组以及学校与企业相关人士沟通,与合作企业保持良好的互动;负责帮助学生做好面试准备,提高面试技巧;负责积极提供就业支持服务,帮助学生适应新工作(工作内容与流程、环境、制度等)。例如,学生上岗前,向企业相关人士详细介绍学生情况,促进相互了解以及工作的开展;学生上岗后,积极跟进实习或就业情况,及时反馈给学校相关老师,便于为学生开展有效的支持;负责为学生开发新的实习就业单位或工作岗位;收集整理学生实习就业案例,结合岗位要求与工作需求,将在工作上出现的共性问题,反馈给就业指导小组以及相关领导、班主任、老师等,为学校进一步优化课程设置、改进教学内容,提高学生社会适应、职业能力等提供依据;负责积极正面与企业相关人士沟通,增进企业和社会对残障人士的了解、接纳、理解与支持,为促进残障融合不断努力。

实习指导老师负责填写学生实习计划表,确认实习人员具体人数,确认带队负责老师、实习地点、实习目的、实习内容、学生要求、指导教师职责、日程安排等。实习指导老师是实习工作展开前重要的组织协调管理人员。

三、做足准备，保障安全

在实习工作开展之前,首先学校会对学生开展相应的安全教育,并让学生签署校外实习安全承诺书,以确保学生明确各种安全准则,如遵纪守法、交通安全、用电消防安全等。其次学校通过培训,让学生明晰实习管理规定以及企业与实习岗位管理制度。再次学校成立安全工作领导小组,对校外安全事故做出相应的预案,明确各种安全事项的相应程序,以期杜绝安全事故的发生,保障学生实习期间的人身安全。最后学校为参加实习学生购买保险,即使真正发生风险事故也能积极应对,减轻学生及家长财务上潜在的损失。

以下是元平特校学生校外实习安全预案详情。

深圳元平特殊教育学校学生校外实习安全预案

为有效防范学生校外实习安全事故的发生,及时消除事故隐患,减少事故发生及财产损失,杜绝师生伤亡,按照上级和学校的有关规定和要求,特制定《深圳元平特殊教育学校学生校外实习安全应急预案》。

一、安全工作组织机构

（一）安全工作领导小组

组长：

副组长：

组员：

（二）安全工作领导小组职责

1. 贯彻执行学校校外实习安全工作的有关规定。

2. 负责检查学生校外实习安全工作，关注学生校外实习安全情况，督促实习安全工作组落实各项安全措施。

3. 根据实习安全工作组的报告，处理学生校外实习期间的各类安全突发事故、事件。

4. 负责向上级及有关部门报告情况。

5. 负责落实学生校外实习日常安全工作，关注学生校外实习安全情况，积极预防各项安全突发事故、事件的发生，排除安全隐患。

6. 及时处理学生校外实习期间的各类安全突发事故、事件，并及时向学校报告。

7. 保护学生校外实习的合法权益。

8. 负责落实实习安全的其他各项具体工作，包括实习前的安全教育、实习前的安全准备工作、实习中的安全事项、防范监控及其他未尽事宜。

二、实习前的安全教育

1. 学生参加校外实习教学活动时，要始终坚持"安全第一"的原则。

2. 召开学生校外实习安全教育会议，重点进行人身财物安全、交通安全、消防安全、用电安全，严禁从事一切非法活动教育，引起学生高度重视，提高认识。

3. 带队教师、班主任，要针对即将参加校外实习的学生，开展校外实习的安全教育工作。

三、实习前的安全准备工作

1. 实习学生要与学校签订实习安全承诺书。

2. 学校分管领导、实习单位负责人、实习学生、带队教师和实习指导老师、各班班主任相互留下通信方式。

四、实习中的安全事项响应程序

1. 应急识别。

当下列情况发生时，应判定为安全事故、事件，立即启动应急预案，包括：火灾、爆炸、食物中毒、水事故、交通事故、自然灾害事故、突发急病、人员走失(失踪)、工伤、破坏设备、打架、野外安全、社会不法分子绑架侮辱学生、各种疫情,以及盗窃、聚众打砸抢等违法犯罪行为等。

2. 事故、事件处置程序。

(1) 在现场的学生或发现者应立即向实习单位负责人和带队老师报告,并根据事故的具体情况拨打电话或送医院处理。

(2) 实习带队教师或指导老师要在第一时间了解事故具体情况,做好学生思想工作,维持秩序,及时向学校汇报。

(3) 学校领导及相关人员,进一步详细了解事故发生情况,做好相关人员思想工作,采取有效措施防止事态进一步扩大。

(4) 学校领导根据事故、事件发生情况,研究处置办法,协助相关单位和部门做好善后工作。

(5) 如遇重大事件,应及时上报学校负责人,按学校应急救援方案处理。

五、防范监控

为预防重大安全事故的发生,实习安全工作小组必须加强学生校外实习的组织和管理,严格遵守实习单位的规章制度。同时在实习协议签订方面,严格按有关法律法规办事,确保重大安全事故隐患得到有效监控和及时处理,从而杜绝安全事故的发生。

四、持续指导,顺利适应

在实习过程中,就业支持小组、实习负责老师等都会对学生实习工作进行跟踪,以便提供相应指导和支持。实习指导老师与家长、学生、企业对接人保持密切联系,关注学生实习中环境适应、人际关系适应、岗位技能熟练情况等,确保学生在实习过程中的安全。实习指导老师做好实习管理记录和就业支持记录,如对学生的工作流程进行分析记录,在学生实习工作完成不理想的情况下提供支持。以下以学生小莹的工作体验支持表为例(表7-1)。

表7-1 学生工作体验支持记录表

学生姓名:小莹　　体验单位:××药房　　填表人:匡××、刘××、赵××

序号	日期	支持过程	支持类型
1	2019年3月14日	就业支持老师对学生进行体验前培训,包括公司地址、工作内容、工作时间等内容。学生认真听讲并询问不明白的地方	集中培训

续表

序号	日期	支持过程	支持类型
2	2019年3月18日	部门领导、老师和家长一起开会,向家长通报和沟通本次体验相关事宜,并安排了排班,家长对本次工作体验表示支持。 (1) 学生、家长、老师、公司四方一道联席座谈,公司对学生的到来表示欢迎,学生向公司经理做了自我介绍,部长代表学校向公司赠送学生作品表示对公司的感谢。 (2) 参观工作环境和初步体验。大家一起参观工作车间,随后就业支持老师将打包的步骤一一拆解,给学生现场演示。学生按照步骤尝试操作,在他人提示下能够大概做出来	集中培训
3	2019年3月19日	技巧指导。 问题:学生将纸箱封得不平整。 策略:辅助人员教学生,封胶带的时候手用力要稳,在右手拉开胶带的时候,左手跟在后面赶。 结果:比刚开始有进步,但仍有提高的空间	个别支持
4	2019年3月25日	(1) 交通。 问题:学生在走路的时候喜欢独来独往。 策略:对她进行口头提醒,并且时刻让另一名学生整队。 结果:学生能够跟着队伍走,但不提醒又离散队伍。 (2) 沟通交往。 问题:学生幼年时耳聋,后来进行过康复,但语言能力较差,跟人沟通较少。 策略:让学生见到同事,用手势和微笑打招呼。 结果:学生在同事跟她打招呼的时候,能用微笑回应,但并不是每次都有。 (3) 技巧指导。 问题:学生将纸箱封得不平整。 策略:辅助人员教学生,封胶带的时候手用力要稳,在右手拉开胶带的时候,左手跟在后面赶。 结果:比刚开始有进步,但仍有提高的空间	个别支持
5	2019年3月26日	(1) 技巧指导。 问题:学生在填充包装时不能把填充物折好。 策略:家长在旁边示范教学,折叠好,给学生分析讲解。 结果:学生能跟着家长折叠,但不能自己独立完成。 (2) 技巧指导。 问题:学生找不到合适的打包盒。 策略:辅助人员拿出相差一号到两号的盒子和她比较,让学生选择更合适的。 结果:学生能从两个相似的包装盒中选择更为合适的一个,但自己找打包盒仍有难度	个别支持

在遇到突发状况时,就业支持小组成员联合实习指导教师将及时跟进,与学校、企业与家长紧密配合,协同解决。例如,企业向指导老师反映学生产生了情绪行为问题,不配合工作,影响工作进度,指导老师将会前往工作环境对学生进行观察、提

供支持解决问题,并及时与学校和家长沟通进行配合,共同为学生的实习工作保驾护航。

五、鉴定评价,再接再厉

在实习工作结束后,学校及企业将会共同完成实习鉴定与实习成绩评定。由实习单位领导和实习指导教师根据每位实习学生的实习情况合议评定,并签署意见。实习成绩评定等级为优秀、良好、及格、不及格。学生根据实习鉴定表的评价,在班主任、专业教师及家长的指导与支持下,发扬工作优点,改进不足之处,向新的就业目标出发。实习鉴定表如表7-2所示。

表7-2 实习鉴定表

姓　　名		性　　别	
实习岗位		实习时间	
实习单位鉴定意见	负责人(签字):　　　　盖　章:		
指导老师鉴定意见	指导老师(签字):		
备　注			

校企合作、学生就业支持是一项长期、持续的大工程。实习前、中、后,元平特校和企业目标一致,深入了解,密切沟通,切实推进,保障心智障碍学生的就业与社会适应。持续追踪、不断支持是元平特校保证心智障碍学生长期稳定就业的关键方法,具体做法与案例参见第九章。

第八章　心智障碍学生高中教师专业发展

教师专业发展是教师专职化的基础,是教师专业化的关键。教师专业发展指教师通过接受专业培训和自主学习,不断掌握专业知识和提高专业技能,成长为教育教学专业人员的过程。学校根据制定的高中教师专业发展规划,有目的、有计划和可持续地培养心智障碍学生高中教师,组建契合教师专业发展规划的高水平专业素养的高中教师团队,以充分发挥教师在心智障碍学生高中教育中的重要作用。

第一节　教师专业发展规划

教师专业发展规划是学校培养教师的核心依据,是教师提高教育教学质量的重要指南。元平特校为深入贯彻落实国家、省、市关于促进特殊教育教师队伍发展的政策文件要求,同时结合校内心智障碍学生高中教育发展的实际情况和现实需求,制定了《深圳元平特殊教育学校高中教师专业发展规划方案》。

一、发展思路

教师专业发展是教师师资队伍建设的活力源泉。为加强特殊教育师资队伍建设,国家、广东省和深圳市下发各项政策文件,要求加快特殊职业教育的发展,推进特教教师专业发展。同时,元平特校根据国家、广东省和深圳市有关特殊教育教师的政策文件,结合学校发展高中职业教育的现实需求,提出培养具备特殊教育能力和职业教育能力的特殊教育高中教师,为学校高中职业教育发展积蓄人才力量。

（一）政策背景

1. 国家相关政策文件要求

特殊教育教师是我国教师队伍的重要组成部分,是保障特殊教育质量的关键因素。特殊教育的高质量发展离不开特殊教育学校的发展,更离不开特殊教育教师的专业发展。国家一直以来都高度重视特殊教育教师的发展，通过有关政策文件来保障特殊教育教师的专业发展。

2013年9月，教育部印发的《中等职业学校教师专业标准（试行）》作为中等职业学校教师培养培训的主要依据、教师管理的重要依据以及教师自身专业发展的基本依据，为中等职业教师的专业发展指明方向。2015年8月，教育部印发《特殊教育教师专业标准（试行）》，从专业理念与师德、专业知识和专业能力三个维度对特殊教育教师的培养、准入、培训、考核等工作提出明确要求。2018年1月，《中共中央　国务院关于全面深化新时代教师队伍建设改革的意见》进一步提出要全面提高中小学教师和职业院校教师质量，建设高素质专业化的中小学教师队伍和高素质"双师型"的职业院校教师队伍。2022年1月，国务院办公厅转发教育部等部门《"十四五"特殊教育发展提升行动计划》，提出"着力发展以职业教育为主的高中阶段特殊教育，支持普通职业学校和普通高中接收残疾学生随班就读，推动特殊教育学校增设职教部（班），鼓励普通中等职业学校增设特教部（班）"。

国家陆续颁布中职教师和特教教师专业标准，对两类教师队伍建设提供了基本准则，同时提出培养高素质和"双师型"的中职教师以及高素质和专业化的特教教师，提高两类教师队伍质量。此外，国家还提出发展以职业教育为主的高中阶段特殊教育，不仅要求特教教师需要具备特殊教育方面的专业知识和能力，而且需要提升职业教育专业知识和能力。

2. 广东省相关政策文件要求

随着国家有关特殊教育教师专业发展的政策文件的不断完善，广东省相继出台有关政策文件，以贯彻落实国家相关政策文件，提升广东省特殊教育教师队伍素质和专业化水平。

2014年7月，广东省教育厅等七部门印发《广东省特殊教育提升计划（2014—2016年）》，提出"把特殊教育教师培训纳入广东省'强师工程'，并在经费投入上予以倾斜"。2018年1月，广东省教育厅等七部门联合印发《广东省第二期特殊教育提升计划（2017—2020年）》，提出"继续把特殊教育教师培训纳入广东省'强师工程'，并在经费投入上予以倾斜。加大培训力度，对特殊教育教师实行5年一周期不少于360学时的全员培训"。2018年3月，广东省教育厅印发《2018年广东省教师队伍建设工作要点》，提出发挥好特殊教育教师发展联盟的作用，推进特殊教育教师专业发展，提高特殊教育教师队伍整体素质和能力水平。2022年6月，广东省教育厅等七部门印发《广东省"十四五"特殊教育发展提升行动计划》，提出"支持有条件的特殊教育学校和职业学校合理设置适合残疾学生学习特点和市场需求的专业"，"鼓励高职院校与特殊教育中等职业学校（或中职部）探索'三二分段'培养模式"。

广东省根据国家颁布的相关特教教师政策文件,在结合本省实际情况的基础上,提出加强省内特教教师培训工作,推进特教教师专业发展,同时鼓励和支持有条件的特教学校和职业学校探索中高职教育培养工作,推进职业教育和特殊教育相互融通,加快特殊职业教育发展。

3. 深圳市相关政策文件要求

深圳市为更好地贯彻落实国家和广东省有关特殊教育教师专业发展的政策文件,基于本市特殊教育教师队伍发展的实际情况和现实需要,制定了一系列促进本市特殊教育教师专业发展的政策文件。

2015年4月,深圳市印发《深圳市特殊教育提升计划(2015—2016年)》,提出以深圳元平特殊教育学校为首,为深圳市及其各个区的特殊教育学校提供教师队伍培养资源,同时加强对特殊教育教师的专业培训,提升特殊教育教师的专业化水平。2018年8月,深圳市印发《深圳市第二期特殊教育提升计划(2018—2020年)》,提出加大特殊教育教师培养力度,全面提升特殊教育质量,建立一支数量充足、结构合理、素质优良和富有爱心的特殊教育教师队伍,强化特殊教育服务体系。2019年9月,深圳市政府发布《关于推进教育高质量发展的意见》,提出"大力建设高素质专业化创新型教师队伍。树立良好师德师风。加大教育人才引进与培养力度。探索教师管理新机制"。2023年4月,深圳市人民政府办公厅印发《深圳市特殊教育发展提升行动计划(2023—2025年)》,提出培养具备特殊教育和职业教育能力的特殊教育教师,增加职业教育专业教师在特殊教育学校教师队伍中的数量,优化特殊教育师资队伍。

深圳市根据国家和广东省有关特教教师政策文件,立足于本市特教发展状况,为满足市内特殊教育学校发展职业教育的现实需求,强调特殊教育学校需要配备充足的职业教育教师,增加职业教育教师数量,注重培养具有职业教育能力的特殊教育师资队伍,以适应不同类型特殊学生职业教育的需要。

(二)发展需求

1. 缩减义务教育阶段招生范围

元平特校自成立起,就为市内视力障碍、听力障碍和智力障碍儿童、青少年提供从学前教育到高中职业教育的服务,承担着市内大部分障碍儿童的义务教育任务。截至2018年底,元平特校在校生远超出当初设定的办学规模,达到988人,共计93个教学班,招收听障、视障、孤独症、脑瘫、多重残疾等各类残疾儿童,是我国总体规模最大的特殊教育学校。然而,根据广东省编办核定的特殊教育学校师生比,元平特校招生人数已经超编一倍,大班额现象十分突出。因此,元平特校需要缩减招生范围,合理控制学校招生数量。

2019年4月,元平特校严格根据市教育局出台的2019年招生文件,发布2019年秋季小一、初一年级学位申请指南。其中,申请学位的基本条件有所调整,招生对象为适龄深圳户籍的听障、视障儿童,而智障、脑瘫、孤独症等其他障碍儿童则不在当年的招生范围内,不再招收除视障、听障以外义务教育阶段的学生。根据深圳市教育局2019年的招生文件,各区要保障适龄残疾儿童的入学权利。特殊教育学校、普通学校随班就读、特教班和送教上门都是特殊教育的安置形式。除了听障、视障以外,其他类型的残疾学生可通过区属特殊教育学校、普通学校附设特教班、送教上门等方式合理安置。凡是符合深圳市义务教育阶段招生政策的适龄残疾儿童,各区都要负责安置,不存在没学上、不能安置的问题。

2. 发展高中职业教育

元平特校于2002年11月经深圳市教育局正式批准成立职业高中,根据当时国家教育委员会印发的《关于制订职业高级中学(三年制)教学计划的意见》(教职〔1990〕017号)的精神,结合本校办学模式以及社会经济发展对人才的需求特点,坚持学历教育与职业培训并重,实行灵活的办学模式和学习制度,为深圳地区视障、听障、智障等各类残疾青少年提供以"双证"(高中毕业证和劳动技能等级证)为主要内容的中等职业技术教育。加强对残障学生的职业技能培训,是学校"宝塔式"培养目标的塔尖层级。学校以加强职业教育基地建设和布局为基础,以创新职业高中办学模式、构建密切联系就业市场的课程体系为抓手,基本建成了职业教育、就业培训、就业安置相互贯通的特殊职业教育"立交桥"。

2019年4月,深圳市出台了《深圳市教育局关于做好2019年普通中小学招生入学工作的通知》,强调市属特殊教育学校要扩大高中阶段招生规模,让完成义务教育且有意愿的残疾学生都能接受适宜的高中阶段教育。根据深圳市招生考试办公室的文件精神,元平特校面向深圳市实名登记的听障、视障、智障、孤独症、脑瘫应届初中毕业生开展自主招生录取工作。在广东省教育厅和深圳市教育局的大力支持下,元平特校于2022年9月起与深圳职业技术大学合作开展中高职教育工作。元平特校与深圳职业技术大学一起,并联合行业企业,共同实施五年一体化人才培养。中高职将打通特殊学生的职业上升通道,学生在元平特校学习三年后,可参加转段考试,合格者将被深圳职业技术大学录取。

二、发展方案

随着特殊教育教学改革的不断深入,学校又将开始新一轮跨越式发展。教师是立校之本,教师专业发展水平是学校的核心竞争力。为进一步推动学校高中教育办学质量的提升,打造一支结构合理、师德高尚、业务过硬、观念先进、善于创新、有团结精神并能自主发展的高中教师队伍,根据学校发展规划和实际情况,元平特校特制定高中教师专业发展规划方案。

(一) 指导思想

以习近平新时代中国特色社会主义思想为指导,全面贯彻党的教育方针,落实立德树人根本任务,坚持培育和践行社会主义核心价值观,坚持把教师队伍建设作为基础工作来抓,以提升教师思想政治素质、师德师风水平和教育教学能力为重点,筑基提质、补短扶弱、做优建强,营造健康有序的教师专业成长氛围和文化,促进高中教师的共同成长,整体提升学校高中教师队伍教书育人能力素质,为学校高中教育发展奠定坚实的人才基础。

(二) 基本原则

1. 坚持师德为先

围绕落实立德树人根本任务,加强教师思想政治建设,严格落实师德师风第一标准,突出全方位全过程师德养成,推动教师以德施教、以德立身。

2. 坚持质量为重

以学校和教师的实际需要为出发点,多种途径、多种形式、多种渠道地进行,有针对性地解决教师专业发展中的现实问题和未来问题,将教师的个人教学水平提高与学校发展目标的实现有机地结合起来。

3. 坚持突出重点

紧密结合教学实际,以问题为抓手,以发展为目标,以课堂教学为主阵地,着眼于课程、教材、教法、班级管理中问题的解决。

4. 坚持强化保障

着力探索适应新形势要求的教育教学管理体制,不断完善教育教学管理制度。积极搭建平台,统筹资源,推进合作交流,以点带面、辐射引领、整体发展,形成综合保障体系。

(三) 发展目标

1. 总体目标

树立终身学习的思想,构建"双师型"、复合型教师队伍。经过五至十年的努力,使学校高中教师队伍的整体水平得到明显提高,教师专业发展目标明确,路径清晰,培养和造就一批具有高尚的职业道德、先进的教育理念、厚实的专业素养、独特的教学艺术、较强的科研能力、优良的综合素质,在特殊教育领域具有一定影响力的高素质教师。

2. 具体目标

(1)"特教知识技能+学科教育教学"复合型高中教师。

① 培养对象:高中学科教学教师。

② 培养目标:具有较高的特殊教育教学理论水平,所教学科及相关学科理论基础扎实,具备一定的教学特长和教学特色,教学理念先进,具有较强的教学设计能力和课堂组织、管理、调控能力,教学水平和艺术较高,教学经验丰富,学生、家长满意度较高。

(2)"特教知识技能+康复知识技能"复合型高中教师。

① 培养对象:高中康复教育教师。

② 培养目标:具有较高的特殊教育教学理论水平,康复理论知识基础扎实,具备较高的教育康复能力,具有一定的个人康复特长和康复教育特色,康复教学理念先进,具有较强的康复教育组织、管理和调控能力,综合康复教育水平较高,教学经验丰富,学生、家长满意度较高。

(3)"特教知识技能+职业知识技能"复合型高中教师。

① 培养对象:高中职业技能教育教师。

② 培养目标:具有较高的特殊教育教学理论水平,职业专业理论知识基础扎实,具备较高的职业技能实操能力,具有一定的技能教育特色,职业技能教学理念先进,职业技能教育水平较高,教学经验丰富,同时具备较强的对外联络能力以及就业支持能力,学生、家长满意度较高。

(四)保障措施

1. 加强组织领导

为确保学校教师专业发展取得实效,元平特校成立了教师专业发展规划领导小组、工作小组。领导小组下设办公室,由教师发展部负责人兼任办公室主任,牵头组建工作小组,根据工作具体内容从各部门抽调相应人员组建工作小组。

2. 深化师德师风建设

以促进教师成长为目标,严格落实师德问题"一票否决",形成正确的师德导向,增强学校教师职业神圣感和使命感。大力弘扬教师爱岗敬业、立德树人的精神,增强师德师风建设的实效,全方位营造尊重、理解、沟通、信任、和谐的良好氛围,把学校建设成广大教师的"精神家园"和"事业乐园"。

3. 完善制度建设

建立教师专业发展工作的考评制度,各职能部门联动,对教师的专业发展进行分析、研判、指导、总结。建立教师专业发展记录档案制度,科学记录教师专业成长过程,完善教师发展性评价体系。完善教师考核、评价、激励机制,促进教师评价多元化。完善教师培训制度,使教师培训常态化、多样化、长效化。

4. 注重校本培训

教、研、训相结合,分层推进,构建个性化培训体系。搭建学习交流平台,创建教师学习共同体。关注教师的实际需求,将校本培训与建设教师梯队的需要紧密结合,专家培训与自我培训相结合,走出去与请进来相结合,使不同层次、不同类型的教师都能在原有基础上得到提高。

三、发展追求

发展是教师不懈的追求,推动教师潜能发展,促进教师自我实现,有利于构建理论深厚、技能扎实的高质量教师团队,提升教学质量。为构建和完善教师队伍建设标准体系,引领职业教育教师和特殊教育教师专业成长,加快职业教育和特殊教育发展,教育部先后印发《中等职业学校教师专业标准(试行)》和《特殊教育教师专业标准(试行)》,对职业教育教师和特殊教育教师的专业素质和教育教学活动做出了基本要求和基本规范。元平特校基于《中等职业学校教师专业标准(试行)》和《特殊教育教师专业标准(试行)》的要求与规范,致力于培养具备特殊教育能力和职业教育能力的复合型高中教师。

(一)基本理念

2013年9月,教育部印发《中等职业学校教师专业标准(试行)》(以下简称《职教标准》),要求中职学校将《职教标准》作为教师培养、准入、培训和考核等工作的重要依据,对教师的专业发展和教育教学活动做出明确要求。随后,2015年8月,教育部印发《特殊教育教师专业标准(试行)》(以下简称《特教标准》),要求进一步加强特教教师队伍建设,提高特教教师专业发展水平,促进特殊教育事业发展。

《特教标准》和《职教标准》均以"师德为先、学生为本、能力为重、终身学习"为基本理念。首先,"师德为先"体现了职业道德是教师应该具备的最基本的道德素养。两者都要求教师热爱所从事的教育事业,拥有职业理想,遵守职业道德,关心和爱护学生,做学生成长路上的指导者与引路人。《特教标准》强调教师要具有人道主义精神,对待学生要充满爱心和责任心,保持耐心、细心和恒心。《职教标准》则强调教师要落实与实现立德树人根本任务,不同教师之间团结互助,协调合作,共同培养学生。

其次,"学生为本"阐释了教师应在教育工作中始终贯彻落实以生为本的基本理念。《特教标准》和《职教标准》都体现了教师要遵循学生身心发展规律和教育规律进行教育教学工作,为每一位学生提供适合他们的教育。《特教标准》强调不同类型的学生和相同类型不同障碍程度的学生之间具有较大的差异性,利用学生存在的优势发掘潜能,借助教育和康复的方式完成缺陷补偿,提高学生生活自理和社会适应能力。《职教标准》则强调教师根据学生特长发挥他们的潜质,使他们能够掌握高水平专业化的技能操作,培养出高素质技能型人才,提高学生就业工作和创新创业能力。

再次,"能力为重"突出了专业能力是教师从事教育教学工作的根本保障。《特教标准》和《职教标准》都要求教师将本专业的理论与实际相结合,提高教育教学的专业化水平,在不断实践、反思、实践、反思中改进不足以提高专业能力。《特教标准》强调教师要掌握学科知识和特殊教育理论知识,根据不同学生具体情况,采用适合的教育方法。《职教标准》则强调教师要掌握专业和职业教育理论,将学生培养成技术技能型人才。

最后,"终身学习"说明了教师对自身职业发展具有的重要意义。《特教标准》和《职教标准》都强调教师要不断学习、更新和优化知识结构,提升自身文化素养。《特教标准》强调教师要提升运用理论解决现实问题的能力,通过吸收先进教育理念和借鉴优秀教育经验做法来促进特殊教育的发展。《职教标准》则强调教师要更加注重理论与实践相结合的能力,不仅要吸收先进职业教育理念,学习职业教育理论,而且要掌握职业教育技能,参加职业教育实践活动,明晰行业发展状况和企业岗位需求。

(二) 基本内容

在文字数量方面,《特教标准》共计 14 个维度,68 条要求,2 183 个字;《职教标准》共计 15 个维度,60 条要求,1 798 个字。在维度结构方面,《特教标准》和《职教标准》均按照横向分类与纵向分解的模式进行排列分布。纵向结构上,《特教标准》和《职教标准》均包含维度、领域和基本要求三个部分,前二者和后者是上位与下位的关系,前二者是后者的抽象概括,后者是前二者的具体细化。横向结构上,《特教标准》和《职教标准》均包含专业理念与师德、专业知识和专业能力三个维度,二者在专业理念与师德维度中的领域划分相同,基本要求相似,但在专业知识和专业能力维度中的领域划分和基本要求差异较大。

1. 专业理念与师德

《特教标准》和《职教标准》都从对职业的理解与认识、学生的态度与行为、教育教学态度与行为、个人修养与行为四个领域对教师的专业理念与师德提出基本要求。首先,在对职业的理解与认识领域,两者都要求教师贯彻落实好有关教育方针政策,遵守相关法律法规,认同自身从事教育事业及理解其重要意义,教师之间注意团结协作和沟通交流。特殊教育事业从事的是有关残疾学生的工作,特教教师与其他教师相比,不仅要承受着与其他职业无异的压力,还要承受着由于其职业特殊性所带来的艰辛。《特教标准》要求教师具备人道主义精神,热爱自身从事的特殊教育事业,对特殊教育事业充满理想,认真负责和全心全意做好特殊教育的每一项工作,更好地胜任特殊教育岗位工作。职业教育事业旨在为党和国家培养高素质技能型人才,德技双修是修订版《中华人民共和国职业教育法》对职业教育人才培养提出的目标要求。《职教标准》则要求教师坚持立德树人的根本任务,帮助学生道德成人、技能成才、职业成长,使学生成为有报国情怀、高尚品德、科研素养的创新型技术技能人才,推动我国职业教育高质量发展。

其次,在对学生的态度与行为领域,《特教标准》和《职教标准》都要求教师关心爱护学生,促进学生身心健康发展。特教教师的教育对象是身体、智力或者精神存在缺陷的残疾学生,他们相对于普通学生在身心发展方面较为缓慢,不同类型和同一类型不同障碍程度学生之间存在较大的差异性。《特教标准》要求教师理解差异是学生多样性的一种表现,尊重学生存在的差异性,平等对待每一位学生,并且引导学生树立正确的残疾观,正确认识自身存在的缺陷,用发展的眼光看待学生,善于发现学生的优势潜质,相信学生身上充满无限可能,引导及协助学生充分发展潜能,成功适应环境以及融入社会。学生是教学的主体,职业教育的学生在文化基础方面相比于高中教育的学生较为薄弱,教师是教学的引导者,要结合学生的性格特点,用适合他们的方式去引导他们学习。《职教标准》则要求教师教导学生做学习的主人,运用正确的方法引导和教育学生,充分发挥教师主导、学生主体的地位,与学生对话,采取适合学生又能让他们接受的教育方式。

再次,在教育教学态度与行为领域,《特教标准》和《职教标准》都要求教师树立育人为本、德育为先、能力为重的理念,将学生的品德养成与知识和能力发展相结合,促进学生全面发展。提高学生的生活自理能力和社会适应能力是特殊教育的重要目标。《特教标准》要求教师注重结合学生身心特点和认知规律开发潜在优势,补偿身心缺陷,在教育教学中对学生进行康复训练,让学生参与生活实践。培养高素质技术技能型人才是职业教育的重要目标。《职教标准》则要求教师培养学生的职业技能,提高学生的动手操作能力和专业实践能力,让学生学与做紧密结合,使其具备适应社会的专业技能和实践能力。

最后,在个人修养与行为领域,《特教标准》和《职教标准》都要求教师内外兼修,教师不仅要具有爱心和责任心等品质,而且要穿衣得体、语言规范、举止文明,为学生做好表率。《特教标准》要求教师具备较强的抗压能力和自我调节能力,当与学生沟通存在障碍以及学生无法达成教育目标时,教师需要学会通过多种方式进行自我解压,正确认识自己和面对学生,寻找更适合学生的教育教学方法,相信每一位学生都能取得进步。《职教标准》则要求教师要做与学相结合,在学习职业教育理论的同时不能忽视对职业技能操作的掌握,不仅要对学生进行理论的教育教学工作,而且要身体力行教授学生职业技能的具体操作步骤和相关流程规范。

2. 专业知识

在专业知识领域,《特教标准》和《职教标准》都包括四个维度,其中《特教标准》主要包括学生发展知识、学科知识、教育教学知识和通识性知识维度;《职教标准》主要包括教育知识、职业背景知识、课程教学知识和通识性知识维度。在通识性知识维度,两者均要求教师掌握相应的自然科学知识和人文社会科学知识,具备一定的艺术欣赏和现代化信息技术知识。《特教标准》强调教师作为特殊教育事业的教育工作者,还要了解本专业发展的基本情况,加强学习,拓宽视野,提升自身综合素质;《职教标准》则强调教师要了解经济、社会和教育发展状况,吸收行业前沿知识信息,更新知识,具备完整的职业核心素养。

3. 专业能力

在专业能力领域,《特教标准》主要包括环境创设与利用、教育教学设计、组织与实施、激励与评价、沟通与合作、反思与发展六个维度;《职教标准》主要包括教学设计、教学实施、实训实习组织、班级管理与教育活动、教育教学评价、沟通与合作、教学研究与专业发展七个维度。在沟通与合作维度,两者均强调教师要与同事、家长和社区进行相互沟通,彼此合作,共同促进学生发展。《特教标准》强调教师要运用适合的策略和辅助技术与学生进行沟通,让学生参与和投入到学习中来。同时,教师需要与普通教育工作者进行沟通合作,做好随班就读工作,促进融合教育发展。《职教标准》则强调教师要与学生平等沟通,了解学生的想法,尊重学生的意愿,双方建立良好的师生关系。同时,教师还需要对外与企业进行联络交往,双方达成互助合作共赢的友好关系,推动校企合作。

元平特校高度重视教师专业发展,认真贯彻落实《特教标准》和《职教标准》中"师德为先、学生为本、能力为重、终身学习"的基本理念,采取有力措施提升教师发展质量。首先,围绕落实立德树人根本任务,加强教师思想政治建设,严格落实师德师风第一标准,突出全方位全过程师德养成,推动教师以德施教、以德立身。其次,开展内涵丰富、数量充足的培训、讲座,践行终身学习的理念。再次,提出培养"特教知识技能+学科教育教学""特教知识技能+康复知识技能""特教知识技能+职业知识技能"三类复合型高中教师,注重提升教师综合能力,努力构建"双师型"、复合型的教师队伍。最后,为增加教师的企业经验和专业实践技能的教学能力,促使教师及时了解和掌握所从事专业的国内外新知识、新工艺、新设备和新技能,学校派遣教师到企业进行顶岗锻炼,要求教师不断学习和更新有关职业教育的知识与技能。

第二节 教师团队建设

高质量教师团队建设是深化新时代国家特殊教育改革的基础工作,心智障碍学生高中教育高质量发展需要高水平的教师团队作为支撑。因此,从职业教育高中部设立以来,元平特校多次对教师团队结构进行调整和完善,以期构建一个高水平、结构化的高中教师团队,更好地满足心智障碍学生的教育需求。当前学校职业教育高中部已形成班级管理团队、专业教学团队和就业支持团队相结合的教师团队。

一、班级管理团队

班级是学校的基本单位,是教师教育教学和学生学习生活的重要场所。教育部规定我国特殊教育班级师生比配备标准为1∶3。元平特校根据国家规定和实际需求,高度重视班级管理团队建设,关注学生在班级的学习生活,保障学生接受有质量的教育。

(一)基本情况

为了实现学生在校安全、有质量地学习生活这一班级总目标,元平特校心智障碍学生高中部采用了"四位一体"的合作模式,即各班配备有1名班主任、1名辅班教师以及2名班级管理员。该模式要求4名教师以班级为单位,基于平等的身份认同、整体的教育观和一致的发展目标组成实践共同体,并以对话的方式进行交流。这种对话的运作方式有助于更高效地完成日常管理事务,也利于更便捷有效地解决真实场景中出现的问题。班级教师具体的岗位和职责如表8-1所示。

表8-1 班级教师的岗位和职责

岗位	职责
班主任	班级发展总规划,全面负责班级管理、班级环境创设、家校沟通、学生严重情绪行为问题解决

续表

岗位	职责
辅班教师	辅助完成班级发展规划,辅助班级管理、班级环境创设、家校沟通,参与解决学生突出情绪行为问题
班级管理员①	提出班级发展建议,学生日常生活照顾、班级管理日志记录,辅助班级卫生、班级环境创设、拍摄照片
班级管理员②	提出班级发展建议,学生日常生活照顾,主负责班级卫生、后勤保障、班级环境创设、拍摄照片

班级4位教师在积极的对话中完成"发现问题—提出办法—实践应用—复盘调整—再现新问题"的解决问题的路径,也在不断的实践、复盘中凝聚共识,更加明晰未来班级发展的方向。在各班班主任的带领以及辅管教师和班级管理员的配合下,班级团队每一位教师精诚合作,团结一心,为促进学生身心健康发展,帮助学生掌握学习生活知识,达成有效家校合作,维护班级有序运行,构建特色班级文化,打造高效班级共同体等,提供全方位的有力保障。

在明确"学生安全与发展是第一位,责任不在一人,同负风险,共担责任"这一共识下,班级教师之间的有效合作还需要明晰各成员的分工与具体责任。就班级教师实践共同体的建设来说,教师需要了解自己的长短处,在团体中明确自己的定位,做好角色分工,减少因推诿责任或角色冲突产生的团体消耗,提升效率,优势互补。

(二) 班级核心

班主任是班级总负责人,是班级工作的组织者和管理者。班主任管理工作的开展和引导直接影响班级安定与团结、学生的发展与成长,关系着学校教育教学工作的质量和成果。因此,元平特校采取系列措施,努力提升班主任的班级管理水平。

首先,学校在学年初始即要求各班主任制订班级管理工作计划(1~3年),在工作计划指导下班主任有序开展班级管理的各项工作。同时各班主任会相互分享本班的工作计划,并针对工作中遇到的问题展开讨论,及时根据实际情况调整和完善工作计划的内容。其次,学校牵头各资深班主任作为主持人成立名班主任工作室,同时鼓励每一位班主任加入心仪的名班主任工作室并成为其中的成员。名班主任工作室依托各位成员的集体智慧,开展系列德育科研、教学培训等活动,在促进各位成员发展的同时,通过示范辐射作用,带动班主任队伍专业化发展。再次,学校会定期邀请校外专家和校内名师为全校班主任开展系列讲座,并派遣班主任到外培训学习,通过讲座交流和外出学习交流等形式提高班主任的理论知识和专业技能,促进班主任提升自我修养。最后,举办"我的教育叙事"分享会、阅读分享会和校内名班主任经验分享会等活动，让班主任们在分享与讨论中相互借鉴优秀的班级管理经验。

为全面推进元平特校德育工作立体化、规范化，大力加强学校班主任队伍建设，促进学校工作全面发展，打造一支教育能力强、业务精、懂管理的高素质班主任队伍，同时也为班主任搭建更为广阔的学习成长舞台，学校鼓励成立名班主任工作室。成立名班主任工作室的目的是招募有思想、有追求、有干劲的班主任加入其中，把工作室建设成为优秀班主任聚集地、班级管理经验成果的共创共享地、未来名班主任孵化地，最终成就一批又一批新的名班主任，为学校的全面发展提供强有力的支持。班主任们依托工作室开展研讨、交流、比赛、沙龙等形式丰富的活动，同时聚焦主题、寻找突破点，深深地扎根、持续地研讨，并通过及时汇总研究成果，分阶段展示成果，将成果辐射到更多的班主任，促进学生的全面健康发展。学校为名班主任工作室开展研修活动提供充足的经费支持，为工作室各项活动顺利开展提供有力保障。

深圳元平特殊教育学校《班主任队伍建设三年规划（2022—2025 年）》

为深入学习贯彻党的二十大精神，全面贯彻习近平新时代中国特色社会主义思想，落实立德树人根本任务，切实提高班主任的政治素养和专业水平，决定开展以"坚守立德树人初心，担当育残成长使命"为主题的班主任队伍建设工作，结合学校实际，制定如下方案。

一、指导思想

坚持以习近平新时代中国特色社会主义思想为指导，深入学习习近平总书记在中国人民大学考察、在庆祝中国共产主义青年团成立 100 周年大会上的系列重要讲话精神，落实立德树人根本任务，以《中小学德育工作指南》文件精神为指导，提升班主任思想理论，创新班主任工作实践，全面推进学校班主任工作科学化、立体化、规范化、专业化，提高德育的实效性，从而促进学生全面健康和谐的发展，促进学校工作全面发展。

二、工作目标

创建师德高尚、业务精湛、勤于实践、乐于研究、敢于创新、学生欢迎、家长放心、社会认可的班主任队伍。

（1）通过形式多样的全员培训，帮助班主任了解工作职责和要求，探究班主任工作的规律，学习班主任工作的方法，引导班主任积极主动地开展班级管理工作，提高班主任工作的专业性。

（2）通过主题鲜明的分类活动，促进班主任掌握现代教育理论，树立爱心意识、服务意识和责任意识，培养班主任发现问题、分析问题、解决问题的能力，提高案例分析和经验总结的能力，提高班主任工作的艺术性。

三、工作思路

(一) 以师德教育为核心,加强班主任队伍建设

通过定期召开班主任会议,举办主题学习、讲座等形式,组织班主任学习相关政策法规,明确职业规范,引领班主任牢固树立立德树人的教育理念。

(二) 以专家引领为媒介,提升班主任工作能力

通过学习全国模范教师事迹,组织班主任参加省、市名班主任工作室等形式,引领班主任更新班级管理理念,提升班级管理方法和能力,影响带动班主任成长。

(三) 以主题沙龙为平台,提高班级管理水平

通过定期组织班主任沙龙,聚焦班级管理中的重点、难点,分享班主任工作经验,交流特殊学生管理等问题,提高班主任班级管理水平。

四、工作形式和措施

(一) 建立有效的学习制度

通过学习与讲座相结合、学习与经验交流相结合、校内与校外学习相结合、学习与实践操作相结合的方式,让学习落到实处。

(二) 构建班主任研修体系

构建全面的班主任研修体系,通过系统的主题研修,推动班主任不断成长。

班主任研修主题如表8-2所示。

表8-2 班主任研修主题

序号	研修主题
1	学生个性化管理
2	学生自我教育与自主管理
3	主题班会建设
4	班风与班级文化建设
5	班级活动与团队建设
6	师生、家校沟通方法
7	班主任工作艺术
8	班级目标管理与班主任工作评价
9	家庭、学校、社区合作教育
10	家校关系
11	班主任心理建设
12	学生心理建设

(三) 建立第三批校名班主任工作室

班主任是班级的组织者、教育者和领导者。通过建立第三批校名班主任工作室,综合利用各类资源,开展丰富多彩的培训、讲座、展示活动,围绕工作中的重难点问题开展课题或教学改革实验研究,促进班主任队伍的专业化发展。发挥名班主任工作室的引领和辐射作用,提高班主任队伍整体水平。通过一系列组织保障,建立班主任工作评价制度,充分调动班主任工作的积极性,全面提高班主任队伍的综合素质。

五、2022—2023 学年学校班主任队伍建设工作具体规划

2022—2023 学年元平特校班主任队伍建设每月具体工作安排如表 8-3 所示。

表 8-3 2022—2023 学年学校班主任队伍建设每月具体工作安排

时间		工作安排
2022—2023 学年	11 月	名师讲座
		2022—2023 学年班主任队伍建设启动
	12 月	制订班级管理工作计划(1~3 年)
		班主任工作研讨:分享班级管理工作计划(1~3 年)
	1 月	"做一名爱读书的班主任"主题读书活动(一)
	2 月	阅读分享会
	3 月	名师讲座
		班主任工作研讨
	4 月	校内名班主任经验分享
		班主任工作研讨
	5 月	"我的教育叙事"分享会
		班主任工作研讨
	6 月	班主任工作研讨
		2022—2023 学年班级建设展示

典型案例

聚焦一班一品,打造优质团队
——曾纯静名班主任工作室案例

曾纯静,2022 年 11 月被聘为学校第三批名班主任工作室主持人。作为青年班主任,她不惧艰苦与劳累,坚守在特教一线,扎根在班级建设中,大胆运用教育智慧和专业知识进行班级特色管理的尝试与探索,打造出独具风格的班级品牌,所带班级多次获得校"精神文明班级""优秀班级"称号。她不断磨砺自我,提升班级管理

能力，曾在学校班主任专业能力大赛中荣获二等奖。她在班级建设实践中不断反思，并借助名班主任工作室这一平台与其他班主任分享交流。她还积极参加学校各类班级建设活动，在学校课堂教学金点子案例征集与展示活动中获"十佳金点子"及"最佳风采奖"。由于在班级建设方面的优异表现，她个人也获得学校"优秀共产党员""优秀班主任"等荣誉。下面将重点介绍曾纯静名班主任工作室团队的具体情况。

名班主任工作室是广大班主任交流、研讨、成长的平台，也是班主任班级管理工作的智囊团。而"一班一品"建设则是优化班级管理的重要手段，不仅能够拓宽班级管理渠道，提高班级管理效率，也能为特殊学生的潜心学习与健康成长营造良好的氛围与环境。因此，曾纯静名班主任工作室团队将工作室聚焦在职高阶段特殊学生班级品牌建设上。

1. 定性

曾纯静名班主任工作室团队认为名班主任工作室是班主任融合碰撞的成长体，是班级品牌建设的主阵地，更是学生成长发展的智囊团。

2. 定位

为了更加明晰工作室的努力方向，曾纯静名班主任工作室团队将工作室定位为班级品牌建设的主阵地，即要依托名班主任工作室平台，根据学生的实际情况以及社会发展需要，对学生进行品行塑造，强化班级文化建设，打造班级品牌。

3. 定措

在强大的导师团队的支持下，曾纯静老师与另外7位优秀的青年教师组成名班主任工作室团队。团队成员男女性别比例较均衡，覆盖到了整个职高阶段。团队组建成功后，他们按照可操作性、可量化、可评估的标准，一起制定工作室各项制度，包括权责制度、会议制度、研修制度等，为名班主任工作室工作的有序开展做好制度保障。

团队积极开展丰富多彩的工作室活动，如"一班一品"策划案研讨、班级建设读书分享会、班级管理专题讲座、班级文化建设成果展等。通过这些班级品牌建设活动，曾纯静老师和团队成员共学共研，不断更新理念，携手共同成长。

4. 定效

曾纯静名班主任工作室团队将工作室成员进行班级品牌建设的做法进行总结，以案例集的形式分享给其他老师，以期与各位老师交流讨论，共同进步，提升班级管理能力。

二、专业教学团队

学校高中教育的专业教学团队由四类教师组成：一是职业教育的专业课教师，

主要负责心智障碍学生职业教育的专业课程教学,通过校内理论讲授和实践操作指导为学生毕业后前往校外就业奠定基础;二是各类文化课程的学科教师,主要负责语文、数学、英语等基础文化学科课程教学,为学生参加毕业与升学考试做好准备;三是康复课程教师,主要负责学生康复教育教学,以提高心智障碍学生的康复水平、生活自理能力和社会适应能力;四是职业教育的外聘教师,主要负责学生的职业技能培训,通过校外职业教育教师专业指导,帮助学生将所学内容扎实运用到工作岗位中。

(一)基本情况

学校高中教育专业教学团队现有 120 名教师,专业教学团队规模正在不断扩大。第一,年龄结构分布合理。教师平均年龄为 35 岁,中青年教师成为教师队伍的主体,中青年教师基于优势积累机制,在长期工作中积累了丰富的教育教学经验和成果,处于教育事业的上升期,是学校教育教学工作的中流砥柱。第二,学历结构不断优化。本科及以上学历的教师占 100%,其中本科学历教师 90 人,研究生学历教师 30 人,教师整体学历水平均衡,教师队伍素质较高。第三,专业结构分布广泛。教师专业背景既包括特殊教育,也包括汉语言文学、英语和思想政治等学科教育,以及中厨烹饪、西式面点、电子商务等多种专职技术,对接不同课程教师的工作岗位和工作标准,符合不同课程的工作要求。第四,职称结构分布适当。其中,高级职称 18 人,中级职称 87 人,初级职称 15 人。第五,职业技能水平较高。专业课教师均具备某学科教师资格证,接近半数教师取得多项职业技能证书和其他证书。

(二)教学特色

1. 集体备课教研

在集体备课教研组的引领下,各专业课备课教研组成员定期开展集体备课、文献共读、同课异构等活动,各位教师的专业技能得到提升,整体教学质量得到提高。在集体备课方面,由各专业课集体备课教研组组长于每周五下午组织召开集体备课研讨学习活动,共同总结本周课堂情况、教学重难点落实情况、突破方法等。在文献共读方面,组内每月完成一次优秀文献分享会,共同分享以课堂有效性语言、优秀教学策略等为研究主题的优秀论文。月初组内分享一篇论文共读,各位老师认真阅读,形成自己的理解,月底共同分享读后感。在同课异构方面,每学期各专业课备课教研组开展一次同课异构活动,专业课备课教研组选择共同的教学内容,各位老师在一周内完成教学,其余成员听课、评课。

2. "双师"协同教学

"双师"协同教学即两位专业课教师共同参与课堂,相互配合,带领学生完成专业课的学习。在"双师"课堂的教学中,由于两位教师的个性、教学风格、知识储备和教育理论等方面的差异,不论是课前备课还是课堂教学,两位教师的教学经验往往会相互碰撞,相互渗透。同时,两位教师的合作,打破了固化的思维及教学模式,充分发挥各自的教学优势,完成了教师之间的优势互补、资源共享,使学生与教师都受益良多。此外,专业课程强调实操练习,一名专业课教师很难兼顾辅导所有学生实操,而且若有学生出现情绪行为问题,专业教师则更分身乏术。"双师"课堂很好地解决了以上问题,"双师"不仅能够有效配合教学,辅助学生实操,也能够有更充裕的人手处理课堂上的意外情况,提高课堂学习效率和质量。

典型案例

如何以专业课程为载体提前做好学生就业转衔工作

——以元平特校高星级饭店运营与管理专业(客房服务方向)为例

职业教育教学一部　张晓琼　石丽卿　黄婕　李碧珍

目前能够友好接纳元平特校学生实习就业的企业以五星级酒店为主,提供的岗位以客房服务员、制服房服务员、后厨帮工居多。客房服务专业教师团队在对酒店管家部实习的学生进行个别化支持过程中发现,成功就业并获得企业好评的学生均具备这几个要素:技能佳、教养好、体能棒、家长积极支持。为了帮助学生在就业初期顺利适应新工作,客房服务专业教师团队尝试着不断优化专业课程内容,以专业课程为载体,结合成功就业的必备要素,与合作企业协同育人,培养学生的综合就业能力,包括专业知识与技能、社会适应能力、职业素养、职业体能等,提前做好就业转衔工作。

一、主要问题

在就业转衔初期适应困难的学生,存在如下问题。

(一)体力不支,不能长时间站立

在职业体验、实习以及就业初期,要适应新的工作环境和工作流程、新的人际关系、新的节律(学校作息与企业存在差别)等,最大的挑战来自体能的适应,因为许多工作需要长时间站立。大多数学生缺乏长时间站立的训练。

(二)礼貌礼节、行为习惯不佳

如不主动问候、不主动报备、上班违规使用手机、公众场合不注重形象等。酒店比较注重员工的职业形象,崇尚热情友好的氛围,注重沟通礼仪,遇到事情需要及时

沟通,如学生去洗手间或者工作累了需要休息几分钟,需要主动报备,告诉自己的师傅或上司自己要去哪里,并且要信守承诺,在规定的时间返回自己的岗位。

（三）服务意识不强、主动性欠缺

主要体现在做事不够主动、缺乏服务意识等。主动性和服务意识是高星级酒店对员工的基本要求,这一点我们的学生大部分不具备。

（四）家长支持力度不够

部分家长对学生就业缺乏重视或给予的支持力度不够。

以上存在的问题和现状,前三项都是可以通过训练改善提高的,尤其是在专业课课堂上。

二、解决方法和措施

（一）加强形体与体能训练,提升职业形象和体能适应

1. 注重仪态训练

在专业课堂上,加强形体训练,如站姿、坐姿、走姿、蹲姿等,培养学生良好的职业形象。

2. 加强体能训练

在体能提高方面,除了户外体能训练(跑步、行走、跳操、练八段锦等),我们会让学生站立听课和完成专业课任务,其间鼓励学生保持良好的站姿。

（二）注重常规和行为习惯,提高学生礼仪修养

1. 制定常规并严格执行

在专业课堂伊始,我们专业课四位老师达成一致,先让学生养成良好的课堂常规,为之后的高效课堂学习奠定良好的基础。

2. 开设服务礼仪课程

通过开设"客房服务礼仪"课程,提高学生礼貌礼节、待人接物能力、主动服务意识等,帮助学生养成良好的职业素养。

3. 平时多观察引导学生的行为

平时注意多观察学生的行为,适时引导,如找老师签字时的礼仪细节等。一旦改善就及时赞美,鼓励学生坚持良好的行为。其中,共性问题一起教育,帮助学生在公众场合做出适宜行为(尊重他人的感受,不干扰他人),提高自身受欢迎程度。

（三）对接企业文化和工作流程,提高学生内驱力,提前做好适应准备

1. 评选月度之星,提高学生内驱力

对接企业文化,评选客房服务月度之星,提高学生内驱力。

2. 训练学生适应打卡、更衣流程

根据实习到岗的流程及每天上班情形,组织学生进行模拟演练,训练学生打卡、

更衣,提高时间观念,提前做好适应准备。

要求负责发放制服的两位学生尽量在8:05到实训室"制服房"(实训室的更衣室),快速准确地为领制服的学生找到衣服;学生更衣后,将自己的校服挂在自己的专属衣架上,放回"制服房"。

3. 培养学生自觉履行被赋予工作任务的态度

在专业教学中会改变下课时间,告知学生完成任务后再休息,让学生更专注于任务和练习,为适应企业工作纪律做好准备。

因为大部分的专业课任务操作,如果按照常规的课堂时间,很难在一节课里完成,因此我们会建议学生在接到操作任务时,尽量按要求完成操作,特别是遇上课间还没有完成的,我们会鼓励学生在没有特殊情况的前提下,尽量连贯完成操作任务再休息。

(四)通过每周回课,增进师生感情,获得家长认同,达成一致理念

客房服务专业每学期在确定走班学生名单时,都会及时建立专业班微信群,邀请家长入群。专业课老师每周会在群里对学生每周的专业课学习情况进行总结,让家长了解学生在校专业课学习情况,做好家校沟通,与家长在培养学生理念上达成一致,提前做好家长对学生就业支持的准备。

三、采用金点子后课堂产生的成效

通过学习,本专业学生的职业素养、职业技能、卫生意识、服务意识及职业形象都有很大提升,越来越符合客房服务员岗位要求,进入酒店实习的学生能够较快转变角色,适应新环境。目前多名毕业生就职于深圳香格里拉大酒店、深圳湾万怡酒店、观澜湖度假酒店、观澜湖硬石酒店、深圳益田威斯汀酒店、深圳福朋喜来登酒店、深圳佳兆业万豪酒店等,受到用人单位的一致好评。具体的成效如下。

(一)学生礼仪修养得到不同程度的提升

通过礼仪学习与训练,学生会主动问候老师;学生去哪里做什么事情会主动报备,遇到事情会及时沟通;仪容仪表干净整洁、说话温和有礼、东西轻拿轻放、呈递东西用双手等。

(二)体能增强、仪态改善,收获更多的赞美

学生们从能坚持站立30分钟,慢慢到40分钟、50分钟、60分钟及以上,从跑200米想"逃跑",到跑300米轻松,到跑400米不累;从之前经常喊累,惧怕上专业课,到早早来到实训室,认真参与训练。

看到镜子里身姿越来越挺拔、举止越来越得体的自己,在他人的赞美声中,学生们越来越喜欢现在的自己。

（三）内驱力、主动性、时间观念和服务意识增强

学生们的思想意识从"要我学"变成"我要学"，从"担心做不好"变成"我试试"，从"我会做"变成"我想做得更好"。在良好的学习热情和氛围中，学生们逐渐形成了良好的自我驱动能力。大多数学生无须老师提醒，主动勤奋练习，尽管个别学生出现身体不适，稍作休息后，又能自觉加入操作任务中。

通过分工和激励，学生们的服务意识也有所提高，如早到实训室的学生会主动帮忙摆放座椅、开窗通风等。在打卡和更衣环节，学生的时间观念增强了，大部分学生可以做到提前5分钟到实训室；学生们的纪律意识也有所提高，如上课铃响后会迅速回到教室，不拖拖拉拉。另外学生们的规则意识也在逐步提高，如在清洁实训后学生们都能将移动的物品归位并摆放整齐。

（四）节律变化和环境适应能力增强

学生们根据环境条件改变自身习惯，调节自身与环境关系的能力有所增强。刚开始有部分学生不能接受，特别是孤独症学生，到点就要休息或者到点就要回家。老师与学生进行沟通：我们是按照企业上班的模式在锻炼大家，如果大家能够接受考验，将来去实习和就业就有更大机会，而且能够较好适应新环境。在不断的鼓励和尝试下，现在大部分学生都能够比较主动地、自觉地完成操作任务后再休息。

（五）得到家长支持与认可，家校合力共同助推学生

每一次专业老师的回课，家长们都会认真查看，并给予积极肯定，同时鼓励学生继续加油；推送的居家学习任务，家长会积极支持学生努力完成，与老师一起形成合力，助推学生，提高他们的劳动技能、自我服务能力和主动为家人服务的能力。

此举改善了亲子关系，增进了师生感情，教师与家长之间建立了互相信任的情感基础，形成了一个良性的家校互动模式，这不仅有利于学生的学习成长，还非常有利于专业课任务和活动的进行。例如，形象礼仪社团宣传拍摄找了专业课学生，专业课老师直接在群里联系家长，告知相关事项，比如出镜需要肖像权授权签字等，在第一时间得到了家长们的认可，高效完成。比起以往通知学生班主任，再由班主任通知家长等，这样的沟通更加直接、更加高效。

后记：

最终能够就业的学生数量有限，但学生在训练提高中，劳动技能、体能、礼貌礼节、卫生意识、形象意识、服务意识、社会适应能力、情绪管理能力等均有不同程度的进步，成为一个更自信、更受欢迎、适应能力更强的人。

三、就业支持团队

就业适应是心智障碍学生在就业前期、中期和后期面临的最大挑战。元平特校

与企业融合共建就业支持团队,这样不仅可以创造性地解决学生就业适应的问题,也是新型校企合作模式之下心智障碍学生就业的范本。同时,学校在学生的就业指导方面,还可以依据企业的用人需求,重点加强学生的职业道德、社会适应和心理调节等方面内容的教学,为学生解决就业过程遇到的各类问题,帮助学生顺利度过就业过程的各个阶段。

(一) 基本情况

就业支持团队由就业支持小组、学生班主任、专业课老师、心理老师、学生家长和酒店"阳光导师"、企业管理层与志愿者等共同构成。其中,就业支持小组成员目前有13名,由"企业经验+特殊教育+职业教育"多重资质教师构成。就业支持团队的职责主要包括以下两点:一是派遣教师到企业进行宣讲,向企业介绍学生的身心特点和优势特长,共商适宜学生的工作岗位和工作职责,针对学生突发问题行为提出沟通技巧和应对建议;二是根据学生在企业单位出现的就业适应问题状况,归纳总结学生需要的就业支持的内容,派出指定教师通过不同支持形态和策略帮助学生完成就业适应。

(二) 团队特色

1. 校企共商共制个性化方案

根据心智障碍学生的特点,校企共同探讨制定个性化方案,包括心智障碍学生培训与管理方法、适合他们的岗位任务标准与流程等。职前共商适合心智障碍学生的岗位,如酒店客房部的楼层服务员、公共区域清洁员、制服房员工、洗衣房员工、客房文员等岗位,餐饮部的西饼房、管事部、西厨冷菜、中厨打荷员工等岗位,人力资源部员工餐厅服务员岗位,前厅部前台文员岗位等。

一方面通过岗位情况和学生情况的分析,为学生制作入职匹配分析表、制订个别化就业支持计划;另一方面通过个别化教育计划和酒店"阳光导师"共同指导学生提高就业能力以达到酒店岗位要求,进行面试前专项指导(制作简历、教授学生面试技巧、开展校内模拟面试)等一系列的就业支持专项培训。

2. 共同开展个别化就业支持工作

根据学生的特点和酒店的需求,共同开展心智障碍学生个别化就业支持工作,具体如图8-1所示。就业支持团队提供一系列就业转衔服务,帮助学生解决其就业初期乃至更长时间里所面临的职业适应问题,视具体情况逐渐降低支持频率,帮助学生最终实现顺利、长期、稳定就业。

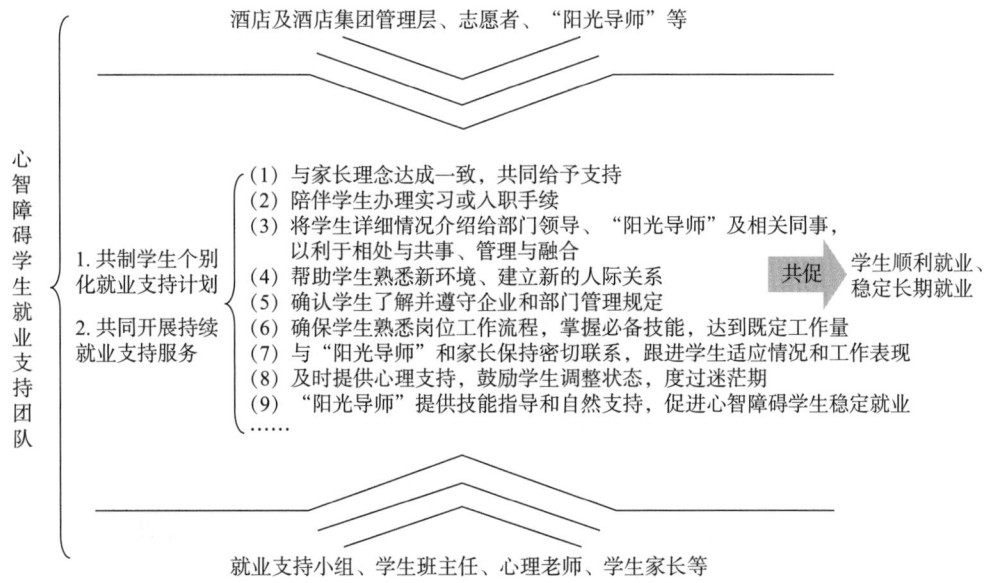

图 8-1　团队共同开展心智障碍学生个别化就业支持

（三）就业支持小组特色

学校职业教育始终坚持"以服务为宗旨,以就业为导向"的办学方针,努力构建"职业教育、就业培训、就业安置一体化"的"立交桥",探索出了元平特色的特殊教育学校职业教育新路子。为更好地指导学生进行职前准备,帮助学生顺利入职并适应工作岗位,提供有效而及时的就业指导,学校专门组建了就业支持小组。

1. 根据企业需求培养学生职业技能

就业支持小组的老师们一方面与企业对接,不断挖掘资源,为学生争取更多的实习、就业机会,通过对岗位情况和学生情况进行分析,为学生制作入职匹配分析表、制订个别化就业支持计划;另一方面指导学生提高专业技能、软技能(形象礼仪、沟通礼仪等),进行面试前专项指导(制作简历、教授学生面试技巧、开展校内模拟面试等)一系列的就业支持培训,以帮助学生顺利就业。

2. 为学生就业指导提供终身服务

帮助学生找到合适的工作后,就业支持小组还陪伴学生入职。学生上岗初期,老师进行现场支持,并为学生寻找自然支持人(师傅),帮助学生尽快熟悉工作流程,适应新环境,直到学生能独立胜任工作。而后,就业小组老师会与企业一直保持良好沟通,对就业学生进行持续跟进,对"有情况"的学生及时进行心理支持和职业技能指导,保证学生就业的稳定性。

实践证明,个别化支持性就业是实现特殊学生就业的一种有效形式,学校一直在就此积极探索与实践。在实践基础上总结的科研成果《从校内岗位实践到成功就业的个别化职业教育案例》在广东省教育研究院组织的特殊教育学校个别化教育研究优秀成果征集评选中获评"优秀个别化教育研究案例"一等奖;《听障学生就业融合主题活动案例——职业高中听障学生个性化就业指导实践研究》获广东省"优秀区域融合教育主题活动案例"一等奖。

典型案例

职场"摆渡人"——就业支持小组

2022年8月,广东省教育厅公布了第十一届以"赓续百年初心,担当育人使命"为主题的师德主题征文及微视频征集活动的获奖名单。元平特校职业教育就业支持小组老师创作的《折翼天使的就业梦》在全省246个微视频参赛作品中脱颖而出,喜获中小幼微视频组三等奖,是该组中深圳市唯一的获奖作品。《折翼天使的就业梦》视频主角温××同学是众多成功就业学生中的一个缩影,而成功就业学生的背后是职场"摆渡人"——就业支持小组老师的默默付出,他们就像"摆渡人",将一批批毕业生送往职场,让他们顺利走上岗位。他们是阳光,为孩子们照亮职场之路。他们也是伙伴,坚定不移地陪伴孩子们融入社会。

对家长,把第一次家长会当作最后一次来对待。就业对一个家庭来说,是一件大事,对特殊家庭尤其如此。要实现就业,家长首先要转变观念。每年新生家长会时,就业支持小组都会极力倡导家长们帮助学生树立职业规划意识。"想象一下,这是最后一次家长会。踏出校门,孩子就毕业了,你们要怎么帮助孩子融入社会?"把第一次家长会当作最后一次家长会,从孩子踏入职业教育教学部的第一天就开始规划他以后的职业,这是小组成员做就业支持工作需要传达给家长的重要理念。

为了扩大辐射面,就业支持小组还经常在部门内开展家长讲座,引导更多家长树立正确的职业规划意识。有的家长慢慢放手,培养孩子的独立能力;有的会根据孩子的兴趣,利用空余时间带着孩子体验各种职业。

高一时,陈同学的妈妈参加完家长会深受触动,马上开始有意识地培养孩子的独立能力。陈同学家住松岗,距离学校有2个小时的车程。一开始,妈妈带着他打车、坐地铁,到后来逐渐放手,陈同学学会了自己打车、坐地铁、坐公交往返学校。一步一步,孩子的独立性增强了,这为他后来的就业打下了良好的基础。现在,他在离家不远的深圳联投东方万怡酒店的洗衣房工作。前不久,老师们去企业回访,一进入员工通道,刚好看见他推着布草车走来。布草车又大又重,对于行动不是很方便的陈同学来说有些吃力。谈到工作感受,陈同学坚定地说:"工作是挺辛苦的,但可以克服!"工作半年,他已经顺利完成角色转变,成为合格的职场人。

对企业,把愿意接纳元平学生变成乐意接纳元平学生。相比普通人,特殊人群的就业之路可谓"道阻且长"。为了给孩子们提供更多适合他们的岗位,支持小组常常要去企业考察宣讲,拓展校企合作项目。奔波联系的辛苦不言而喻,但他们仍然乐在其中。现在,已经有几十家企业和元平特校保持长期友好合作。

特殊学生在工作中和企业员工的磨合尤为重要。因此,在跟企业沟通时,他们除了会介绍不同类型孩子的共性,还会强调个别孩子的小习惯,提前给企业打"预防针"。比如,有的孩子一紧张就喜欢蹦蹦跳跳,有的孩子平时会有些碎碎念等。

就业是双向选择的,俗话说,"打铁还需自身硬"。为了增强学生们的竞争力,更好地适应企业的需求,学生们一进入职业教育教学部,就会被以企业的标准来要求。"我们严格要求孩子,不是为了让企业愿意接纳他们,而是让企业乐意接纳他们。"就业支持小组的老师们不仅是秉持这样的想法,更是落实到日常教学中。如酒店管理客房服务实训课都会按照企业的上班时间进行,同学们要从早上8:10一直上到11:25。只要能坚持,大家尽量不申请中途休息。平时,对于实操中出现的问题,老师们都会直言指出来。有时,还会让学生们自评、互评,谁的被子叠得更整齐、谁的床单铺得更平整等等。练就了扎实的专业技能和强大的内心,孩子们能够更快适应工作。大批元平毕业生用自己的双手,为企业贡献了力量,实现了自力更生。

对学生,不是出了问题,就业支持小组才去支持。学生进入企业后,老师的每一次看望、每一句鼓励、每一个拥抱,都给他们带来了温暖和信心。就业支持小组的老师们常常去酒店看望学生,了解学生的工作生活状况。每次在工作岗位上看到前来的老师们,学生们都非常开心。"老师,您什么时候来酒店看我呀?"这是就业的学生们最常发的一条短信。

然而,并不是所有的就业支持案例都是成功的。巫同学在招聘时被"相中",进入深圳福朋喜来登酒店实习。酒店的员工很友好,他也干得很开心。一周后,小组和班主任去酒店回访,巫同学说很想念同学,老师们马上安抚了他。后来,他想回学校的愿望越来越强烈,于是,支持小组与家长、企业协商,安排他返回学校。经过班主任的耐心开导,他还是决定重返岗位。与此同时,老师们密切地关注他的心理和工作状态。来年1月,因为表现不错,巫同学提前转正了。签合同时,他以为再也见不到同学了,情绪彻底崩溃,还拍打了同事。考虑到巫同学还没有做好就业的准备,多次情绪失控,支持小组最终决定让他离职重返学校。"就业支持不只是让学生就业,我们要帮助学生做好就业的准备,进入适合的岗位!"刘小明老师说,他们的后续发展更加需要慎重考虑。及时的召回也是另一种支持。现在,巫同学回到了他心心念念的元平特校，继续他的高中生活。

对就业支持小组的老师们而言，看到学生们因就业而改变，因工作而幸福，成就感油然而生。私底下，学生们也会分享自己的工作。比如，哪个同事很友善、发了"巨款"工资很开心等等，这些愉悦的体验成为小组老师们不竭的精神动力。现在越来越多的老师加入支持小组，成为元平孩子职场蜕变的见证人。

第三节　教师专业素养提升

学校为加强高质量教师队伍建设，促进教师高素质专业化发展，提出培养三类复合型教师。三类复合型教师的综合素养主要体现为特殊教育专业素养与学科教育专业素养、康复教育专业素养和职业教育专业素养的复合。学校职业高中教育坚持"以服务为宗旨、以就业为导向"的办学方针，为帮助学生养成良好的职业道德、掌握熟练的职业技能、参与和融入社会生活，教师不仅需要学习有关职业知识，还需要掌握相关职业技能。同时，学校职业高中教育形成"前校后厂"的办学格局，为了加强校企合作和实现学生就业零距离的"订单式"培养，教师除了在校内对学生进行教育教学，还需要对接校外企业，提升对外联络能力。学校通过对学校职业高中教育以及教师队伍情况进行梳理，同时对家长、企业等进行访谈，并根据学生的实际需求，总结出心智障碍学生高中教师需要发展和提升的教师专业素养包括教师综合素养、职业技能和对外联络能力。

一、综合素养

学校努力打造高水平教师队伍，培养三类复合型教师人才：第一类是"特教知识技能+学科教育"复合型教师，第二类是"特教知识技能+康复知识技能"复合型教师，第三类是"特教知识技能+职业知识技能"复合型教师。加强师资队伍建设是学校内涵建设的重要内容，是学校各项事业发展的基本保障。随着学校转型发展的不断深化，学校侧重对三类复合型教师人才的培养，从而更好地应对新时代的教育需求，进一步提升职业教育的水平和质量，为学生的未来发展奠定坚实的基础。复合型教师的综合素养主要体现在以下四个方面。

（一）特殊教育专业素养

1. 专业理念与师德

教师应该理解特殊教育工作的重要意义，热爱特殊教育事业，具有职业理想和敬业精神,富有爱心、耐心和责任心,愿意并乐于从事特殊教育工作。同时教师应该树立正确的残疾人观,尊重、理解和平等对待每一位学生,对学生充满积极的教育期望,坚信每一位学生都能够收获进步和取得成功。教师根据特殊教育规律和学生身心发展特点,将潜能开发与缺陷补偿相结合,注重教育教学、康复训练与生活实践的整合,为学生提供合适的教育。

2. 专业知识

教师应该具备教育学、心理学、课程论、特殊教育学等基本理论和基本知识。首先,教育学知识对教师的专业知识起到基础支撑作用,能够让教师了解教育现象和掌握教育规律。其次,心理学和课程论知识有助于教师认识普通学生的心理特征和一般性教学方法。再次,特殊教育学知识能够帮助教师在认识特殊学生和普通学生相同教育规律和心理特征的基础上,进一步针对不同类型特殊学生的差异性和特殊性有效做好教学工作,提高教育质量。

3. 专业能力

教师应该有效利用班级管理策略,为学生学习和发展创设适宜的班级环境,营造良好的班级氛围;根据不同类型学生的需要,在课堂上正确使用适合的手段和方式继续教学。教师需要根据教育评估结果和课程内容,制订学生个别化教育计划。同时,教师需要根据课程内容和学生身心特点,合理地调整教学目标和教学内容,编写个别化教学活动方案。

(二)学科教育专业素养

1. 专业理念与师德

教师应该热爱中学教育事业,具有职业理想,践行社会主义核心价值体系,履行教师职业道德规范,依法执教;尊重和关爱学生,富有爱心、责任心、耐心和细心;遵循中学生身心发展特点和教育教学规律,提供适合的教育,促进中学生主动学习和全面发展,做中学生健康成长的指导者和引路人。

2. 专业知识

首先是教育学知识。教学是教师与学生的双边互动,教师需要了解中学生的世界观、人生观与价值观取向,以及各阶段不同的心理和学习特点。其次是专业知识的学习。专业知识是中学教师从事学科教学应具备的基本知识,中学是分科教学的,教师往往都只从事一个学科教学,熟练掌握一套学科知识体系、学科思想与学科方法。再次是学科教学知识。教师应该熟悉所教学科的教学目标,根据中学生在不同学科学习中的认知特点和规律,采用合适的教学方法和策略。最后是通识性的知识。教师不仅需要掌握本学科的专业知识,而且需要掌握与本学科相关的自然科学和人文社会科学的知识。

3. 专业能力

第一,教学能力是中学教师主要具备的专业能力。教师要根据教材内容和班级学生情况进行个性化教学设计,善于运用教学手段来达到教学要求,适当调控和把握课堂,传授学生学科基本知识、技能。第二,教师要具备开展班级管理和其他教育活动的能力,同时要有开发校本课程和指导综合实践活动的能力。第三,人际交往能力是中学教师必备的一项专业能力。教师要善于与学生、同事、家长进行沟通交流,互助合作,形成教育合力。第四,教师要提高自我发展能力,终身学习,与时俱进,不断学习和更新学科知识与技能,及时调整和改进教育教学工作。

(三) 康复教育专业素养

1. 专业理念与师德

教师需要具备医教结合的理念,将特殊教育和康复医学有机结合,充分调动教育与医学两方面的资源,遵循学生身心发展的规律,切实提升学生的康复服务水平。同时,教师还需要具备综合康复的理念,综合利用各种手段促进特殊学生言语、听觉、语言、认知、情绪行为、运动、学习能力等领域的协调发展。此外,教师应该树立正确的康复观,对康复工作形成正确的认识,尊重和保护学生的隐私和权益,主动承担学生康复工作的社会服务责任。

2. 专业知识

教师需要具备心理学、特殊教育学和康复医学等理论知识,为不同类型学生不同领域的教育康复训练奠定基础。此外,教师需要系统学习特殊儿童的言语、听觉、语言、认知、情绪行为、运动、学习能力七大领域的评估和干预内容,把握大多数学生均存在障碍缺陷的一般性和普遍性。同时,教师还需要学习脑瘫、智障、孤独症等学生的教育康复训练内容,聚焦不同类型学生康复训练的差异性和特殊性。

3. 专业能力

教师需要系统掌握康复训练评估和干预的技能,运用所学康复训练的理论知识对脑瘫、智障、孤独症等类型特殊学生进行教育康复评估、拟订教育康复计划、设计教育康复活动和进行教育康复干预,综合运用多种康复技能,利用现代科技与辅助技术解决学生的教育康复相关问题。

(四) 职业教育专业素养

1. 专业理念与师德

教师应该理解职业教育工作的重要意义,热爱职业教育事业,具有职业道德和敬业精神，愿意并乐于从事职业教育工作。同时，教师应该树立人人皆可成才的职业教育观，遵循学生的身心发展规律，培养学生的职业兴趣，为学生提供适合的教育，提高学生的就业能力、创业能力和终身学习能力。教师应该了解产业发展、行业需求和职业岗位变化，具有终身学习和持续发展的意识与能力。

2. 专业知识

专业知识是支撑教师专业能力的基础，教师只有具有深厚的专业知识才能履行好自身的工作职责。首先，教师需要学习教育知识，以了解学生在不同教育阶段以及从学校到工作岗位的心理和学习特点。其次，要学习职业背景知识，掌握所教专业涉及的职业资格与标准，了解行业发展趋势以及用人单位的用人标准和岗位职责。再次，要学习课程教学知识，根据学生的专业学习认知特点和技术技能特点采取适当的教学方法和策略。最后，要学习通识性知识，具备一定的自然科学和人文社会科学知识。

3. 专业能力

职业教育的专业能力不仅强调教师自身需要掌握本专业职业岗位的知识和技能，教授学生职业的技术知识和技能，也强调在校外与用人单位进行沟通与合作。首先，教师需要熟悉本专业职业岗位工作的内容要求和操作流程，掌握相关职业技术理论内容与实践操作。其次，教师要基于职业岗位工作的需求设计培养目标和实施教学过程，运用理论与实践相结合的方法来帮助学生掌握职业技术的知识与技能。再次，教师需要与用人单位进行对接联络，促成学校与用人单位互助合作。

典型案例

我的以赛促教之路

于 磊

2015年秋季学期，我来到元平入职，并在职业教育教学一部工作至今。很幸运，我从刚来到学校时一位初出茅庐的新教师，通过八年的工作，不断得到很多学习、历练的机会，不断成长，小有收获。

回顾日常工作，我经常会和教研组的同事们讨论一篇教学设计、一个教学内容、一节课，大家都各抒己见，每人都拥有了多份知识。我们还会针对某一个优秀课例进行研讨，大家从不同的角度汲取营养，再运用到自己的教学中。

保持谦逊，不断学习。在成长的路上，学校给了我很多的学习机会，如新教师培训、新手班主任培训、教坛新秀研修、骨干班主任培训等等，在一次次的培训中我不断更新观念、开阔眼界，也在实践中精进创新。

日常教学就是我踏实每一步的训练场。所谓不积跬步无以至千里,我认真走好当下的每一步,上好每节课,教育好每位学生;带着满腔的热血、教育的热情、踏实的态度、敬业奉献的精神、敢闯敢干的冲劲儿,为自己的职业道路书写炫丽故事,也为特殊教育发展助力。

以赛促教,以赛代练,这是我成长路上的深深感悟。让比赛发挥原有的促进教师成长的功能,通过一次次比赛审视自己,检查自己的不足,然后再充实补弱,继续前行。比赛结束只是表示在竞技场上的对决暂停,而从比赛中吸取的营养可以由此开始在日常教学中得到内化。每次参加比赛,我都感到荣幸与感恩,因为处处遇到的都是鼓励与支持。学校领导及老师们提出的建设性意见都会令我回味许久,引导我思考,去发现不足,并督促自己在教学中改进;比赛也为我搭建了学习平台,提供了学习机会。面对比赛,我充满期待。比赛结束后,我总会认真反思总结,因为我知道教师成长道路还很长。比赛还调动了我学习与成长的积极性,激发了内在潜能,为以后的成长努力提供了方向和目标,同时也积累了宝贵经验和素材,为我今后成为综合素质一流的教师队伍中的一员打下坚实基础。

我将坚持以赛促教之路,不断在比赛中磨砺自我,提升自我!

注:于磊老师在市级及以上比赛中获奖情况如表8-4所示。

表8-4 市级及以上比赛获奖情况

年份	奖项
2017年	第二十一届全国教育教学信息化大奖赛特殊教育组一等奖
2017年	全国中小学创新课堂教学实践观摩活动教学评比三等奖
2017年	深圳市教育教学信息化大奖赛特殊教育组三等奖
2018年	深圳市第四届微课大赛一等奖
2019年	深圳市教育教学信息化大奖赛课例三等奖
2020年	第八届深圳市直属学校中小学班主任专业能力大赛中职组二等奖
2020年	深圳中小学教师微课大赛三等奖
2021年	深圳市中小幼青年教师教学能力大赛一等奖
2022年	广东省第三届青年教师教学能力大赛三等奖
2022年	广东省融合教育优质资源征集活动二等奖
2023年	深圳市青年教师教学能力大赛二等奖
2023年	第八届远程教育教学资源征集与应用活动优秀奖

二、职业技能

"双师型"教师是指具备相关教育教学能力,掌握相关职业技能,持有教师资格证和职业技能资格证的复合型专业教师。学校通过多种途径努力将高中教师培养成为"双师型"教师,使高中教师在拥有相关教育教学能力的基础上,学习和掌握相关职业技能,具备一定的职业岗位职责实践能力,掌握职业技术规范,熟悉技术操作流程,把专业理论与职业实践结合起来高效地指导学生,加快学校职业教育发展步伐。

(一)进行职业技能培训

心智障碍学生职业高中教育的特殊性对教师提出较高的素质要求,教师既要具备扎实的专业理论知识,又需要有专业实践能力;既要掌握心智障碍学生的心理和教育知识,又要具备普通职业教育教师的知识和技能。学校与校外企业进行合作,组织了多次职业技能培训活动,努力创建一支素质优良、结构合理、专业素质过硬的教师队伍,提高心智障碍学生高中阶段特殊教育教学质量,激发办学活力。

2023年,万豪国际酒店面向元平特校相关专业教师、学生,开展线上公开课"大师来敲门"项目,通过行业资深专家的视角阐析酒店各职能领域的职业路径。万豪国际酒店的12位讲师在3个月中与教师和学生们在云端见面,通过生动的课程讲述和他们自身的职业故事,在交流与互动中拓宽教师和学生们的专业认知,提高教师和学生们的行业认可,共同助力学生们开启职业生涯。具体培训安排如表8-5所示。

表8-5 万豪国际2023年线上职业技能培训课程

序号	培训时间	培训主讲	培训内容
1	3月30日	日赛谷丽思卡尔顿隐世酒店 总经理 Marcel Damen	酒店核心基础: 这般体验,爱了爱了
2	4月6日	三亚海棠湾民生威斯汀度假酒店 总经理 Lewis Tu	职业综合素养: 追随你的灵感,诠释品牌调性
3	4月13日	沈阳太阳狮万丽酒店 助理人力资源总监 Carolyn Zuo	职业综合素养: "礼"和"貌",我全都要
4	4月20日	西安万丽酒店 酒店经理 Eric Tao	酒店核心基础: 酒店运营,拒绝摆烂
5	4月27日	重庆喜来登大酒店 驻店经理 Damon Liu	酒店核心基础: 解锁无处不在的酒店"神仙"服务
6	5月4日	北京粤财JW万豪酒店 餐饮副总监 Willy Lin	酒店核心基础: 餐食正当味,服务还能"卷"

续表

序号	培训时间	培训主讲	培训内容
7	5月11日	郑州建业艾美酒店 餐饮总监 Elton Chong	酒店核心基础： 做新时代的知"食"分子
8	5月18日	广州正佳广场万豪酒店 运营总监 Catherine Wang	酒店核心基础： 转危为安，一"契"呵成
9	5月26日	南京威斯汀温泉度假酒店 人力资源总监 Samuel Gao	初阶管理： 好好说话，停止内耗
10	6月1日	福州天元国际威斯汀酒店 人力资源总监 Susan Tang	初阶管理： 一起"薅"时间的羊毛
11	6月8日	上海漕河泾万丽酒店 驻店经理 Helen Wang	初阶管理： 由"兴"而为，筑梦未来
12	6月15日	苏州太湖万豪及万丽酒店 人力资源总监 Cissy Chen	初阶管理： 面试官不会告诉你的底层逻辑

（二）前往企业顶岗学习

学校自开办职业高中以来，始终坚持"以服务为宗旨，以就业为导向"的办学方针，按"三进三出"（三进：企业文化进校园、岗位工作任务进教材、实际工作流程进课堂；三出：教师到企业顶岗锻炼、学生到企业顶岗实习、学生到顶岗企业就业）的模式走校企合作的道路，并不断探索与企业进行更丰富多元的深入合作。其中，教师到企业顶岗锻炼是学校增强"双师型"师资力量、提高教师职业技能的一项重要措施。

为增加教师的企业经验和提升专业实践技能的教学能力，及时了解和掌握所从事专业的国内外新知识、新工艺、新设备和新技能，学校专业教师代表与酒店工作人员深入交流，教师们像学生一样穿上工服，在部门主管师傅的指导下进行顶岗锻炼。他们认真观察，积极请教，与酒店工作人员探讨具体的操作流程和方法。通过顶岗锻炼，教师们了解了企业实际工作内容以及行业最新动态，有助于增加企业经验，刷新专业知识，及时调整教学内容，让专业教学更切合工作实际和企业需求，促使教学质量不断提升，学校教师的职业技能水平和职业素养不断提升。

2023年3月22日和3月30日，学校职业教育教学一部10位老师和18位学生分别前往深圳东海朗廷酒店、深圳博林天瑞喜来登酒店进行顶岗实习，参加顶岗实习的教师来自中西面点、园林绿化（插花艺术方向）、高星级饭店运营与管理（洗衣服务方向、客房服务方向）、中餐烹饪等专业。

充满花香的职业成长
——李碧珍教师专业化发展的个案研究报告

教师专业化是新时代教育的重要标志,也是教育现代化的必然结果。教师专业化发展的根本目的是提高教学效率,使教学达到艺术化水平。李碧珍老师本着一切为了残疾孩子的教育宗旨,在特教这块热土上辛勤地耕耘了十几个春秋,育残成才,特别是近两年向着职业高中插花专业教师的方向发展,她尽情地享受着充满花香的职业成长。

李碧珍老师是元平特校的一名教师,毕业于华南师范大学生物系本科。经过多年的专业化发展培训,她已经由一名刚出校门的青年教师成长为一名高级教师,以及同时拥有"插花员"和"客房服务员"初级资格技能证书的"多证"教师,现在是学校职业高中经验丰富、技术一流的插花专业及客房专业资深教师。

一、树立崇高的职业道德和敬业精神是教师专业化发展的前提

李碧珍老师在大学时期便加入了中国共产党,作为一名具有20年党龄的党员,始终能按照共产党员的标准严格要求自己,爱岗敬业,积极参与扶贫帮困、抗震救灾献爱心等活动,曾获"校优秀共产党员"称号。

在担任班主任的10多年间,李碧珍老师始终兢兢业业,尽职尽责,热心关爱着每一位学生。她突出的工作表现得到了学生、家长和学校的高度认可,一时成为全校的佳话。例如,2010年她班上的迟同学和欧同学,经过学校和老师们12年的培育,职高毕业后,被深圳福田香格里拉大酒店录用,真正做到了残而有为,做社会的有用之人。李碧珍老师不仅被评为"深圳市优秀班主任",其先进事迹还被《深圳特区报》以名为《李碧珍:为特殊教育奉献一片爱心》的文章进行了报道。

此外,凭借着在班主任工作中的丰富经验和突出成绩,2011年,李碧珍老师还代表学校参加了在北京召开的全国第五届中(职)小学班主任论坛,并获论文二等奖的优异成绩。

二、教改科研是教师专业化发展的摇篮

李碧珍任现职以来在省级刊物上发表论文4篇,全国论文比赛获奖3篇。论文《浅谈智力障碍学生职业教育校本课程开发与研究》在全国特殊教育学校职业教育校本课程开发与研究论文评比中获二等奖,并在大会上宣读,与全国特教同行交流。论文《智障学生职业教育的"订单式培养"模式》获全国第三届现代特殊教育论文大赛二等奖。

在专业学术研究上,李碧珍老师还参与了多项课题研究:2008年参与市级课题"特殊学校与普通学校班主任自我效能的比较研究";2011年参与国家级课题"以就业为导向的立交桥式特殊教育学校职业教育模式研究"与校级课题"智障职高教师专业化发展的行动研究"的研究。

此外,在校本教材的编写工作上,李碧珍老师还积极参与了职业高中部《插花艺术课程标准》《面点示范性课程指导手册》等教材的编写。同时也参与编写"特殊学校教育·康复·职业训练丛书"中的《智障学生职业教育模式》。

三、终身学习是教师专业化长足发展的基石

教学相长,要变"一桶水"为"长流水",教师必须在慷慨"给予"的同时努力"汲取",变"教"为"学",变阶段性"充电"为全程学习、终身学习,在教学中要坚持理论探索,与时俱进,打破学科界限,增强教育智慧,提高自身素质,促进自身专业技能的提高。

李碧珍老师利用周末报名参加插花艺术的培训,努力考取了插花员初级技能资格证书。在学校的高度重视下,2010年李碧珍老师创办的插花功能室正式投入使用,开办了职业高中插花专业,并开通了花意插花博客。正如她自己所说的,"插花表现无穷创意,送花表达浓浓心意。让我们在插花中寻找美,在插花中体会善,在插花中品味真",每一次的插花课都给学习插花专业的学生们带来了插花艺术的美的享受。她认真钻研职业技能理论,努力提升专业技能实践水平。为此,她多次前往企业顶岗学习,积极参与各类技能培训,不断汲取先进的专业知识,同时在专业教学上积极创新实践,如将插花课与陶艺、结艺等专业课程结合。在平时的教学工作中,李老师与插花团队一起研讨、备课,并在实操中不断优化教学内容。如教学生切花泥这个步骤中要使用到锋利的刀,为了保证学生安全,李老师和插花团队老师们经过反复实操和总结,发现直接用花礼盒倒扣使劲切压,可以把花泥印出来,圆形的花泥就用圆形礼盒,心形的花泥就用心形礼盒,不再需要用刀来切,这样就能更好地保证学生的安全。

李老师不仅深入学习插花技术,还积极学习客房服务理论知识和技术,并同时考取了客房服务初级资格证书。凭借对职业教育的无限热爱、深厚扎实的专业积淀和高超的插花技术,李碧珍老师2012年被评为学校"名师工程"职业教育学科带头人。同年,她被邀请担任深圳市第一届"莲花杯"插花花艺大赛决赛裁判。她还经常与不同酒店的插花师交流合作,共同完成插花作品,也积极带学生去花房学习。

李碧珍老师充满花香的职业成长经历,是元平特校职教部教师专业化发展的一个缩影,广大青年教师和李碧珍老师一样,都经历了这样的一个专业化发展的历程。我们坚信,只要沿着这条道路走下去,我们的教师队伍会更优秀,元平特校职教部教

师专业化发展一定会取得更加丰硕的成果、更加巨大的进步。

三、对外联络能力

校企合作是学校职业教育发展的生命线。职业教育部教师担负着学校对外交流联络的任务，是学校寻求与企业合作机会的桥梁。因此，教师在提高自身职业教育综合素质，教授学生职业教育理论与技能的同时，还需要提升自身对外联络能力，积极寻求企业见习、实习和就业合作机会，与企业进行密切沟通联系，促进学校与企业之间的有效对接，更好地帮助心智障碍学生实现适宜就业，为企业不同岗位输送优秀人才。

（一）教师前往企业进行就业支持

学校就业支持团队由就业支持小组、学生班主任、专业课老师、心理老师、学生家长和酒店"阳光导师"、企业管理层与志愿者等共同构成。就业支持团队将整个职业教育高中部教师作为支撑力量，负责与企业、家长和学生之间的协调工作。平时，只要同学们在企业遇到问题，就业支持团队都是第一时间协调处理。学生见习阶段，就业支持团队教师陪伴学生前往企业参加就业培训和实岗锻炼，教师、学生与企业工作人员交流探讨岗位工作具体的操作流程和方法，以加深师生对实际工作岗位职责的认识，便于教师后续调整校内理论与实践教学内容。学生实习期间，学校职业教育部教师会定期前往酒店了解学生的工作情况，并与酒店工作人员保持密切联系，及时了解实习学生的工作表现、情绪和身体状况等，及时帮助学生克服工作中遇到的困难和不适，帮助学生在工作实习中成长和进步。学生进入企业就业之后，就业支持团队教师会定期前往企业回访，与毕业生的直接领导交谈了解他们的工作表现，共同解决毕业生在工作岗位中存在的不足和遇到的困难。

（二）教师参与校企合作相关活动

一方面，企业派遣专业人员到学校进行教师职业技能培训活动。职业技能培训活动是由企业派遣专业人员全程负责授课，培训的主要内容按照企业各个岗位的操作标准而进行，旨在让教师更加了解企业的业务范围、工作流程和操作规范，并利用实训时间，进一步强化教师的专业技术水平，使学校教师清晰掌握企业各个岗位的操作标准和规范流程，培养出更加符合企业用人标准的学生。另一方面，学校职业教育部教师前往企业进行宣讲和洽谈。特殊学生在工作中和企业员工的磨合尤为重要。因此，职业教育部教师在向企业进行宣讲时，除了会介绍不同类型学生的共性,尤其会强调个别学生存在的特殊习惯,比如有的学生一紧张就喜欢蹦蹦跳跳,有的学生平时会碎碎念等,提前给企业打"预防针",同时双方就学生存在的问题进行交流探讨,寻求合理建议。此外,学校职业教育部教师常常要去企业考察,与企业洽谈合作,拓展校企合作项目。目前,已经有58家企业和元平特校达成长期见习、实习和就业的友好合作。

对外联络能力优秀案例

张晓琼,旅游管理专业硕士研究生,教龄9年,中学一级教师,拥有导游证(初级)、心理健康教育A证,也是高级家庭教育指导师、中医健康管理师,获得"IITTI国际认证:形象礼仪、商务礼仪和餐饮礼仪"。

张晓琼具备良好的职业形象和沟通能力,拥有近4年企业工作经验,3年多中等职业技术学校教学经验,6年特殊教育教学经验。

张晓琼曾担任深圳观澜湖高尔夫球会人力资源部培训副经理,多次参与高尔夫世界杯赛事重要领导嘉宾接待与沟通工作;2012年4月至2012年7月,在深圳第一职业教育集团工作,与深圳多所职业院校对接,沟通协调,包括深圳职业技术学院(现为"深圳职业技术大学")和各中职学校。组织各成员学校参加全国职业技能大赛学生作品展示、参与筹办市中等职业教育与产业发展高峰论坛等。

张晓琼现为元平特校就业支持小组成员,主要负责与餐饮业、旅游行业企业的沟通。因熟悉企业(尤其是酒店业)运作,与各企业人力资源部负责人和相关对接人沟通起来非常高效。

张晓琼人脉资源宽广,与国际酒店领袖机构总裁、最佳东方副总裁、深圳市酒店业商会秘书长,和深圳、广州、成都、海口等69家高星级酒店、高尔夫球会或俱乐部、高端餐饮连锁机构、高新技术企业等的总经理、人力资源总监、人力资源经理、招聘经理以及其他一线运作部门负责人等都保持着长期联系。例如,深圳本地常联系的企业有希尔顿酒店集团深圳区7家酒店、万豪国际集团深圳区10家酒店、洲际酒店集团深圳区3家酒店、深圳观澜湖高尔夫球会、深圳东海朗廷酒店、深圳湾安达仕酒店、深圳四季酒店、深圳香格里拉大酒店等。每个月至少与8家企业保持沟通,沟通方式多样,包括参访、面谈、打电话、发邮件等。平均每周与企业的沟通时长为7小时左右。

其具体工作内容包括:

1. 代表学校就业支持小组与企业对接人士沟通。沟通内容涵盖校企合作各项事宜、学生就业支持全过程与细节等。

2. 了解企业岗位需求和对学生能力的要求，反馈给学校，通过对岗位情况和学生情况进行分析，为学生制作人职匹配分析表、制订个别化就业支持计划；协助学校老师提高学生专业技能、软技能(形象礼仪、沟通礼仪、主动服务意识等)，进行学生面试前专项指导，包括指导制作简历、教授面试技巧、开展校内模拟面试、交通出行规划等一系列就业支持培训，提前做好学生就业转衔支持。

3. 积极提供就业支持服务，帮助学生适应新工作(工作内容与流程、人际关系、环境、制度等)，直到学生能独立胜任工作。例如，学生上岗前，与学生班主任、家长理念达成一致，共同给予支持；陪伴学生办理实习或入职手续；将学生详细情况介绍给部门领导、"阳光导师"(自然支持人)及相关同事，以利于其相处与共事、管理与融合；帮助学生熟悉新环境、建立新的人际关系；确认学生了解企业和部门管理规定并遵守；确保学生熟悉岗位工作流程、掌握必备技能、达到既定工作量；与"阳光导师"和家长保持密切联系，跟进学生适应情况和工作表现；持续跟进，对"有情况"的学生，及时与学校沟通，请相关专业老师进行技能指导，或邀请班主任和心理老师提供心理支持，鼓励学生调整状态，度过迷茫期等，保持学生实习就业的稳定性。

4. 主动拓宽平台，为学生开发新的实习就业单位，开发更多合适特殊学生的工作岗位，推进学生职业体验、跟岗实习与顶岗实习。

5. 收集整理学生实习就业案例，结合岗位要求与工作需求，就工作上出现的共性问题，反馈给就业指导小组以及相关领导、班主任、老师等，为学校进一步优化课程设置、改进教学内容、提高学生社会适应、职业能力等提供依据。

6. 积极正面与企业相关人士沟通，增进企业和社会对残障人士的了解、接纳、理解与支持，为促进残障融合不断努力。

张晓琼老师作为就业支持小组代表，在学校的大力支持下，还借助最佳东方和深圳市酒店业商会搭建的平台，以"了解促共融·携手创未来"为主题进行演讲，让更多企业和社会人士了解特殊群体，知晓他们的特点、优势以及管理方法，为更多心智障学生参与融合就业奠定良好的基础。

后附张晓琼老师获得的荣誉：

在广东省教育研究院组织的特殊教育学校个别化教育研究优秀成果征集评选中获评"优秀个别化教育研究案例"一等奖；在广东省教育厅举办的2022年"迎接党的二十大　培根铸魂育新人"为主题的师德征文活动中获中学组征文一等奖；2023年深圳市中小幼青年教师教学能力大赛三等奖；在深圳市教育局直属学校2013届教师培训中参加"我的教育教学故事分享"活动中表现优异，被评为一等奖；教学设计、教学反思多次获奖；同时，多次荣获"优秀班主任""家长、学生心目中喜爱的班主任""先进个人""校内考核优秀"等。带领学校高星级饭店运营与管理(客房服务方向)专业课程老师们齐心协力,以专业课程为载体提前做好学生就业转衔支持,共促多名学生成功就业,该教学案例在学校2023年"课堂教育教学金点子征集及展示活动"中被评为"十佳金点子"和"最佳理念奖"。

第九章　心智障碍学生高中教育发展成果

深圳元平特殊教育学校创办于1991年,是深圳市第一所公办特殊教育学校,是为听力障碍、视力障碍学生提供小学、初中、高中教育,为智力障碍等其他类型特殊学生提供中职阶段职业教育、与高职院校合作开展中高职教育的综合性特殊教育学校。学校还承担着深圳市特殊教育指导中心和深圳市特殊教育资源中心的双重职责,为全市的特殊教育提供有力的支持与指导。学校坚定地秉持"以人为本、育残成才"的办学宗旨,不仅致力于提升学生的知识水平,更重视他们的个体差异与特殊需要。通过认真贯彻并执行特殊教育提升计划,学校已经取得了显著的教育教学成果。

在追求"建设全国特殊教育强校"的道路上,元平特校勇于创新,高度重视特殊教育的质量,积极打造中国特殊教育和中国人权事业的"两个窗口",并努力在教师队伍建设、特殊教育改革和人权保障水平三个方面达到"三个高地"的标准。这种追求卓越、持续改革的精神,使得学校多次荣获国家级荣誉,其中包括8项重量级的奖项,每一项都证明了学校在特殊教育领域的卓越贡献与影响力。

经过多年的努力和创新,元平特校的教育教学质量得到了显著的提升。这种提升不仅仅体现在学生的学业成绩上,更体现在学生的综合素质和适应能力上。元平特校为中国特殊教育树立了一面旗帜,不仅在全国范围内产生了深远的影响,还为每一位学生打开了通向成功的大门。

第一节　学校高质量发展成果

构建高质量特殊教育体系既是建设教育强国的内在要求,也是推进残疾人事业全面发展的重要体现,更是办好人民满意的特殊教育的最终目标。特殊教育的发展离不开国家和社会的深度支持和投入。作为时代赋予的重要责任和使命,特殊教育应积极回应,努力为新发展格局的构建和高质量发展的推动贡献自身力量,进而形成一个"资源输入—服务输出"的正向循环,为人民提供满意的教育服务。

特别是对于心智障碍学生,他们对特殊教育的需求和依赖更为明显和迫切。因此,学校更应注重培养其思想道德素质,提高其知识技能水平以及社会适应能力,进而帮助他们实现生活自立,最终成为有用之才。在这一过程中,我们需要引导他们从依赖资源到能够利用资源,再到独立自主地发展。这种转变不仅能深度挖掘他们的人才价值,更能最大化地促进学生的个人发展,为他们的家庭带来更多的幸福和福祉,同时也为社会的进步和发展做出积极的贡献。

特殊教育是社会进步和发展的重要组成部分,元平特校在特殊教育高质量发展的道路上做出了积极的探索,学校通过提升学生质量、扩大学校影响以及深化企校合作等多方面的努力,为社会进步和发展做出了积极贡献。

一、学生适宜发展成果

根据《特殊教育学校办学质量评价指标》的规定,学生适宜发展是评价学校办学质量的关键指标之一。学生适宜发展涵盖了三个层面的要求:思想道德素质、知识技能水平和社会适应能力。这三个因素对学生适宜发展的帮助各不相同,但缺一不可,共同构成了一个完整的发展框架。

思想道德素质是学生适宜发展的根基。它关注学生的价值观、道德观念和良好行为习惯的形成。通过培养良好的思想道德素质,学生能够建立起积极的人生态度,懂得尊重他人、关爱他人,并养成良好的习惯。良好的思想道德素质可以为心智障碍学生的社会交往和生涯发展打下坚实的基础。知识技能水平是学生适宜发展的重要支撑。特殊教育学校的学生在知识技能的学习上可能面临着更多的挑战,因此,学校应注重个别化教育计划的制订和实施,确保每位学生都能够在适应自身需求的教学环境下获得相应的进步。提高学生的知识技能水平,有助于他们更好地适应社会生活,实现个人价值。社会适应能力是学生适宜发展的核心目标。心智障碍学生在成长过程中可能面临着与普通人不同的困难和挑战,因此,学校应注重培养学生的社会适应能力,帮助他们掌握与人交往的技巧,增强解决问题的能力,从而助力他们更好地融入社会,实现自己的人生价值。

元平特校从"以人为本、育残成才"的办学宗旨出发,在学生适宜发展的目标上成果斐然,具体可以体现在学生就业及获奖等成果上。

(一)学生荣誉称号

元平特校落实立德树人根本任务,高度重视特殊学生的全面发展,重视学生的素质教育,营造了健康、文明、高雅、和谐的校园文化气氛。自 2012 年以来,学生先后获得包括"优秀学生""三好学生""优秀学生干部""自强好少年""新时代好少年""特区模范少年"在内的省级荣誉称号3人次,市级荣誉称号21人次。

(二) 学生技能证书

心智障碍学生在发展过程中可能面临诸多挑战。不少心智障学生在社交、沟通等方面存在一定障碍,因此需要提供有针对性的支持和辅助,如职业辅导、心理辅导等,以帮助他们更好地发挥自身能力。通过学校教学、家校合作与社会支持等,心智障碍学生在职业技能测试中取得了一系列的成果。这些成果不仅验证了他们在某些专业领域内的技能和才华,更在实际操作层面证明了他们在工作场所的适应能力和执行力,使他们有可能在合适的岗位上为社会创造实际价值。而在此过程中,职业教育发挥着重要的作用,学校在教育多样性和适应性方面的努力也至关重要。截至2023年12月,元平特校学生取得职业技能证书的共151人,包括西式面点师、中式烹调师、客房服务员、茶艺师、全国计算机等级考试(一级计算机基础及 MS Office 应用)、全国计算机信息高新技术图形图像处理模块操作员、全国计算机信息高新技术办公软件应用模块操作员等技能证书。

(三) 学生就业情况

据统计,当前我国城乡持证残疾人就业人数达905.5万人,与我国当前接近3 781万的残障人口总数相比,就业率约为24%;根据美国劳工部的数据,截至2023年10月,美国残障人士就业率为22.6%,而这一数字与无障碍人群65.8%的就业率相比仍然相差甚远。在此基础上,心智障碍人士的就业状况更是值得关注,在各类残障人群中,心智障碍者一直是就业困难最大的群体之一。据不完全统计,当前我国心智障碍人士的就业率在4%左右,整体就业状况堪忧。有人大代表指出,"心智障碍青年因缺乏工作机会而难以走向社会、融入社会,功能退化严重,给众多家庭带来了沉重的经济负担,成为一个社会问题","2 000万名心智障碍者背后,是2 000万个急需帮助的家庭和超过8 500万家庭相关人员"。因此,心智障碍者的就业状况不容忽视,这不仅有关心智障碍者自身实现个人价值与社会融入,对于增进家庭福祉、促进社会公平与进步更是具有重要意义。

根据元平特校毕业生情况统计和就业在职统计,从2011年到2023年,元平特校共计663名毕业生,就业人数有335人,其中部分学生社会融入状况比较好,稳定就业5年以上的有117人,稳定就业10年以上的有37人。他们分别在深圳观澜湖高尔夫球会、深圳瑞吉酒店、深圳大中华喜来登酒店、深圳机场希尔顿逸林酒店、深圳东海朗廷酒店、深圳博林天瑞喜来登酒店、深圳中洲万豪酒店、深圳益田威斯汀酒店、深圳湾安达仕酒店、深圳香格里拉大酒店、深圳四季酒店、百胜餐饮（深圳）有限公司肯德基餐厅、麦当劳餐厅、深圳华大基因研究院、沃尔玛超市、人人乐超市、深圳岁宝百货、富士康公司、多咕力国际教育中心（深圳）有限公司、深圳民爱残疾人综合服务中心、深圳喜憨儿洗车中心、深圳凤凰楼饮食服务有限公司、深圳市鲜誉营养餐有限公司、芭依珊（深圳）餐饮管理有限公司、费大厨、奥仕达电器（深圳）有限公司、欣冠精密有限公司、深圳骏高物业服务有限公司、金鑫物业管理有限公司、龙岗区龙城街道愉园社区职业康复中心、鹏城建筑集团公司、广东联兴建有限公司深圳分公司、宝安文体中心、深圳爱特乐团、圣匠珠宝有限公司、龙吉顺清洁有限公司、汉森棋院、深圳彩虹动漫有限公司、大爱艺术学校、文博宫启艺轩、深圳双祺植绒布公司等企业工作。

（四）学生升学情况

高职高考，是高等院校高职班招收中等职业学校毕业生的招生考试，中职学生可参加全省统一的高考，通过录取后进入正规大学就读全日制大专或本科。学生必须具备一门专业技能证书，同时笔试考语文、数学、英语三科，所以简称"3+证书"高考。对于心智障碍学生来说，高考似乎就是一种遥不可及的梦想，但元平特校勇于尝试，敢于挑战，帮助一批渴望升入高等院校、有一定学习能力的特殊学生实现了"升学"的突破。学校组织骨干教师开设"3+证书"高考特训班，除了学习中职专业课程之外，重点辅导学生突破语文、数学、英语、计算机等科目的难关。2023年2月，学校首批参加"3+证书"高职高考的3位学生顺利考取大学。其中，黄禹睿同学以总分276分，高出本科线16分的成绩，同时被新安职业技术学院计算机应用技术专业和深圳技师学院珠宝首饰设计与制作专业录取；梁庭玮同学被广州华立科技职业学院中医学专业录取；黄松晖同学被广州华商职业学院电子商务专业录取。这样的尝试还在不断地推进，相信会有越来越多的心智障碍学生也能圆梦心仪的大学，成为更好的自己。

二、师资队伍建设成果

特殊教育师资队伍建设是提高特殊教育质量的关键因素之一。特殊教育教师从广义的角度看，不仅包括直接从事特殊儿童教育的一线教师，还包括培养一线教师的教师。特殊教育的发展首先取决于特殊教育教师的质量，特殊教育教师不仅是教育工作者，也是家庭支持者、社会进步的推动者。《"十四五"特殊教育发展提升行动计划》中强调，"加强特殊教育教师队伍建设"，注重教师队伍质量的提升，不断完善特殊教育保障机制。当前我国特殊教育师资培养存在起步晚、基础薄弱、发展不平衡等问题，在规模、结构、培养质量以及培养机制等层面上面临诸多挑战。有学者指出，我国特殊教育师资队伍存在数量不足、培养类型单一、高层次师资匮乏、融合教育教师缺位等问题。

教育发展，师资先行。2018年中共中央、国务院《关于全面深化新时代教师队伍建设改革的意见》指明了特殊教育教师队伍建设的主要方向，即建设高素质专业化特殊教育教师队伍。随着越来越多的特殊儿童进入学校学习，特殊教育生师比进一步扩大，学生类型多样、师资不足等问题更是对教师素养提出要求。有研究指出，我国特殊教育发展对师资的新需求包括：应对多类特殊儿童不同需求的特殊教育师资、既能直接从事又能指导融合教育工作的特殊教育师资以及具备职业生涯发展规划能力的特殊教育师资。此外，还要求教师秉持热忱深厚的特殊教育情怀。为了更好地促进特殊教育高质量发展，必须要在扩大师资培训规模、创新师资培养模式以及提高培养层次等方面持续努力。

元平特校十分重视师资的培养，一直致力于多路径、多渠道培养教师，努力打造高水平、专业化的特殊教育教师队伍（见第八章），并在教师教学能力、科研能力和职业能力三个方面取得了一定的成效。

（一）教师队伍人才不断增多

截至2023年12月，学校共有广东省名校长工作室主持人1人，省特级教师3人，省中小学"百千万人才培养工程"名师培养对象3人，深圳市高层次人才2人，市教学名师4人，市名师工作室主持人1人，市教科研专家工作室主持人1人。

此外，学校根据职业高中教师专业及发展意向，成立职高专业组职业艺术类学科组（23人）、职高专业组饭店服务与餐饮类学科组（25人）、职高专业组管理与服务类学科组（19人），打造教师教科研学习共同体。学校在职业高中教育领域的教师队伍得到了进一步扩充和完善，为职业高中教育的专业发展提供了有力保障。

（二）教师教育科研成果丰硕

学校在科研成果方面取得了显著的进展，涵盖了丰富的科研成果产出、全面的课题研究、高质量的获奖论文以及不断增加的特殊职业教育教学课题和项目。2022—2023年，在课题研究方面，发展性障碍学生职业高中教育相关课题共有10余项，占学校在研课题总数的45%，其中国家级课题1项，省级课题5项，市级课题2项，校级课题9项，特殊职业教育教学课题和项目逐年增加。

2021年，王建老师在全国优质教育科研成果评选活动中荣获"优质课"一等奖，沈晴琛老师的论文《培智学校班级管理与建设的艺术》在国家级刊物《学习与科普（知与学）》发表，并获得优秀论文一等奖。2022年，张晓琼老师和刘丽萍老师在实践基础上总结的科研成果《从校内岗位实践到成功就业的个别化职业教育案例》获评广东省教育研究院组织的特殊教育学校"优秀个别化教育研究论文"一等奖；《特殊职业高中学校建设》《教师信息技术应用能力提升》成功申报为广东省特殊教育内涵建设示范项目。

2022年1月，陈磊老师的论文《不一样的生命 一样的绽放——一例轻度智障学生抑郁症辅导个案研究》在广东省心理学会心理健康专业委员会开展的中小学教师心理健康征文比赛活动中荣获二等奖。2022年12月，《"五育并举"视域下培智学校心理健康教育课程探析》在广东教育学会2022年度学术讨论会征文评选中获得三等奖。

2023年，学校省级获奖论文3项，获奖案例1项；市级获奖案例5项。丰富的科研成果反映出学校教师在实践基础上的研究实力和创新能力，在一定程度上体现出学校在特殊教育领域的研究水平和专业素养。这些成果也将为学校的特殊职业教育教学和整体发展提供有力的支持和推动。

（三）教师职业能力逐步提高

通过打造复合型教师，获得职业资格证书的教师逐年增多，截至2023年，学校获得职业资格证书的教师有67人，包括中式烹调师、西式面点师、客房整理师、物流师、茶艺师、导游资格人员等职业资格。教师既有教师职业资格，又具有相关专业职业资格，既了解特殊学生的发展特点并采取适宜的教学方式，又能从职业专业的角度帮助心智障碍学生提高劳动技能和专业技能。

三、课程教学实施成果

（一）课程建设

办学以来，学校在课程教学实施方面取得了显著的成果，涵盖精品课程建设、校本课程建设以及推动高质量特殊教育发展等方面（见第五章）。在广东省特殊教育精品课程建设项目工作中，学校多门精品课程成功立项或在研究探索阶段，以"聚焦现状、引领发展、合作研发、实践探索、凝练收获、促进提升"为建设指导思想，通过"梳理—学习—研究—开发—试点—培育—选用"的工作模式运行，力争形成具有科学性、系统性、选择性、适宜性和中国特色、岭南风格的广东省特殊教育精品课程。

在学校校本课程建设方面,2018 年《培智学校"教育、康复、职业训练相结合"校本课程体系建设方案》获广东省特殊教育学校课程建设优秀成果评选一等奖。职业教育重点学科中式厨艺和西式面点校本课程研制成果丰硕,2020 年 10 月《职业教育西式面点教学指导手册》在广东省特殊教育学校课程建设优秀成果评选交流展示活动中,获课程类二等奖(图 9-1)。

图 9-1　课程建设成果

(二) 教学实施

自学校办学以来,教师教学实施能力稳步提升。教学能力的提升,可以从学校职业教育教师在各级各类教育教学课程案例比赛中取得的优异成绩中体现。从 2011 年到 2023 年,学校教师在市级比赛中共计获奖 76 项。在 2022 年与 2023 年中,学校取得了优异的成绩,其中省级奖项 8 个,市级奖项 7 个。这些奖项涵盖了不同的比赛类别和级别,例如教学设计比赛、教学实施比赛、教学反思比赛等。在 2022 年广东省特殊教育学校职业教育教师专业技能类微课比赛中,余钘晖、张秋萍老师的作品《仓储管理实务》获一等奖,黄婕、顾闯老师的作品《单人折叠床单》获二等奖,赵查娜、刘芳老师的作品《花材的固定方法》获优秀奖;2022 年张德生老师在广东省首届美育教师基本功比赛中获二等奖,同时获深圳市一等奖;2023 年沈晴琛老师在深圳市美育现场基本功比赛中荣获二等奖等。

四、学校组织管理成果

学校组织和管理是为达到一定教育目标而采取的措施、途径和手段。良好的学校组织和管理是评价学校办学质量的标准之一,也是促进特殊教育高质量发展的重要因素。元平特校同样十分重视学校的组织与管理。

元平特校坚决保障特殊儿童的平等权益,学校严格遵守国家和地方的法律、法规,确保所有符合规定的特殊儿童都能够顺利入学,不受任何形式的歧视,更让每一位特殊儿童都能在元平特校享受到公平的教育机会。学校在发展规划和工作机制上表现良好,制定了科学合理的发展规划,明确了特殊教育的发展方向和目标。学校健全了特殊教育工作机制,确保特殊教育工作的顺利开展。通过有效的人财物支持,元平特校为特殊儿童提供了优质的教育资源和环境。同时,学校也积极与社区和企业合作,争取更多的资源和支持,为特殊儿童的健康成长创造更好的社会环境。学校在2019年荣获"年度产教融合典范职业学校"的称号,2022年学校荣获产教融合协同育人院校年度奖(图9-2)。

图9-2 组织管理成果

（一）无障碍环境建设

元平特校十分重视无障碍环境的建设。在物理环境方面,学校充分认识到无障碍设施的重要性,严格按照标准进行规划和建设,为每位学生提供尽可能安全舒适的学习与生活环境。

学校每栋楼都设有完整的无障碍通道,包括但不限于坡道、电梯等,每栋楼走廊、楼梯等行走空间都安装有扶手;楼梯和台阶的宽度都超过250毫米,高度不超过150毫米,方便学生行走;校园地面均采用防滑材料,并进行了防滑处理;教室的椅子会根据学生的身高和身体状况进行配备,例如,脑瘫学生有脑瘫学生专用桌椅;校园厕所均设有无障碍出入口,厕所间地面平整,且每个楼层均设有至少两个无障碍厕位。此外,分岔路口都设置了指引牌,每个教室都有名称标识,如个训室、洗衣实训室等,每个班级都配备有电子班牌,学生可以自由查看课表、任课老师、作业等信息。

学校也致力于优化无障碍校园人文环境,逐步形成包容接纳、平等友爱、互帮互助的文化氛围。学校积极消除对特殊学生的歧视和偏见,不断推动融合发展。在人员配置无障碍方面,保安队除了保障校园安全之外,还承担引路任务。学生在校园中时,任何时间都配备老师辅助,教学时间由班主任负责,用餐和休息时间由生活老师负责。此外,所有教职员工都具有及时帮助和引导学生的意识。

(二)智慧校园建设

在推进特殊教育智慧校园、智慧课堂建设方面,元平特校也做出了努力。学校有效应用特殊教育数字化课程教学资源,推动信息无障碍建设,确保特殊学生能够平等、顺畅地获得各类信息资源。这使得学生们能够更好地参与学校的学习与生活,与他们的老师和同学一起共同成长。(表9-1)

表9-1 元平特校智慧校园建设

内部管理	办公OA系统
	爱数据云存储
	电子班牌
教学设施	希沃一体机与希沃白板软件
	教学资源库
安全保障	平安校园人脸识别系统
宣传交流	录播室与微课室
	视频直播点播资源平台

内部管理方面,学校具有办公OA系统和爱数据云存储功能。办公OA系统实现了学校内部的无纸化办公,功能涵盖了学生管理、教职工管理以及物资管理等多个方面,大大提高了行政效率。爱数据云存储功能提供了一个内部教学、教研管理的网络平台,实现了各部门和教师之间的资料共享。

教学设施方面,学校通过希沃一体机和希沃白板软件在班级中实现了交互式课堂,优化了教学体验;同时利用电子班牌,通过统一的班级管理系统,简化了学生名单、考勤、课表等日常管理工作。此外,学校通过自主开发特殊教育教学资源库,丰富了教师的教学内容。

安全保障方面,学校通过平安校园人脸识别系统,在全校范围内追踪学生行踪,增强了校园安全性。

宣传交流方面,学校配有录播室和微课室,支持自动录像功能,便于教师制作和分享优质课程;学校具备视频直播点播资源平台,该平台集结了公开课、比赛课等视频资源,促进了校内外的学术交流。此外,学校网站作为学校的官方信息发布窗口,起着对外宣传和交流的重要作用(图9-3)。

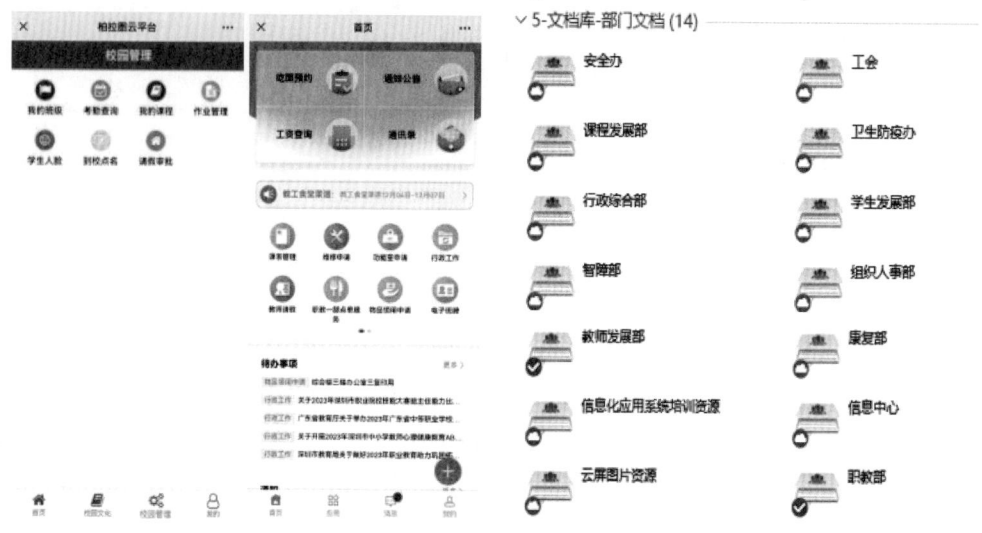

图9-3 元平特校智慧校园建设

五、学校影响及推广成果

元平特校显著的教学效果在全国范围内有着积极的影响,主要体现在其他学校或单位的参访、学校对口帮扶学校、结对学校、姊妹学校和媒体对学校职业教育的宣传等方面。通过以上形式,学校将自身的发展模式及经验进行推广,对于其他学校来说具有一定的参考价值。其他学校可以通过参访,深入了解元平特校教育模式的运作细节、教学方法、学生管理方式等,并结合自身的实际情况进行借鉴和调整,使自身的教育教学也取得良好的效果。元平特校的教育模式得到成功实践后,其教育理念和教学方法被认为具有一定的先进性和有效性。通过推广应用,其他学校可以共享这些优质的教育资源,提升教育教学的效果。同时,通过对口学校帮扶、结对学校等形式可以促进教育公平,推广应用成功的教育模式,减少学校之间的教育差距。特别是对于一些教育资源相对匮乏的学校,可以通过借鉴和采纳优质的教育模式,提升自己的教育教学水平,为学生提供更好的教育机会。以下通过其他学校参访、提供师资培训等方面体现元平特校的影响力。

(一)来访人员单位、人次

从2002年开始,学校接待了来自不同单位的来访者,包括2006—2019年的355所单位,共5 084人次;2020年的15所单位,共100人次;2021年的30所单位,共250人次;2022年的8所单位,共32人次;2023年的46所单位,共450人次。总计接待了454所单位的来访者,共5 916人次。学校接待的单位包括其他学校、教育机构、研究单位、政府部门等,表明学校的特殊教育模式和方法受到了广泛的关注和认可。从 2002 年开始,来访的人次总体呈上升趋势,尤其是在某些年份如 2023 年,人次有显著增长。随着时间的推移,学校的特殊教育质量得到了更多人的认可和肯定。(表 9－2)

表 9－2　元平特校来访人员单位、人次

序号	年份	单位/所	人次
1	2006—2019	355	5 084
2	2020	15	100
3	2021	30	250
4	2022	8	32
5	2023	46	450
总计	2006—2023	454	5 916

学校接待如此多的来访者,在特殊教育领域起到了示范和引领作用。这种示范效应不仅促进了学校与其他单位之间的交流与合作,还有助于推动整个特殊教育领域的进步和发展。此外,来访人次和单位的数量可以视为社会对学校特殊教育质量的"投票"。众多的来访人员与单位反映出元平特校的教育模式得到了社会的广泛认可和赞誉。

(二) 学校对口帮扶学校、结对学校、姊妹学校

自 2002 年起,元平特校与多所学校建立了对口帮扶、结对或姊妹学校关系。其中包括陆丰市河东镇中心学校、广西百色特殊教育学校、澳门明爱学校、青海省特殊教育学校、安徽省亳州市蒙城牛群特殊教育学校、广西百色市西林县特殊教育学校、新疆喀什市特殊教育学校、西藏林芝特殊教育学校、河源博爱特殊教育学校以及香港将军澳培智学校。这表明学校不仅有能力在本校实施高质量特殊教育,还有承担起帮助其他学校提升特殊教育质量的责任。通过对口帮扶,学校可以将成功的教育模式、教学方法和管理经验分享给其他学校,从而促进教育的均衡发展和教育质量的整体提高。同时,结对学校和姊妹学校关系是学校教育交流与合作的重要形式。这种关系的建立,有助于学校之间的深度交流和合作,共同研究、探讨和解决特殊教育中遇到的问题。这种关系的存在,也体现了学校在特殊教育领域的专业性和影响力。

（三）教师支教情况

自 2004 年以来，有多位教师前往不同的支教地点进行支教。其中包括万勇老师前往贵州毕节资金县后寨苗族乡中学支教；刘盈江和梁涛老师前往甘肃省陇南市第一中学支教；胡海平和赵紫悦老师前往广西百色市特殊教育学校支教；张泰萍老师前往西藏林芝市八宜区中学支教；王延宏老师前往广西罗城仫佬族自治县中等专业学校支教。学校派遣多位教师前往不同地区进行支教，反映出学校拥有优秀的教师资源，并且愿意将这些资源输出，与其他地区分享教育成果。支教教师经过学校培训和选拔，他们的专业素养和教学能力值得信赖。支教学校的类型，不仅有特殊教育学校，还有普通学校，证明了学校在特殊教育领域的专业性和综合性。同时，教师们的支教地点涉及贵州、甘肃、广西等多个省份和地区，他们能够在不同的地区和环境中开展支教行动，也在一定程度上证明了学校的高质量特殊教育是可持续、可复制的。此外，学校长期持续开展教师支教行动，这体现了学校在推动高质量特殊教育方面的长期努力。这种长期稳定的支教计划也有助于推动特殊教育的均衡发展。（表 9-3）

表 9-3 教师支教情况

序号	姓名	支教地点	支教时间
1	万勇	贵州毕节资金县后寨苗族乡中学	2004 年 9 月—2005 年 7 月
2	刘盈江	甘肃省陇南市第一中学	2009 年 9 月—2010 年 1 月
3	梁涛	甘肃省陇南市第一中学	2010 年 2 月—2010 年 7 月
4	张泰萍	西藏林芝市八宜区中学	2018 年 3 月—2019 年 7 月
5	赵紫悦	广西百色市特殊教育学校	2020 年 5 月—2020 年 7 月
6	胡海平	广西百色市特殊教育学校	2020 年 5 月—2020 年 7 月
7	王延宏	广西罗城仫佬族自治县中等专业学校	2022 年 9 月—2024 年 2 月

六、社会认可度

社会认可度是衡量特殊教育质量的重要指标之一。家长评价、企业反馈和社会宣传报道等在一定程度上可以反映出社会对于学校办学质量的认可程度。

（一）家长评价

家长评价是高质量特殊教育的重要参考。特殊学生的家长对孩子的教育最为关注,他们对学校的教育质量、师资力量、教学环境等方面都有直接的感受和评价。如果家长对学校的特殊教育工作表示满意和认可,在一定程度上可以反映学校在教育学生方面成果显著。元平特校通过家长开放日、家长会等形式进一步加深学校与家庭的联系,同时也获得了家长的积极反馈。

案例呈现

2111班杨同学家长:"今天参加了家长开放日,对职教二部的发展及目标、课程设置及活动开展有了更清晰直观的认识,孩子们根据自己的能力和兴趣爱好选择适合自己的专业,自理能力、动手能力等都得到很大的提高,老师们特别用心,孩子们在这里能快乐成长,特别感恩!感谢职教二部的老师们!"

2112班郑同学家长:"这次参与家长开放日家校携手、共育成长的活动,从进入校园我就感受到了和谐的氛围,了解了元平特校融入特色教育的办学理念。通过邓部长的演讲,我对'生存''自理''生活'三个关键词有了更深更全面的理解。学校开设的家政服务、园林绿化、工艺美术等专业课程能发掘每位学生的潜能。在家政专业课中,我看到孩子们从最初的不懂和懒散,经过老师们的耐心指导后变得积极主动。"

"每个班级都有一班一品,我们2112班在阳老师的带领下,注重'家校共育,凝心聚力',感谢老师们对孩子们的关心、关爱、包容……感恩学校给孩子们提供安全、舒心的学习环境,让孩子们能快乐地成长,老师们辛苦了!"

2313班李同学家长:"在最近的家长会上,我有幸更深入地了解了学校的教育理念和运作方式。起初,当得知一部和二部被区分开时,我感到了一丝失落。然而,二部的邓部长为我们带来了一次意想不到的惊喜。她的全程脱稿沟通,温暖而接地气的待人方式,优雅感性的谈吐,真诚用心的话语,都深深打动了我们。她从介绍每一位老师,到详细解读课程安排和规划,再到筹划孩子们的未来发展,都展现出了专业性、实用性和接地气的特点。高中三年的逐年规划,显示出对孩子负责任的精神。课程设置丰富而合理,充分考虑到每个孩子的需求。"

"此外,我特别想提到我们13班的赵老师和其他教职工。他们在短短两周内所付出的努力和关心,让我深深感动。赵老师深情感谢我们家长,实际上,我们应该感谢他们无私的付出。班主任和老师们要关心的是一群孩子,而我们家长只需要关心一个孩子,他们的付出是我们每个家长的数倍。"

"在班级会议上,老师们对每一个孩子进行了细致总结和评估,根据孩子的特点因材施教,专业而负责的教学态度让我叹为观止。赵老师甚至把与每一位家长的沟通记录在册,做成文档,以便更好地了解孩子的情况和需求。这种细致入微的工作态度,真的让人佩服。"

"最后,我想说,13班的班级气氛温馨和谐,每个孩子、每位家长、每位老师都积极乐观,和谐美好。这些都是赵老师的功劳。在我们班级群里,赵老师经常分享孩子们的学习与生活日常,大家共同分享喜悦、期盼美好、感激爱意。"

"今天的家长会让我了解了很多,也看到了很多。每一位老师的负责用心,孩子和家长们轻松愉快的交流,都让我感到欣慰。在此,我要为我们的学校点赞,因为有一群让人敬佩的老师在这里默默付出。希望我们的孩子在学校里健康快乐成长,成为有能力、有品质、有尊严的人。"

(二)企业反馈

企业反馈也是心智障碍学生培养成果的重要体现。随着社会的发展,企业对人才的需求也在不断变化。对心智障碍学生而言,就业是其融入社会的重要途径,如果心智障碍学生能够符合企业的需求,顺利融入工作,得到企业积极的反馈,那么就可以反映出学校的特殊教育工作取得了高质量的成果。企业对于学校培养的心智障碍学生的认可和满意度,也可以反映出学校的教育是否与市场和社会需求相匹配。元平特校不断加强与企业间的合作,获得了合作企业的一致认可与越来越多企业的支持。

合作企业对学校心智障碍学生的职业技能、职业素养等综合就业能力满意度逐年上升,对特教老师们的专业素养、特教情怀以及敬业爱生的高尚师德非常钦佩,特别是对就业支持小组老师们的细致工作给予了高度赞扬,几乎所有企业对校企合作各环节沟通效果都表示非常满意,并积极推荐其他企业与元平特校合作,校企协同育人,提高学生综合就业能力。(表9-4)

表9-4 企业满意度

项　　目	设定目标达成率	实际达成率 2021年	实际达成率 2022年	实际达成率 2023年	平均实际达成率
学生职业技能	80%	80.5%	81.7%	83.0%	81.7%
学生职业素养	85%	85.6%	85.9%	87.5%	86.3%
校企合作沟通	95%	97.0%	98.2%	99.3%	98.2%

同时，越来越多的企业开始突破按比例就业，如希尔顿集团，在南区营运副总裁、人力资源总监、深圳区总经理以及各酒店总经理、人力资源总监等人共同推进下，将进一步提高心智障碍学生就业比例，促进更多残疾人参与实习就业，更加适应未来社会需求、融入常态生活、提高生活品质。

（三）媒体对学校职业教育的宣传及报道

元平特校的特殊教育工作得到社会的广泛关注和正面报道，反映出社会对特殊教育事业的日益关注。这种社会认知与认可不仅可以提升学校的知名度和影响力，还可以为特殊儿童争取更多的社会支持和资源。

自 2002 年以来，媒体对学校的职业教育进行了多次宣传报道。据统计，共有 57 次的报道，主要报道媒体包括深圳广电集团、深圳特区报、晶报、深圳晚报、南方日报、深圳商报、中国教育报、南方教育时报等。如在 2009 年第四次全国特殊教育工作会议上，学校介绍"立交桥"职业教育模式，《中国教育报》对此进行头版报道，引起特教界关注。这些媒体具有不同的覆盖面和受众群体，通过媒体报道，学校的职业教育成果和经验得以在更广泛的范围内传播和推广，进一步扩大了学校的影响力。

第二节 学生适宜发展案例

办好特殊教育，提升残疾人受教育水平，是建设高质量教育体系的重要内容，是促进社会公平、扎实推动共同富裕的重要举措，也是社会文明进步的重要标志。从党的十八大报告提出"支持特殊教育"，到党的十九大报告要求"办好特殊教育"，再到党的二十大报告强调"强化特殊教育普惠发展"，展现了国家对特殊教育发展的长远目标与清晰定位，阐明了对特殊教育普惠服务、高质量发展的新时代要求。《"十四五"特殊教育发展提升行动计划》中提出，"着力发展以职业教育为主的高中阶段特殊教育"，《特殊教育办学质量评价指南》中对学生适宜发展提出明确的要求，给高中阶段特殊教育发展提供指引，也反映出高中阶段心智障碍学生高质量发展的重要性。元平特校贯彻落实高质量发展的要求，高中阶段心智障碍学生的教育成果斐然。本节主要从不同适宜发展角度介绍元平特校的典型案例。

一、思想道德素质

对心智障碍学生个体而言，思想道德素质是其个体社会性发展的核心，是促进他们全面发展的必要条件。心智障碍学生虽然在智力和心理方面有一定的缺陷，但他们也是社会的一员，也有自己的人格尊严和价值追求。他们同样需要接受思想道德教育，以提高其思想水平和道德品质，确立自身的社会责任感，树立正确的世界观、人生观、价值观，成为国家有用之才。此外，思想道德教育是保护他们合法权益的有效途径。心智障碍学生由于智力和心理发展方面的障碍，在一定程度上容易受到社会上的歧视、欺凌和伤害，可能会受到不良思想和行为的影响和诱导。因此，心智障碍学生思想道德教育，要注重培养他们的自我意识，增强他们的自我保护能力和自我约束能力，教育他们尊重自己、他人与社会，遵守法律法规，维护自身的合法权益。同时，思想道德教育也是促进心智障碍学生融入社会的重要手段，思想道德教育在一定程度上可以促进学生社会适应能力的发展。思想道德的发展可促进其社会交往、人际沟通方面能力的发展，从而帮助其建立积极的人际关系，实现社会融入与社会参与。

思想道德教育是特殊教育学校认真贯彻国家决策部署、推动特殊教育高质量发展的一个重要内容。作为基础教育"三段一类"的组成部分，特殊教育高质量发展至关重要，思想道德教育是提升特殊教育质量的关键因素。特殊教育要实现高质量发展，不仅要保障特殊儿童的受教育权利，还要提高他们的受教育质量，使他们能够掌握适应未来发展所需的基本知识技能，能够更好地融入社会生活。

《特殊教育办学质量评价指标》中针对学生思想道德素质提出明确要求："爱党爱国爱人民，具备良好的道德素养；明理守法讲诚信，具有积极的心理品质和乐观的生活态度；勤劳笃行乐奉献，具有社会责任感，主动为他人服务。"（B16.思想道德素质）

《特殊教育办学质量评价指标》将学生个人品德、社会公德、思想态度等方面作为办学质量评价的关键标准，反映出思想道德教育在建设高质量特殊教育体系中的重要地位。

办好特殊教育是学校的基本使命，立德树人更是教育的根本任务。元平特校十分重视学生思想道德素质的培养，全面开展对心智障碍学生的思想道德教育，使学生养成良好的品德。学校坚持以社会主义核心价值观为指导，贯彻落实国家和地方的教育方针和政策，制定了符合学校特色和学生特点的思想道德教育目标和计划，明确了思想道德教育的内容、方法、标准和评价，形成科学有效的思想道德教育体系。具体如下：① 以课程为思想道德教育的主要载体，开设了思想品德、生活技能等相关课程，将学生的思想道德教育融入教学的各个环节中，注重培养学生的爱国主义精神、社会责任感等道德品质，使学生树立正确的态度与价值观；② 以实践为思想道德教育的重要途径，开展了丰富多彩的校园文化活动、志愿服务活动、职业实践活动等,让学生在参与、体验和实践中接受思想道德教育,提高学生的社会适应能力,帮助学生建立积极的人际关系;③ 以评价作为提升思想道德教育质量的重要保障,采用多元化的评价方式,重视不同主体的评价与反馈,注重评价的及时性,激发学生的学习动机,提升学生的思想道德教育效果。

王星(化名),2011 届毕业生,身患唐氏综合征,但他从未因此放弃追求梦想。从小对乒乓球怀有浓厚兴趣的他,通过不懈的训练,在 2007 年 10 月荣获第十二届特奥比赛乒乓球赛冠军,成为一名优秀的运动员。

在校期间,王星对架子鼓的热爱也得到了充分的发挥。在老师的指导下,他的架子鼓技术日益精进,并经常代表学校参加演出,赢得了观众的阵阵掌声。这背后,不仅是他的努力和才能,更得益于学校高质量思想道德教育的熏陶。学校不仅注重培养学生的专业技能,更重视塑造学生的品格、提升学生的道德修养,同时在思想道德教育中鼓励学生多元化发展,培养他们的审美和表现能力等。

毕业后,王星顺利进入华大基因研究院工作。从最初的助理实验师到后来的前台工作,他始终保持着认真负责的工作态度,并快速适应新环境。他与同事的沟通交流顺畅,展现出了很强的适应能力,多次荣获"优秀员工"称号。这种职业道德和职业素养的养成,与学校在思想道德教育中注重培养学生的责任感、团队合作意识和职业道德观念密不可分。

张杰(化名),2013 届毕业生,现工作于深圳罗湖香格里拉大酒店咖啡厅,岗位是餐饮服务员。他从小就梦想着在一家大酒店工作,为客人提供优质的服务。在校期间,他通过参加学校举办的各种实践活动,学习餐饮服务的基本知识和技巧,为自己的梦想奠定了基础。

毕业后,张杰凭借在学校学到的专业技能和良好的沟通能力,成功通过了香格里拉大酒店的面试。在工作期间,他以积极主动的工作态度和热情周到的服务赢得了客人、领导和同事的一致好评。这种职业态度和职业精神的形成,与学校思想道德教育中倡导的敬业精神、服务意识和友善合作密切相关。

案例中呈现的王星和张杰都是元平特校的优秀毕业生,他们在校期间接受了高质量的思想道德教育,养成了良好的品德和职业道德素养。王星凭借对乒乓球的热爱和刻苦训练,成为一名优秀的运动员、合格的员工,展现出坚忍不拔、认真负责的品质。张杰则通过学习餐饮服务技能和培养良好的沟通能力,成为一名优秀的餐饮服务员,表现出积极主动、勤恳踏实的职业精神。他们的成功充分证明了思想道德教育对于学生成长和职业发展的重要性。

办好特殊教育不仅是学校的基本使命,更是社会文明进步的重要体现。特殊教育学校作为特殊群体接受教育的主要场所,承担着培养心智障碍学生思想道德素质的重要职责。高质量的思想道德教育对于心智障碍学生的成长和发展具有不可替代的作用,有利于帮助他们更好地融入社会,提高生活质量,实现自我价值。元平特校在思想道德教育方面取得了显著成效,得益于学校高度重视学生思想道德素质的培养,全员参与、全方位实施,将思想道德教育贯穿于学生的学习生活中。

目前,特殊教育学校思想道德教育面临着诸多挑战和困难,学生身心发展的障碍与课程及教学等方面的不完善都可能导致思想道德教育难以实施。因此,特殊教育学校应该以立德树人为根本任务,不断创新教育方式和方法,提高思想道德教育的针对性和实效性。同时,社会各界应关注和支持特殊教育事业的发展,为心智障碍学生提供更好的教育环境和成长条件。只有全社会共同努力,我们才能更好地提高心智障碍学生的思想道德素质。

二、知识技能水平

知识是对事物的认识和理解,是人类在实践活动中积累和总结的有关自然界和社会的规律性的思想体系。知识可以分为基础知识和专业知识,基础知识是学习各种学科的基础,专业知识是针对某一领域的深入研究。知识还可以分为直接知识与间接知识、感性知识与理性知识、陈述性知识与程序性知识等。知识的重要性在于它可以提高人的智力水平,拓宽人的视野,增强人的创新能力,帮助人们解决实际问题,促进社会进步。技能是人们在实践活动中掌握和运用知识的能力,是人们完成某一任务或工作的方法和手段。技能可以分为生活技能和职业技能。生活技能是人们在日常生活中需要的基本技能,如沟通、协作、自我决策等;职业技能是人们在某一职业领域需要的专业技能。按照技能的性质和特点,技能还可以分为操作技能和心智技能等。技能的重要性在于它可以提高人的工作效率和工作质量,增加人的竞争力和就业机会,满足人的个性和发展需要,提升人的生活质量。

知识技能是特殊教育的重要内容和目标,是特殊儿童实现自我价值和社会参与的基础。对于心智障碍学生而言,知识技能的学习能够促进其身心发展,开发其潜能,使其更好地融入社会。因此,知识技能的教学在特殊教育高质量发展的过程中应当得到充分的重视。《特殊教育办学质量评价指标》中对学生的知识技能水平提出明确要求:"积极参与课堂学习活动,了解有效的学习方法,养成良好的学习习惯,掌握适应未来生活和发展所需的学科基本知识、基本的生活和职业技能;积极参加体育活动,形成良好的锻炼习惯;具有健康向上的审美趣味,掌握适合的休闲娱乐方式;具有信息运用意识,能够在学习生活中有效使用辅助技术。"(B17.知识技能水平)

元平特校一直致力于根据生涯发展规划的理念,通过评估来开展教育教学。学校高度重视教学、评估与职业发展的三位一体,以此推动学生的职业知识与技能的培养。这种培养模式不仅关注学生的知识掌握,还注重学生技能的提升,以及未来的职业发展。学校在心智障碍学生职业知识与技能培养方面的成果显著,这得益于其高质量的教育教学方法,这些方法在促进学生职业技能发展及生涯发展与社会融入方面起到了重要作用。

(一)职业知识与技能

随着联合国《残疾人权利公约》生效,越来越多的人正在改变着对残疾人的基本看法,残疾人权利得到关注。作为生涯发展的重要组成部分,职业对于每个个体的发展有着不可忽视的作用。工作提供了进步的机会、社会支持的机会、自我表达和自我决策的机会,这些都是心理健康的必要组成部分。因此,残疾人的就业权利得到前所未有的重视。如何让残疾人实现积极的、有尊严的就业,越来越成为特殊教育领域关注的热点之一。

然而如今各行各业的工作领域正在发生着巨大的变革。根据世界经济论坛的报告,可能影响工作领域的三个因素分别是科技变革、学习演变和人才流动。科技变革即人工智能和机器人技术等可能取代某些职业,或改变某些职业的任务和所需技能,并可能出现与之相关的全新任务与职业。学习演变是指人们所需要学习的有关职业发展的必备知识和方式正在发生变化。而人才流动则是指工作者可以在不同的时间及地点进行工作,更少受到时空的限制。这些因素都会对各行各业产生不同的影响。这些影响的大小尚未可知,但毋庸置疑,心智障碍学生的职业教育领域无法忽视这些影响。

据估计,科学技术的变革可能会导致三成到四成的工作岗位流失。但技术的进步也让工作者能够在不同时间及地点工作,更少受到时空限制并能获取工作任务的即时信息。这意味着工作者可以拥有多个以项目为导向的工作。同时,工作和生活也将开始以前所未有的方式融合,未来的工作环境可能变得更加灵活和多样化,也更加需要我们注重学习与技能的发展。工作领域的变革使得我们需要不断地学习和适应新的技术,同时也需要拥有更加灵活的工作方式和心态。对于心智障碍学生而言,职业知识与技能的教育不仅需要针对性地学习工作所需的知识与技能,还应关注到学生未来生涯发展中可能需要的关键能力,如沟通与协作、批判性思维、创造力等,这些关键能力可能对学生未来的职业选择、职业认同、职业转变等方面起到支撑作用。

案例呈现

在2023年的"3+证书"高职高考中,一个名字在众多考生中脱颖而出——王瑞(化名)。作为元平特校的一名学生,他以总分276分、高出本科线16分的成绩,在全省17.3万名中职学生中排名第17 316名,成功跻身全省前10%。这样的出色表现,让他同时被广东新安职业技术学院计算机应用技术专业和深圳技师学院珠宝首饰设计与制作专业录取。如今,他正在深圳技师学院继续深造。在这次高考中,元平特校共有3名同学参加,其中王瑞的成绩尤为突出。另外两名同学也取得了不错的成绩,分别排名40 000多名和80 000多名。单科满分150分的考试中,学校学生在数学、英语、语文三科中都取得了骄人的成绩,其中数学最高分达到135分,英语最高分101分,语文最高分96分。王瑞等人不仅是心智障碍学生中的佼佼者,更为后来的学子树立了励志的榜样。

王瑞等人的成功并非偶然。他的成就背后,是元平特校一贯坚持的成长规划与高质量教学的结果。学校通过综合评估和个性化教学,针对每位学生的特点和需求,制定专属的成长方案,帮助学生发掘自身潜力,克服各种困难,实现生涯发展的目标,不仅让心智障碍学生可以与普通学生同台竞技,还为他们开辟了通往大学的新道路。

李彬(化名),元平特校2019届毕业生,他的成功故事同样展现出知识与技能教育的重要作用。李彬平时热爱运动,拥有良好的体能,老师们看中了他的潜力,并推荐他参加校内的报刊派送岗位实践。在这个实践过程中,他接受了来自就业支持老师、班主任和师傅的精心指导。通过这段实践经历,他不仅保质保量完成了工作任务,还进一步强化了自己的时间观念和记忆力。同时,他还养成了提前到岗、风雨无阻、吃苦耐劳的优良习惯。

校内实践的出色表现使得李彬获得了深圳香格里拉大酒店的实习机会,这为他日后正式成为深圳观澜湖高尔夫球会的一名员工打下了坚实的基础。由于他身姿挺拔、形象良好、笑容温暖且彬彬有礼,部门经理特意安排他从事对客服务岗位——园区管理员。

最初，由于对其他场地设施不够熟悉，李彬在面对客人问询时曾感到无所适从，甚至遭到投诉。然而，经过就业支持老师的精心指导和岗位专项培训，他很快就能够独当一面。他不仅能提供高质量的对客服务，对答如流，还能主动协助主管和同事与学校另一位毕业生彩云（化名）进行高效沟通，确保每天的工作都能顺利完成。

截至2023年10月，李彬已经在深圳观澜湖高尔夫球会生态运动公社度过了4年多充实的时光。他不仅在工作岗位上展现出了卓越的职业素养，更以其灿烂真诚的笑容和贴心周到的服务，为来到公社的每一位客人营造出了温馨愉悦的氛围。小朋友们和他们的家长们，在李彬的陪伴下，度过了许多难忘的美好时光。在同事眼中，李彬是一个每天都充满阳光的人。他的积极乐观影响着周围的每一个人，让大家在繁忙的工作中也能感受到温暖和快乐。在日常工作中，他乐于帮助他人，与大家并肩作战。他主动分担重任，帮忙搬运物品，从不抱怨，从不发脾气，这种难能可贵的性格赢得了同事们的普遍赞誉。他对工作的勤奋和敬业精神也令人钦佩，每天总是早早到岗，4年多来从未迟到过一次。部门负责人对李彬更是赞不绝口："彬彬不仅非常有礼貌，而且情商极高，我们大家都很喜欢他。"他的待人接物总是让人如沐春风，无论是同事还是客人，与他交往时，都能感受到尊重和善意。正是因为李彬在工作中的卓越表现，他在2023年3月荣获了观澜湖高尔夫球会的"月度最佳员工"这一光荣称号。这一荣誉不仅是对他个人工作能力的肯定，更是对他与所在团队和部门营造出的和谐人际关系的认可。

这一转变得益于高质量的职业知识学习与技能训练。学校不仅注重教授学生专业知识，还通过实践训练和岗位培训，确保学生能够掌握实际工作所需的技能和知识。这不仅提高了学生的专业水平，还培养了他们的适应能力、沟通能力和团队协作精神。最终，这些优秀品质和出色表现使得李彬能够在职业生涯中脱颖而出，成为一名优秀的员工。

高质量职业技术教育在当今充满变革性的工作领域中显得尤为重要，提高职业技术教育的质量可以助力心智障碍学生个体职业生涯的成功，也是特殊教育在新时代背景下的重要使命。面对技术变革、学习演变和人才流动三大因素的影响，特殊教育学校需要通过高质量的职业技术教育赋予学生更强的适应力与竞争力，更好地促进学生的就业乃至其生涯发展。

元平特校通过多种途径对学生的职业知识与技能进行训练，不仅提高了王瑞、李彬等人的专业水平，更使他们在面对复杂多变的职业环境时能够迅速适应，展现良好的职业素养。

高质量职业技术教育的重要性在于它赋予了学生未来导向的能力，不仅是为了应对现在的职业需求，更是预见未来可能的工作变革，为学生今后的生涯发展打下坚实的基础。案例中李彬在面对全新的工作环境时能迅速调整自己，这与他在学校中受到的职业技术教育密不可分。因此，应当更加重视特殊教育中的高质量职业技术教育，让更多的特殊学生在面对未来职业领域的巨大变革时，能够像案例中王瑞和李彬一样，凭借适当的专业技能和适应能力，在职业生涯上取得进步。

（二）自我决定

自我决定可以从宏观与微观两个层面进行理解。宏观的自我决定指人们聚集在一起实现自我统治，不受他人控制；微观上，自我决定指个体通过选择并实现既定的目标来掌控自己的生活。特殊教育中的自我决定大多聚焦在微观领域，强调自我决定是个体发展中的重要能力。不同学者对自我决定的定义存在差异，但从操作层面看，自我决定包含一些关键的技能，如做选择、做决定、自我管理、制定并达成目标。

自我决定在个体发展中具有至关重要的作用。首先，自我决定能够帮助个体掌控自己的生活，实现个人的目标和愿望。通过自主选择、制订计划并达成目标，个体能够更好地满足自己的需求，提高生活质量。其次，自我决定有助于个体形成积极的自我认同和自尊心。当个体能够自主地做出选择并成功实现目标时，其自我效能感、成就感等心理因素也会获得积极的发展。这种积极的自我认同和自尊心不仅有助于个体的心理健康，还能够激发个体更加主动地参与社会活动和追求个人成长。此外，自我决定也有助于提高个体的适应能力和应对挫折的能力。当个体面临困难和挑战时，自我决定能力可以帮助个体迅速调整自己的策略和目标，寻找新的解决方案。这种灵活性和韧性，有助于个体在复杂多变的社会环境中更好地生存和发展。对于心智障碍学生而言，自我决定不仅是一种重要的能力，更是一种促进他们全面发展、提高生活质量的有效途径，是他们实现独立生活、融入社会的基础。有学者指出，自我决定能力强的学生在成年阶段会表现出更多积极的结果，如独立自主地生活、积极参与社区活动、获得高工资报酬。

案例呈现

李文（化名），元平特校2019届的一位杰出毕业生，于2021年6月正式加入深圳多咕力康教集团，开始了他的助教生涯。他拥有出色的识字能力，这项能力在他的助教工作中发挥了巨大的作用，为他赢得了同事和学生们的普遍赞誉。然而，李文并未止步于现有的状况，他的心中，有一个更远大、更具挑战性的目标——他希望成为国内心智障碍青年中首位获得孤独症上岗证书的特教人才。

在进入机构初期,通过与小朋友的上课和互动,李文体验到了快乐和成就感,这推动了他内在动机的形成,使他有了成为一名正式老师的强烈愿望。这是他自我决定的初步体现,即根据自己的兴趣和价值观设定目标。然而,当他了解到需要通过考试取得上岗证才能成为正式老师时,他面临着一定的挑战,这个挑战来自外部的要求和他现有的能力之间的差距。这虽然是一个现实的障碍,但也提供了一个方向,那就是通过考试取得所需的资质。

李文明确表示他不怕困难,一定要成为一名老师,考取上岗证。李文的回应显示了他的自我决定的坚韧性和适应性。他不仅接受了这个挑战,而且迅速投入到准备考试的学习中。这是他自我决定的进一步体现,即面对困难时依然坚持自己的目标,并愿意付出努力去实现。这是一个充满挑战的目标,但他坚信,通过规划自身的职业发展,并持之以恒地为之努力,就能够一步步接近并最终实现这个目标。

为了实现这个目标,他自我驱动,主动参加了中国残疾人康复协会孤独症上岗证的学习课程。尽管前几次的考试结果并不理想,但他的分数却一直在稳步上升,从最初的34分逐步攀升到如今的60分,展现出自身能力的进步,也看到了实现目标的希望。

陈浩(化名),2022届毕业生,孤独症学生。在元平特校学习期间,他通过老师们的耐心引导,培养出了自觉且高质量完成学习任务的良好习惯,同时,他也能够自主地安排好自己的休闲娱乐生活,让生活充满期待和色彩。他现工作于深圳益田威斯汀酒店,在人力资源部担任员工餐厅服务员。

陈浩安全意识强,遇事沉着冷静。他所在部门的厨师长反馈,有一次他和部门的大姐们一起乘坐员工专用电梯时突发事故,同事们顿时脸色苍白,不知所措。陈浩迅速按下该楼层以下所有按钮,并提醒大家靠近电梯墙壁站立,握紧扶手、双膝微屈,并安慰大家不要害怕。待电梯故障解除,这一举动不仅赢得了同事们的称赞,更让大家对他的安全意识和应变能力表示敬佩。除此以外,陈浩每天主动问候同事,工作认真负责,入职不久便能独立胜任工作,同事们对他更是喜爱有加。2021年10月,他获得了"杰出关爱同事奖"。

陈浩对烘焙有着浓厚的兴趣,平时喜欢做糕点,并常带到酒店与同事们分享。当酒店饼房忙碌时,他会主动提出帮忙,这种乐于助人的精神深受同事们的喜爱。每年,人力资源部的同事们都会为他精心准备生日会,让他感受到家一般的温暖和关怀。工作之余,陈浩更是一个热爱生活和旅行的人。他喜欢自主规划旅游行程,研究旅行攻略,甚至自己订票、乘坐高铁前往周边城市探索,有时还会和同事们一起参加团建活动。通过自主规划出游,中山、珠海等多座城市都留下了他的足迹。他表示很享受独自出游的乐趣,这种自我决定的旅行方式让他更加独立和自信。

案例中的李文和陈浩都是元平特校的毕业生,他们的故事向我们展示了自我决定在个体发展中的重要性。无论是李文对职业目标的追求,还是陈浩对生活的独立规划,都展现了自我决定在帮助个体掌控自己的生活,实现个人目标和愿望中的作用。在当今快速变化的社会中,特殊教育更应提高教育质量,促进学生最大限度地发展,使他们能够适应未来社会的挑战。而自我决定能力则是学生发展中最为核心的能力之一,它对于实现高质量特殊教育起着至关重要的作用。

三、社会适应能力

有学者指出,社会适应能力的定义存在广义与狭义两种。广义的社会适应能力指个体保持独立并承担社会责任的机能,狭义的社会适应能力是指个体的人际交往能力与社会融入。有研究将社会适应能力定义为个体为了满足社会环境的要求而逐渐学会独立地掌握社会规范、正确地处理人际关系,学会自我控制与调节,从而有效地适应社会生活的能力。

社会适应能力对于心智障碍学生同样具有极其重要的意义。无论是从广义的角度,即个体保持独立并承担社会责任的机能,还是从狭义的角度,即个体的人际交往能力与社会融入,社会适应能力都是心智障碍学生实现全面发展、提高生活质量的关键所在。《特殊教育办学质量评价指标》中对学生社会适应能力提出以下评判标准,更加突显出社会适应能力的重要性:"具备基本的自主生活能力,能够进行自我管理;积极参与家务劳动、班级劳动,掌握一定的劳动技能;具有安全意识和自我保护能力;能够根据自身情况合理表达需求,采用适合的方式进行社会交往;能管理自己的情绪和行为;基本适应家庭、学校和社区的生活。"(B18.社会适应能力)

对于心智障碍学生来说,由于先天或后天原因,他们在认知、情感、行为等方面可能存在一定的障碍。因此,他们更需要学会如何适应社会环境,掌握社会规范,处理人际关系,以及学会自我控制与调节。这样才能更好地融入社会,与他人建立良好的关系,实现个人价值。首先,社会适应能力有助于心智障碍学生独立生活。社会适应能力可以帮助其更好地理解并遵守社会规范,学会如何与他人进行交往,从而在日常生活中实现自理与自立,这对于他们未来的生活和职业发展都具有重要意义。其次,社会适应能力能够提高心智障碍学生的心理健康水平。通过适应社会环境,建立良好的人际关系,他们能够获得更多的社会支持和情感慰藉,从而减轻心理压力,增强自信心和积极情绪。最后,社会适应能力还有助于心智障碍学生实现社会价值。良好的社会适应能力能够使其更好地融入社会,参与社会活动。在此过程中,他们不仅能够实现个人价值,还能为社会的进步和发展做出贡献。

 案例呈现

　　赵新(化名),元平特校2022届的毕业生,如今已经是深圳博林天瑞喜来登酒店员工餐厅的一名优秀厨师。在这家酒店,他已经度过了快3年的工作时光。他的人格魅力和工作态度,赢得了众人的一致好评。他勤奋好学,不断提高自己的厨艺水平;动作麻利,自信积极,总能高效地完成各项任务。他对工作充满热情,每天微笑着面对厨房的锅碗瓢盆,但凡遇到不清楚的地方,就诚恳地向同事请教,好学好问。遇到问题与困难时,他会及时与主管沟通,寻求最佳解决方案。

　　在员工餐厅档口服务时,赵新展现了他良好的人际交往能力。他能清晰记住并准确叫出每位同事的名字,这让同事们感到十分亲切和受到尊重。他的热情礼貌问候,总是给同事们带来家一般的温暖。每当同事来用餐,他总是亲切地招呼他们:"×××,您来用餐了。"这样的细节,让同事们感到被重视和关爱。赵新的优秀工作表现,也得到了酒店的认可。2021年7月,他被评为酒店的"关爱之星",这是对他长期以来优秀表现的最高赞誉。他不仅是一名优秀的厨师,更是一名关心和照顾同事的好伙伴。

　　夏立(化名),2021届毕业生,中度智力障碍者。他喜欢运动、乐器和唱歌,多元的兴趣让他在社交活动中游刃有余。家校共育的鼓励和支持,更让他在社会参与中找到自己的定位和价值。他与母亲一同参与义工活动,在深圳双龙地铁站担任公安公交义工领队,并持之以恒地付出时间与精力,截至2023年12月10日,他志愿服务时长累计已达1 300多个小时。因表现优异,他多次受到表彰,充分展现了他的公益精神和社会责任感。

　　2021年寒假,他在深圳多咕力康教集团龙岗中心开始了实习之旅。从最初简单的打印、碎纸等工作,到现在进入教室辅助特教老师,他的进步不仅体现在专业技能的提升上,更在于他已经逐渐融入社会,自立于社会。因工作表现出色,2023年9月他再次获得表彰证书。工作后的夏立,生活更加充实多彩。除了工作,他还与同事们一起参与各种休闲活动,如看电影、爬山、游玩等,这不仅丰富了他的生活,也进一步提升了他的社交技能。他仍然坚持做义工,甚至跟着母亲一起参与微型马拉松赛事,他的生活充满活力和热情。

　　夏立对自己目前的生活和工作状态非常满意,他觉得这种稳定而有序的生活让他感到幸福。他近期的目标是考取驾驶证,这也是他进一步融入社会的象征。他希

望通过自己的努力,减轻母亲的负担,同时也让自己的未来拥有更多的可能性。机构的老师们对夏立的进步给予了高度评价,他们认为他与普通人基本没有差异,这种评价是对他最大的肯定。他的母亲也深感欣慰和幸福,儿子能够自食其力,工作稳定,每天开心快乐,这是她最大的心愿。

元平特校十分重视心智障碍学生社会适应能力的培养,并将其作为教育质量评价的关键指标。学校不仅关注学生的独立生活能力和自我管理能力的培养,还注重学生社交技能、情绪管理能力以及社会参与等方面的提升。通过赵新和夏立的案例,我们可以看到社会适应能力对于心智障碍学生实现全面发展、提高生活质量起到了关键作用。他们以学校的支持与培养为基础,通过不断学习和努力,成功地融入了社会,找到了自己的工作定位,实现了个人价值,并为社会做出了积极贡献。

《萨拉曼卡宣言》中写道:"每个儿童都有其独特的特性、志趣、能力和学习需要;教育制度的设计和教育计划的实施应该考虑到这些特性和需要的广泛差异。"特殊教育的目的是根据特殊儿童的身心特点和教育需要,采用一般或特殊的教学方法和手段,最大限度地发挥受教育者的潜能,使他们增长知识,获得技能,拥有良好的品德,提高适应能力。对于心智障碍学生的发展而言,高质量特殊教育的作用毋庸置疑。在思想道德素质方面,特殊教育需要注重培养学生的良好品德和道德观念,帮助他们树立正确的价值观;在知识技能上,特殊教育根据心智障碍学生的特点和需求,采用个性化教学方法和手段,实现学生潜能的开发,通过系统的教育和培训,使心智障碍学生增长知识、获得技能,为将来的生活和职业发展打下坚实基础;在社会适应能力上,需要注重培养心智障碍学生的社会适应能力和人际交往能力,通过参与社会活动、学习社会规范、处理人际关系等方面的训练,使心智障碍学生更好地融入社会,与他人建立良好的关系,实现个人价值和社会价值的统一。

主要参考文献

一、图书

[1] 埃米尔·涂尔干. 社会分工论[M]. 渠东,译. 北京:生活·读书·新知三联书店,2000.

[2] 陈琦,刘儒德. 当代教育心理学[M]. 北京:北京师范大学出版社,2007.

[3] 杜威. 经验与自然[M]. 傅统先,译. 上海:华东师范大学出版社,2019.

[4] 何侃. 中国残疾人职业教育与就业服务(上册)[M]. 南京:南京师范大学出版社,2017:167–176.

[5] 雷江华,方俊明. 特殊教育学(第二版)[M]. 北京:北京师范大学出版社,2016.

[6] 廖哲勋. 课程学[M]. 武汉:华中师范大学出版社,1991:119.

[7] 玛丽亚·蒙台梭利. 蒙台梭利早期教育法[M]. 蒙台梭利丛书编委会,译. 北京:中国妇女出版社,2017:145.

[8] 施良方. 课程理论——课程的基础、原理与问题[M]. 北京:教育科学出版社,1996:17.

[9] 陶行知. 陶行知全集[M]. 成都:四川教育出版社,2005:141–142.

[10] 吴宏超. 学校管理学[M]. 北京:清华大学出版社,2015:4.

[11] 许家成,高小雯. 中国心智障碍者就业发展报告(2022)[M]//凌亢. 中国残疾人事业发展报告. 2022:残疾人就业. 北京:社会科学文献出版社,2022:194–215.

[12] SHOGREN K A, WEHMEYER M L. Handbook of adolescent transition education for youth with disabilities[M]. New York:Routledge, 2020.

[13] REYNOLDS C R, FLETCHER-JANZEN, E. Encyclopedia of special education: a reference for the education of children, adolescents, and adults with disabilities and other exceptional individuals [M]. New Jersey:John Wiley & Sons, Inc., 2007.

二、期刊

[1] 陈瑞英. 德国特殊人群职业教育的经验对我国现代职业教育体系构建的启示

[J].职教论坛,2015(30):93-96.

[2] 谌小猛,葛新斌,李紫菡.美国特殊教育学生的鉴定评估与启示[J].中国特殊教育,2021(1):19-25.

[3] 丁艳丽,徐添喜.美国残障学生校本职业评估模式的发展研究[J].中国特殊教育,2018(7):20-28.

[4] 方俊明.努力构建残疾人终身教育体系[J].中国特殊教育,2014,(2):19-20.

[5] 方仪,许巧仙.发达国家残疾人职业教育的发展经验及对我国的启示[J].中国职业技术教育,2018(24):69-73.

[6] 郭鸿,闫晓东,王喆,等.五育并举视域下区域课程的构建[J].中国教育学刊,2023(5):83-89.

[7] 郭均栋.职业教育"双师"创客工作坊教学模式探究[J].教育与职业,2021(13):97-101.

[8] 郭雅欣.人力资本理论视阈下的残疾人就业[J].劳动保障世界,2018(11):8-9.

[9] 韩铖.高校特殊职业教育现状及完善路径研究[J].教育与职业,2023(16):95-100.

[10] 何凤梅,陈逸怀.面向智能时代职业技能培养的深度教学探究[J].远程教育杂志,2022,40(5):40-49.

[11] 黄华.特殊职业教育中高本一体化贯通培养:现实困境、内涵及对策[J].中国职业技术教育,2022(18):34-38.

[12] 雷江华.加快建设高质量特殊教育体系 办好人民满意的特殊教育[J].现代特殊教育,2023(13):6-7.

[13] 雷江华.谈特殊教育学校全面落实立德树人根本任务[J].现代特殊教育,2021(23):13-15.

[14] 雷江华.新时代特殊教育学校职业教育高质量发展的若干思考[J].现代特殊教育,2021(15):11-14.

[15] 李欢,曾烁.诊断、评估与干预:近五年卷积神经网络在特殊教育中的实证研究述评[J].中国特殊教育,2022(7):10-22.

[16] 李森.新时代高质量教学的基本特征与实践路径[J].课程·教材·教法,2023,43(2):12-16.

[17] 李尚卫,沈有禄.我国特殊职业教育发展战略:回顾与展望[J].中国职业技术教育,2019(16):37-43.

[18] 李天顺,冯雅静.强化普惠是特殊教育的基本发展方向[J].中国特殊教育,

2022(11):3-7.

[19] 李一茗,杨上琦,黎坚.基于游戏的评估:特殊儿童心理评估的新方向[J].中国特殊教育,2021(12):90-96.

[20] 刘春玲.新时代特殊教育师资培养的反思与建议[J].教育学报,2021(2):74-82.

[21] 刘俊卿.发展特殊教育学校中等职业教育的机遇、挑战及策略[J].沈阳师范大学学报(社会科学版),2017,41(6):100-103.

[22] 刘俊卿.我国高中阶段特殊教育发展的实证分析与策略抉择——基于2016—2019年的数据[J].沈阳师范大学学报(社会科学版),2021,45(3):91-98.

[23] 罗伯特·L.夏洛克,王勉,许家成,等.生活质量的跨文化属性研究[J].残疾人研究,2017(2):7-13.

[24] 骆中慧,黄宏伟.特殊高职教育育人模式的探索、实践与思考[J].中国职业技术教育,2023(27):72-77.

[25] 沈立,陈莲俊,赵静红.职业教育在办好特殊教育上的功能与作用[J].中国职业技术教育,2017(34):132-139.

[26] 宋良玉.新时代工匠精神视域下职业教育"三教"改革路径探析[J].中国职业技术教育,2020(23):94-96.

[27] 孙雨滋,安建良.开放系统视角下残疾人职业教育的现实问题与应然路径[J].教育与职业,2023(17):107-112.

[28] 王光净.简析德国特殊人群职业教育模式[J].高教学刊,2016(7):9-10.

[29] 王辉,王坤.特殊教育学校职业课程定位的逻辑解析与对策建构[J].中国职业技术教育,2022(8):46-52.

[30] 王辉,王磊,李晓庆.培智学校义务教育课程校本化建设实践研究[J].中国特殊教育,2023(9):89-96.

[31] 王琦,吴春艳,翁伟斌.美国特殊学生学业评估适应性调整的实践与启示[J].中国特殊教育,2022(6):24-32.

[32] 吴南中,谢红.1+X证书制度下职业教育人才培养模式的变革方向与创新路径[J].职业技术教育,2020,41(36):22-26.

[33] 吴扬,王雁.特殊教育学校德育的背景、需求及路径探析[J].中国特殊教育,2022(6):9-15.

[34] 向友余,许家成,王勉.中国智力障碍者生活质量核心指标的再研究[J].中国特殊教育,2007(11):41-48.

[35] 谢翌,程雯,杨志平,等.高质量学校课程体系:价值指向、基本特征与建设理路

[J].课程·教材·教法,2023,43(2):32-40.

[36] 徐继存.高质量教学的时代内涵[J].课程·教材·教法,2023,43(2):9-11.

[37] 张曼,王瑞峰."五育并举"育人模式探索及实践——评《五育并举 立德育心》[J].中国教育学刊,2022(12):146.

[38] 张茂聪.以"四强"建设夯实特殊教育高质量发展[J].现代特殊教育,2023(13):4-5.

[39] 赵斌,张燕,张瀚文.我国特殊教育师资供需矛盾及改革探析[J].中国特殊教育,2023(6):82-88.

[40] 赵小红.智力残疾人职业高中教育发展阶段特征探微[J].中国特殊教育,2017(8):37-43.

[41] SCHALOCK R L. The concept of quality of life: what we know and do not know[J]. Journal of intellectual disability research, 2004, 48(3): 203-216.

三、其他

[1] 陈中兰.舒伯生涯发展理论视角下中职学生职业生涯规划现状及对策研究[D].天津:天津职业技术师范大学,2020.

[2] 李佳.约翰·米勒全人课程思想研究[D].重庆:西南大学,2020.

[3] 舒川.全人发展视野下学龄前残疾儿童运动康复课程理论与实践[D].福州:福建师范大学,2017.

[4] 张东海.全人教育思潮与高等教育实践研究[D].上海:华东师范大学,2009.